臺灣歷史與文化 研究輯刊

九 編

第 2 冊

日治時期埔里的殖民統治與地方發展（中）

邱正略 著

花木蘭文化出版社

國家圖書館出版品預行編目資料

日治時期埔里的殖民統治與地方發展（中）／邱正略 著——
初版 — 新北市：花木蘭文化出版社，2016〔民105〕
目 12+220 面；19×26 公分
（臺灣歷史與文化研究輯刊 九編：第2冊）
ISBN 978-986-404-470-2（精裝）
1. 殖民政策 2. 日據時期 3. 南投縣埔里鎮
733.08   105001800

ISBN-978-986-404-470-2

9 789864 044702

臺灣歷史與文化研究輯刊
九 編 第 二 冊   ISBN：978-986-404-470-2

日治時期埔里的殖民統治與地方發展（中）

作　　者　邱正略
總 編 輯　杜潔祥
副總編輯　楊嘉樂
編　　輯　許郁翎
出　　版　花木蘭文化出版社
社　　長　高小娟
聯絡地址　235 新北市中和區中安街七二號十三樓
　　　　　電話：02-2923-1455／傳真：02-2923-1452
網　　址　http://www.huamulan.tw 信箱 hml 810518@gmail.com
印　　刷　普羅文化出版廣告事業
初　　版　2016 年 3 月
全書字數　504529 字
定　　價　九編 24 冊（精裝）台幣 50,000 元

日治時期埔里的殖民統治與地方發展（中）

邱正略　著

圖目次

附錄表目次

第五章　地方菁英與埔里的發展

　　國家與地方社會的關係並非全爲支配者與被支配者的關係，對於地方菁英的認識，宜兼顧雙方面的互動關係。地方菁英除了扮演著官民溝通的角色，在地方也建立個人與家族的聲望地位。地方菁英及家族擁有號召力與影響力，對於地方的發展扮演著重要角色。例如信仰活動的舉辦與爭取地方建設，往往仰賴地方菁英的號召力，得以順利推動完成。與官方交涉、爲民眾排難解紛，正展現出地方菁英的影響力。本章透過對於埔里地方菁英的分類及簡介，探討埔里的地方菁英參與地方事務、與官方的互動關係，以及地方菁英之間的互動關係，藉此了解地方菁英如何透過不同的管道鞏固及延續個人、家族的利益與影響力。除了臺灣人的地方菁英，也兼顧在埔里具有影響力的日本人菁英，並且探討兩者間的互動關係，希望能夠對於埔里地區的官民互動與地方發展有更深的了解。

第一節　埔里地方菁英的種類與變遷

　　地方菁英的角色與影響力，是研究地方史不可忽略的一個主題。所謂「地方菁英」是指一些具有特殊身分、地位、財富、道德、教育、識字能力與影響力的人。吳文星的研究稱之爲「社會領導階層」，指的是「地方性領導階層」（local elite）或「次級領導階層」（sub-elite），具體而言，這些人在清代是指擁有科舉功名的士紳，以及沒有科舉功名的富商、地主和儒士等，在日治時期則是指政治、經濟、教育及文化等方面地位較重要或表現傑出者。〔註1〕

──────────
〔註1〕吳文星，《日據時期臺灣社會領導階層之研究》（臺北：正中書局，1992），頁5。

　　隨著近年來史料範圍不斷地擴大，開始注意到一些古文書、帳冊、私人書信、日記等史料的運用，所謂的「地方菁英」不再侷限於輔助官方控制地方被視爲「鄉治代理人」的地方士紳而已，也包括一些所謂「地方頭人」，尤其是日治時期的研究，將地方菁英關注的範圍從接受殖民政府「紳章」者，進一步擴展到曾經擔任過街庄協議會員、縣廳及辦務署參事、街庄區長、保正、甲長、壯丁團長、三師（醫師、律師和教師）等各類有力者。〔註2〕被視爲地方菁英者不一定要具有士紳的身份或社會地位，也不一定需要以學識或道德標準來衡量，凡能夠運用「策略」在地方上建構某些「主導模式」（或支配模式）來發展影響力的個人與家族，都可以被視爲地方菁英。換言之，「影響力」就成爲判斷一個人（或家族）是否爲社會菁英的參考指標。〔註3〕

　　清代臺灣的鄉治組織，以自然街庄爲其基礎，街庄事務由紳衿、耆老、業戶、殷商、族長等共同辦理，〔註4〕這些負責街庄事務的代表人物，也就是所謂的「地方菁英」。日治初期，隨著殖民政府施行諸如保甲制度、地方官官制、土地調查等措施，士紳、富豪等地方菁英暨有的地位與特權、影響力產生一些改變。在綏撫政策的攏絡之下，許多地方士紳及富豪與殖民政府妥協、合作，擔任參事、〔註5〕街庄區長、〔註6〕保正等職務，甚至獲得紳章，藉著地方事務的參與，重新在殖民統治政權下取得新的社會地位。〔註7〕本章從地方菁英的類型與網絡關係，探討地方菁英面對新的統治者，如何鞏固及延續其個人與家族在地方上的地位與影響力。

〔註2〕陳世榮，〈國家與地方社會的互動：近代社會菁英的研究典範與未來的研究趨勢〉《中央研究院近代史研究所集刊》第54期（臺北：中央研究院近代史研究所，2006），頁139。

〔註3〕陳世榮，〈國家與地方社會的互動：近代社會菁英的研究典範與未來的研究趨勢〉，頁137。

〔註4〕戴炎輝，《清代台灣之鄉治》（臺北：聯經，1979），頁118。

〔註5〕持地六三郎，《台湾殖民政策》，頁63。
廳長就管內挑選具有學識名望的臺灣人，任命爲參事，參事針對廳內行政事務提供諮詢意見，廳參事可以說是廳制時期臺灣人得以參與地方政務的唯一職銜。

〔註6〕持地六三郎，《台湾殖民政策》，頁63～64。
街庄長是臺灣地方行政的最下級補助機關，當時的街庄並非地方自治團體。區長則是廳長的補助機關。

〔註7〕李國祁總纂，《臺灣近代史　社會篇》，頁198。

一、界定與特徵

1、評量的標準

地方菁英是身份、地位在地方具有影響力的人，對於一個地方的發展扮演著關鍵的角色，也是統治者所要攏絡的對象。職業（例如醫生、律師）與擔任官方給予（或指派）的榮譽職銜（例如街長、保正、協議會員等）。凸顯出較一般人優越的身份，在地方上也展現高人一等的地位。不管是與統治者打交道、與鄰庄間的紛爭調解、地方的開發與產業的發展，或者是參與宗教活動，都是展現身份及影響力的舞台。究竟擁有怎樣的資歷可以稱得上是「地方菁英」？日治初期日本人所稱的「上流社會」構成分子，指的是「縣、廳及辦務署參事、官衙任職者、區街庄長、保甲局長、保正、壯丁團長、甲長、牌長、教師、具秀才以上功名者、得有紳章者及讀書人等。」〔註8〕從殖民政府頒授「紳章」時，對於受領紳章者的調查書內容，可以看出官方所持的尺度，大體區分為「學力及經歷」、「資望」兩項，每一項都包含兩個要點，前者為「學歷」與「經歷」，後者則是「資產」與「名望」。〔註9〕前者略帶「身家調查」的意味，後者則是展現其「有資格領取紳章」的實力，有時還會再加「刑罰」一項，也就是註明「沒有犯罪紀錄」。〔註10〕

地方菁英雖然可以分為幾類，大部分的地方菁英都擁有較豐厚的財力，不是大地主就是富商，擁有保正、街庄協議會員等受人敬重的頭銜，取得專賣品賣捌人（中盤商）權利，承攬公共工程或負責公家物品的採購，社會救濟時所出的「寄付金」（捐款）也比一般人來得高，熱心參與地方宗教信仰活動，比較注重子弟的教育栽培，也比較有能力納妾，送葬儀式也特別隆重，這些都是對於地方菁英的概略印象。

為能統計分析埔里的地方菁英，筆者簡要條列出幾項「地方菁英」的篩選標準：

（1）曾擔任保正、區長、街庄長、辦務署參事、廳參事、街協議會員等職務者。

（2）曾經取得專賣物品賣捌人權利者，包括酒、煙草、食鹽賣捌人。

（3）曾經擔任產業組合理事長或理事、監事等主要職務，商工會重要幹

〔註8〕　吳文星，《日據時期臺灣社會領導階層之研究》，頁67。
〔註9〕　《臺灣總督府公文類纂》第2377冊第2件，頁36～45。
〔註10〕　《臺灣總督府公文類纂》第3057冊第11件，頁212～226。

部、重要的私人產業代表人或主要股東。

（4）曾參與公共事務獲得褒賞者，或者是獲得紳章者。

（5）從事醫師、律師等受敬重職業者。

為方便讀者了解埔里地方菁英個人的簡歷，筆者整理一份「日治時期埔里地方菁英簡歷表」（見附錄表6），表中所列人物共計125位，都是至少擁有上列一項以上的標準或經歷者。

站在統治者的立場，民眾可依良莠進行分類，依分類對於被統治者進行不同程度的管理與監督。日治時期的戶口調查簿，是警察機關記錄轄區民眾個人資料的簿冊，當中的「種別」欄，即是這種功能的欄位。

「種別」欄中以「一」、「二」、「三」將民眾區分為三大類，不同類別的人，警察管理監督的寬嚴即有差異，其分類標準與警察管控程度差異如下：〔註11〕

1、第一種：官吏、公吏或有資產、常識而行為善良者，警察人員每年查一次。

2、第二種：不屬於第一種、第三種者，即一般民眾，警察人員每半年查一次。

3、第三種：受禁錮過之受刑人（顯有悔改者除外）、需視察人，或為其他警察人員特別注意者，警察人員每月查一次。

由於戶口調查簿的資料因更改登錄格式，以及人為刪改等因素，無法得知所有地方菁英的種別登記，另外，可能因為個人條件的改變，或者是登錄者的筆誤，偶有產生同一個人在不同簿冊登記不同種別的情形，因此，附錄表6的「種別」欄登錄並不完備，以下僅就有限的資料整理成表5-1。

表5-1：埔里地方菁英種別欄分類表

行政區別　種別	埔 東 區						埔 西 區								小計	種別比例%
	埔里社街	大肚城庄	枇杷城庄	水頭庄	珠仔山庄	挑米坑庄	生蕃空庄	北山坑庄	烏牛欄庄	房里庄	水尾庄	牛相觸庄	牛眠山庄	福興庄	史港坑庄	小埔社庄	大湳庄		
一	21	3		1		2	2		4		5		6					44	35.5
二	19	2	3	1					2	1			6		1		1	36	29

〔註11〕洪汝茂，《日治時期戶籍登記法律及用語編譯》，頁40。

三	4	1															5	4
不詳	12	2	2	1		2	7		7	1		1		1	2	1	39	31.5
小計	56	8	5	3		4	9		13	2	5	1	12	1	3	1	1	124	100

說明：

一、本表依據附錄表6「種別」欄統計完成。

二、「街庄別」欄是以大正9年（1920）地方官官制改正之前的行政劃分，即南投廳埔里社堡管內17街庄，區分為「埔東區」與「埔西區」，除了「北山坑庄」後來改隸屬於國姓街，其餘16個街庄等同於地方官官制改正之後的16個「大字」。分類時，部分小地名直接歸類於所屬街庄之下，例如「茄苳腳」屬於埔里社街、「蜈蚣崙」屬於大湳庄、「林仔城」屬於大肚城庄。

三、「種別比例%」欄取整數，小數點以下採四捨五入計算。

從表5-1可以看出，124位地方菁英當中，有將近1/3（31.5%）的種別欄不詳，另外的2/3，有一半以上（44位，佔35.5%）的種別欄為「一」，不到1/3（36位，佔29%）的種別欄為「二」，至於種別「三」，僅有5位（4%）。需強調的是種別「三」，雖然主要是指曾經有犯罪紀錄者，但也包括其他原因，例如寺廟創建者、製腦業支配人等，由於具有群眾號召力，警察須特別留意，也會登記為「三」。

為能更全面地檢視埔里地方菁英的地域分布與知名度差異，筆者於附錄表6的「聲望」欄，〔註12〕將地方菁英的聲望區分為4級，數字愈高表示聲望愈高，各級標準如下：

「4」：具有州廳層級聲望者，包括曾經獲得紳章，擔任州廳參事或州協議會員者。

「3」：具有堡里、街庄（1920年以後的「街庄」）層級聲望者，包括曾經擔任總理、區長、街協議會員、信用組合長等職務者，或取得賣捌人權利者。

「2」：具有街庄（1920年以前的「街庄」）、大字層級聲望者，包括曾經擔任辦務署參事、社長、庄長、保正、街庄會計役、街庄助役、商業團體代表人者。

「1」：雖未具備2-4之資歷，其身份、職業受敬重者，例如清代秀才，或

〔註12〕殖民政府採用的名詞是「資望」，包含「資產」與「名望」兩項，參見《臺灣總督府公文類纂》第2377冊第2件，頁36～45。其中「名望」的意思接近筆者採用的「聲望」一詞。

曾經擔任公學校訓導、訓導心得（代理訓導）、區役場書記、壯丁團長、方面委員、社會教化委員等公職，或擔任信用組合理事或監事，或從事醫師、律師等職業者。

表 5-2：埔里地方菁英地域、聲望分類表

行政區別 / 聲望分級	埔東區							埔西區										小計	聲望分級比例%
	埔里社街	大肚城庄	枇杷城庄	水頭庄	珠仔山庄	挑米坑庄	生蕃空庄	北山坑庄	烏牛欄庄	房里庄	水尾庄	牛相觸庄	牛眠山庄	福興庄	史港坑庄	小埔社庄	大湳庄		
4	5								2	1			3					11	8.9
3	23	1	3	1		2	3		4	1	1	1	4		1			45	36.3
2	10	4		1		2	2		5		2		3		1	1	1	32	25.8
1	18	3	2	1			4		2		2		2	1	1			36	29
小計	56	8	5	3		4	9		13	2	5	1	12	1	3	1	1	124	100

說明：

一、本表依據附錄表 6「聲望」欄統計完成，聲望等級詳見正文或該表說明。

二、「街庄別」欄是以大正 9 年（1920）地方官官制改正之前的行政劃分，即南投廳埔里社堡管內 17 街庄，區分為「埔東區」與「埔西區」，除了「北山坑庄」後來改隸屬於國姓街，其餘 16 個街庄等同於地方官官制改正之後的 16 個「大字」。分類時，部分小地名直接歸類於所屬街庄之下，例如「茄苳腳」屬於埔里社街、「蜈蚣崙」屬於大湳庄、「林仔城」屬於大肚城庄。

三、「聲望分級比例%」欄取整數，小數點以下採四捨五入計算。

依據附錄表 6 的「聲望」欄整理完成的表 5-2 可以看出，聲望等級最高的「4」僅有 11 人，僅佔總人數的 8.9%，集中於四處，包括埔里社街的王廷楷、蘇朝金（1878～1932）、羅金水與羅萬俥父子、林有川，烏牛欄庄的潘踏比厘、黃敦仁（1883～1965），牛眠山庄的林逢春、林其忠（1877～1942）、林其祥父子三人，還有房里庄的潘玉山。聲望次高的「3」有 45 人（佔 36.3%），將近一半集中於埔里社街，牛眠山庄、烏牛欄庄、生蕃空庄、枇杷城庄也都有 3～5 位，聲望「2」（佔 25.8%）、聲望「1」（佔 29%）者，分別約佔三成。

依據明治 34 年（1901）《臺灣總督府民政事務成績提要》的統計，臺灣上流社會總數 49,174 人當中，包括參事 112 人、官衙任職者 1,404 人、區街庄

長 628 人、保甲局長與保正 3,259 人、壯丁團團長 3,127 人、甲長與牌長 36,321
人、教師 1,441 人、具秀才以上功名者 808 人、得有紳章者 239 人、讀書人
1,835 人。〔註 13〕從「物以稀為貴」的角度來看，扣除人數較多的「甲長與牌
長」外，皆可視為「地方菁英」，其社會位階高低依序為參事、得有紳章者、
區街庄長、具秀才以上功名者、保正、壯丁團長、教師與讀書人。

　　財富往往代表一種身份表徵，有錢人大多數都是地方上的活躍分子。至
於擁有多少財富可以稱得上是「富有」，依據吳文星的訪問，日治初期（1900
年）若有家產 1,000 圓即可稱為小康，有 1 萬圓以上者已是屈指可數的地方
富豪。日治初期能夠獲得紳章者，固然都是地方有名望的人，但也未必全都
是富者，潘踏比厘（圖 5-1）即是一例。不過，從大正 4 年（1915）與大正
9 年（1920）幾位獲授「紳章」的地方菁英之調查書內容「資產」一項來看，
全部都算是富者。羅金水擁有 20 萬圓資產，被稱為「巨富」，黃敦仁有 4
萬圓，蘇朝金則有 2 萬圓，〔註 14〕林其忠有 12 萬圓，潘玉山有 2 萬圓。〔註
15〕大正 4 年（1915）蘇逢時擁有 12,000 圓資產、〔註 16〕昭和 11 年（1936）
王峻槐（1890～1965）擁有 10 萬圓資產，〔註 17〕都可稱得上是地方上的富
豪。埔里公學校於昭和 6 年（1931）所完成的《埔里鄉土調查》當中，留下
一份「資產家調」，資產 1 萬圓以上者，共計 110 人，其中資產 10 萬圓以上
者有 4 人。〔註 18〕資產 50 萬圓以上者僅有一人，位於枇杷城，指的是戶籍
原在枇杷城的羅萬俥，30 萬圓以上者也僅有一人，是牛眼山的林逢春（1853
～1931）。25 萬圓以上者也是一人，位於埔里，可能是施雲釵、巫俊（1884
～1935）、李嘉謨（1854～1926）或蘇朝金其中一人。第四名是生蕃空的鄭
阿金（1895～1952，見圖 5-2）。當時的富豪，主要是大地主，或者是埔里社
街的富商，也有兼具地主、富商雙重身份者。先來看地主名單，大正 7 年
（1918）《臺灣商工便覽》列出 10 位埔里社支廳大地主的名單，包含 4 位日
本人與 6 位臺灣人（見表 5-3）。這 6 位臺灣人都是埔里富豪，其中羅金水、
施百川、李嘉謨也兼營商業。

〔註 13〕吳文星，《日據時期臺灣社會領導階層之研究》，頁 67。
〔註 14〕《臺灣總督府公文類纂》第 2377 冊第 2 件，頁 29～30。
〔註 15〕《臺灣總督府公文類纂》第 3057 冊第 11 件，頁 218、223。
〔註 16〕《臺灣總督府公文類纂》第 11072 冊第 5 件，頁 115。
〔註 17〕《臺灣總督府公文類纂》第 6681 冊第 1 件，頁 39。
〔註 18〕埔里公學校，《埔里鄉土調查》，頁 155～156。

圖 5-1：潘踏比厘　　　　　　　　　圖 5-2：鄭阿金

說明：引自《臺灣列紳傳》頁　　　說明：引自《思往事 覓舊情》頁 30。
　　　220。　　　　　　　　　　　　　　（何楨祥提供）

表 5-3：大正 7 年（1918）《臺灣商工便覽》所列埔里社支廳大地主簡表

姓　名	族群別	街庄別	身份／經歷／職業
杉山昌作	內	埔里社街	士族／埔里社內地人（日本人）組合組合長、埔里社信用組合理事、埔里街長、能高寺倡建者之一、埔里社特產株式會社代表者。／田佃作、藥種商
近藤小次郎	內	埔里社街	南投廳警部
高羽貞將	內	埔里社街	埔里社信用組合監事、開墾事業、標本製作業
川澄惠之	內	埔里社街	土木建築請負業（工程承包商）、埔里社信用組合理事長、開拓業、埔里社製糖株式會社發起人
羅金水	福	枇杷城庄埔里社街（南門）	埔里社街總理（清末）、保正、雜貨商（義興號）、經營鹽務支館、埔里社信用組合監事、埔里社公共埤圳管理人、義女祠倡建者
鄭阿金	熟	生蕃空庄	壯丁團長、保正、埔里街協議會員
施百川	福	埔里社街（南門）	雜貨商（瑞源號）、埔里最早的鸞堂「懷善堂」創建者
李嘉謨	福	大肚城庄埔里社街（南門）	保正、綢緞什貨商（泉利號）、烏牛欄信用組合監事
林逢春	廣	牛眠山庄	守城份社長潘進生女婿、埔里區長、土地整理組合委員長、赤十字社分區委員

| 黃敦仁 | 漢 | 烏牛欄庄 | 保正、烏牛欄保甲聯合會長、烏牛欄信用組合長、南投水利組合評議員 |

說明：本表引自大正 7 年（1918）《臺灣商工便覽》頁 32 所列埔里社支廳大地主名單，參考戶口調查簿等資料整理完成。

　　送孩子出國留學，多爲家境較富裕的家庭，埔里社廳最早的留日學生有兩位，一位是北港溪堡的彭華英（1893～1968），另一位是埔里社堡的羅萬俥（羅金水之子）。到日本留學的埔里人很多，日治時期臺灣各地到日本的留學生，常組成類似同鄉會的組織，以人口比例而言，留學日本東京的埔里留學生所組成的「背水會」（見圖 5-3）會員數，在東京同鄉會當中僅次於彰化市的「磺溪會」（又名「半線會」）。〔註 19〕這些留學生當中也包括許多埔里地方菁英的子弟，例如醫學士巫永昌（1905～2000，巫俊之子）、陳石鍊（1900～1974，陳進之弟）、陳景崧（1910～？，陳國賡三男）、律師白福順（1905～1988，黃敦仁女婿）、蘇樹發（1905～1991，蘇新伙次男）、劉增銓（1904～？，劉仁貴之子）、童炳輝（1909～1952，童肇文六男）等，巫俊三男巫永福（1912～2008）於昭和 7 年（1932）曾擔任過背水會會長。〔註 20〕當時的留學生主要留學日本，至於留學歐美，則相對稀少，以埔里而言，留學歐美者僅羅萬俥一人（以上人物簡歷請參閱附錄表 6）。〔註 21〕

　　納妾婚就是「娶偏房」，納妾的原因很多，爲了傳宗接代，或者是展示身份地位都是主要原因之一。能夠納妾者雖然未必都是富甲一方，畢竟能夠納妾的人屬於社會中的少數，能夠納妾的人，顯示出自己「養得起」，多少也代表著一種社會地位的表徵，並視爲榮譽。〔註 22〕雖然埔里的地方菁英未必都有納妾，不過，納妾人數較多者，確實都在地方菁英之列。就戶口調查簿的紀錄來看，納妾紀錄最高者爲蘇朝金，有 4 次納妾紀錄。有 3 次紀錄者包括鄭火炎（1902～1975）、鄭阿金兄弟，還有林其忠、蔡戀等 4 位。2 次紀錄者有余定邦（1883～1943），1 次紀錄者包括李春英、蘇樹木（1892～1979）、施雲釟、王進發（1897～1978）、蘇逢時、林其祥、黃萬固、鄭奕奇、游禮堂、張世昌、莫善慶（1852～1919）、羅金水、巫俊等。

〔註 19〕巫永福，《巫永福全集》6「評論卷 I」，頁 152～153。
〔註 20〕巫永福，《巫永福全集》9「小説卷 I」，頁 162。
〔註 21〕吳文星，《日據時期臺灣社會領導階層之研究》，頁 118～130。
〔註 22〕臨時臺灣舊慣調查會編，陳金田譯，《臨時臺灣舊慣調查會第一部調查第三回報告書臺灣私法第二卷》（南投：臺灣省文獻委員會，1993），頁 604。

圖 5-3：背水會成員合影（昭和 12 年）

說明：引自埔里圖書館典藏老照片圖檔（李榮雄提供），前排左起第 4 位戴眼鏡
　　　者為羅銀漢之長男羅永池。

圖 5-4：陳石鍊

說明：引自覺靈寺典藏老照片。（邱正略拍攝）

從葬儀規模也可以看出地方菁英的社會地位，依據陳春麟的回憶，埔里地區人士逝世時曾經舉辦較具規模葬禮的人有林逢春、黃利用、羅金水、蘇朝金、施百川、李嘉謨等幾位。〔註23〕

電信尚未普及的時代，申辦電話者絕大部份都是各機關、行號的電話，也就是大多具有行政及商業的聯絡機能，不做生意而家裏還申請電話的個人實屬少數，從昭和12年（1937）的《臺中州電話帖》當中所列的埔里地區電話來看，這樣的個人僅有四位，即枇杷城的羅萬俥，茄苳腳的林其祥、李登春、劉良藝。〔註24〕扣除經營麗華樓的李登春，劉良藝背景不詳，另外兩人可稱得上是日治晚期埔里地區最具代表性的人物，羅萬俥擔任《臺灣民報》的專務，林其祥則是唯一埔里人出身的埔里街長，也擔任臺中州協議會員。

2、清末／日治初期地方菁英的轉變

不同時期可能會產生不同背景出身的地方菁英，筆者將日治時期連同前後時代區分為「清末／日治初期（1875～1905）」、「日治中期（1905～1935）」、「日治晚期／戰後初期（1935～1965）」等三時期，介紹不同時期的地方菁英。

蔡淵絜指出，清代臺灣社會領導階層的轉型，是由移墾初期以經濟型領導人物為主，於同治、光緒年間逐漸轉變成經濟型、政治型及文教型三者並重的多元領導局面。吳文星也提到日治初期臺灣的社會領導階層有所變化，由於上層士紳及富豪紛紛內渡，形成下層士紳接替領導權的現象，紳權已擴及到未有功名但具影響力和擁有財富的大地主與豪商。〔註25〕這兩個說法雖可以解釋臺灣西部平原大部分地區的情況，不過，埔里的情況略有不同。埔里由於開發腳步比較晚，道光3年（1823）以後才有平埔族陸續遷移進來，從事開發之後，形成平原上分布的平埔族聚落。漢人於同治、光緒年間逐漸遷移進來，除了於盆地周邊成立一些新聚落（例如挑米坑、北山坑、觀音山、小埔社等），或混居於平埔族聚落，最主要還是聚居於大埔城，以從事商業為主的居民。因此，同治、光緒年間埔里的社會領導階層，主要還是以平埔族聚落的社長、大埔城內的紳商為主。

〔註23〕陳春麟，《大埔城的故事——埔里鎮史》（南投：作者自刊，2000），頁73。
〔註24〕臺灣總督府交通局遞信部，《臺中州電話帖》（臺北：臺灣總督府交通局遞信部，1937），頁141～143。
〔註25〕吳文星，《日據時期臺灣社會領導階層之研究》13、27、50、60。

　　大埔城建立之後，城內成為士紳、富商聚集之處。乙未割台之際，埔里的居民有一部分人傾向於招引日軍進入埔里維持地方秩序。從當時由烏牛欄基督教傳道師潘文明草擬的〈歡願日軍進埔書〉當中，便可看到領銜具名的「大日本帝國臺灣埔裏社善良民」包括大埔城內的「總理羅金水、董事施鳳林，暨眾舖戶春源號、源發號、存德堂（童肇文，1873～1924）、協源號、金吉號、泉發號、晉裕號、振發號」等士紳、富商，還有「前北路九屯千總潘達比里（即潘踏必厘）、前北斗屯外委潘西侃、西角總理潘應廉、北角總理潘進生、烏牛欄土目潘定文、鐵砧山書生黃利用」等。〔註26〕當日軍由南路抵達埔里，進入大埔城的時候，「城內四街總理包括東門街蔡戀、西門街陳圖、南門街羅金水、北門街□水春，城外四角總理包括東角王明浩（即王明誥）、西角潘應廉、南角林火炭、北角潘進生，令各戶自製太陽旗，……，絡繹出迎於南門外茄苳腳之大楓樹下（今變電所附近）。」〔註27〕

　　日治初期埔里地區主要的地方菁英，還可以借助於幾份名單得到初步的認識，包括日軍進入埔里初期擔任通譯者、「埔里退城事件」後獲得褒賞的名單（見表5-4）、明治35年（1902）埔里地區協助土地調查有功者獲賞名單（見表5-5）。

　　日軍進入埔里之初，當時擔任通譯的兩位埔里人，一位是平埔族的余步青（生卒年不詳），日治初期曾經擔任北港溪區區長，〔註28〕另一位是客家人林其忠（1877～1942），也就是牛眠山林逢春的長男，〔註29〕由此可以看出牛眠山林家於日治初期即與日本人建立良好關係，林其忠後來也順利取得食鹽賣捌人的權利。

　　從明治29年（1896）「埔里退城事件」後獲得褒賞的名單，也可以看到幾位比較重要的地方菁英。獲賞金額最高的潘踏比厘，事發當年已經高齡70歲，後來也擔任南投廳參事長達15年之久，直到過世為止（參考附錄表6），

〔註26〕王學新譯，《埔里社退城日誌暨總督府公文類纂等相關史料彙編》，頁326。
〔註27〕王學新譯，《埔里社退城日誌暨總督府公文類纂等相關史料彙編》，頁327。
〔註28〕《臺灣總督府公文類纂》第5393冊第11件，頁61。
　　　　本件〈公學校分校廢止並二設立區域變更認可願〉當中，具名的地方首長有三位，即埔東區長蘇朝金、埔西區長林逢春、北港溪區長余步青，時間是明治44年（1911）2月27日。
　　　　由於余步青擔任過北港區長，如果未死於明治38年（1905），應可在國姓戶政事務所查得戶籍資料。
〔註29〕王學新譯，《埔里社退城日誌暨總督府公文類纂等相關史料彙編》，頁339。

可以說是日治初期最重要的地方菁英。另外，5 位獲賞 10 圓以上者當中，有
兩位找不到戶籍資料，猜想應是死於明治 38 年（1905）戶口調查簿建立之前，
剩下 3 位，貓劉秀資料不全，蔡戀與黃利用都是日治初期重要的地方菁英，
也都投入埔里及附近的土地開發（參考附錄表 2）。〔註30〕

表 5-4：明治 29 年（1896）「土匪」事件褒賞案埔里社堡獲賞者簡表

姓　名	族群	庄/社	獲賞金額	當時年齡	職業/經歷	生年	卒年	享年	備　註
潘踏比厘	熟	烏牛欄	20	70	農/南投廳參事	1827	1917	91	
陳中廉			15						個人資料不詳
黃世龍			10						個人資料不詳
蔡戀	福	埔里社	10	47	雜貨商、土木建築承包業	1850	1925	76	
貓劉秀	熟	埔里社	10	37	藥種商	1860	不詳	不詳	戶籍姓名為茆劉秀
黃利用	漢	烏牛欄	10	41	阿片煙膏販賣業/土地調查委員	1856	1935	80	番秀才望麒麟親家，黃敦仁之父。
游通達			5						個人資料不詳
潘藍玉	熟	烏牛欄	5	32	農	1865	1931	67	
巫福清	熟	生蕃空	5	57		1840	1902	63	
巫明順	熟	枇杷城	5	46	農	1851	1918	68	
余清連	熟	枇杷城	5	53	農	1844	1909	66	

說明：
　一、本表名單引自《埔里社退城日誌暨總督府公文類纂等相關史料彙編》，頁 290
　　　～291，並參考《戶口調查簿》等相關資料整理完成。
　二、陳中廉、黃世龍、游通達等三人查不到戶籍資料，猜測應死於明治 38 年
　　　（1905）戶口調查簿建立之前。

　　再來看明治 35 年（1902）埔里地區協助土地調查有功者獲賞名單，30 位
獲賞者包括 4 位街庄長、25 位委員及 1 位無頭銜者。廣義而言，此名單上的
人物皆稱得上是地方菁英，由於大部份人物缺乏其他活動紀錄，依筆者篩選

〔註30〕蔡戀開墾大湳、大湳東方蕃地、牛眠山等處土地，黃利用投資開源會社，開
　　　墾南港溪沿岸北山坑至國姓一帶土地，參考附錄表 2。

標準，僅將其中 13 位有其他活動紀錄者（「備註」欄有*號者）納入附錄表 6 中，這 13 位也是日治初期主要的地方菁英。此名單的族群別可以看出，以平埔族 18 位最多，佔 6 成，其次依序為閩南人 6 位、客家人 4 位，以及漢人 1 位、不詳者 1 位。職業方面，扣除 10 位無職業資料者，20 位當中登記為「農」者有 12 位，佔 6 成（見表 5-5），此亦印證上述提到的一點族群特色，即日治初期埔里的地方菁英仍以平埔族佔多數，也符合後面表 5-8 所呈現的特色，即日治初期埔里地方菁英的職業以「農」為主。

　　由上述內容，可以列出「清末／日治初期」埔里的地方菁英，主要包括漢人黃利用、羅金水、王明誥、童肇文、蔡戀等，與平埔族潘踏必厘、潘定文、潘西侃、潘應廉、潘進生等。未提到的地方菁英還有林逢春、李嘉謨、劉阿梧等，以及平埔族的味莫記（1854～1927）、莫善慶、張世昌、陳福來（1851～1926）、陳打嗎轄（1831～1908）、潘阿為開山（1865～1933）、潘候希開山、潘日新（1837～1907）、潘塗生（1848～1911）、鄭奕奇、欉林秀（1835～1909）等（以上人物簡歷請參考附錄表 6）。

　　日治中期的地方菁英，包括擔任過埔里街協議會員的王峻槐、余定邦、林其忠、施雲釵、黃敦仁、黃萬得、張以時（1892～1953）、張振春（1891～1973）、潘勝輝（1906～1989）、鄭阿金、徐雲騰（1881～1960）、蘇逢時等，還有埔東區長蘇朝金、埔西區長潘玉山（1878～1936）、埔里街長林其祥、埔里街會計役陳如商（1892～1954，見圖 5-4）、埔里信用組合長巫俊等。日治晚期較受人矚目的地方菁英有羅萬俥、羅銀漢、林有川（1910～1971）、施丹梯（1904～1961）、潘萬安（1904～？）、施文彬（1899～1987）、柯全福（1900～1978）、陳石鍊、張進乾（1902～1982）、童江立、潘勝輝等人（詳見第二節）。

表 5-5：明治 35 年（1902）土地調查賞詞案埔里地區獲賞者簡表

姓　名	職稱	區	街　庄	族群	職業	相關的地方菁英親屬	備註
李春英	街長	埔里社區	埔里社街	廣	農		*
潘定文	庄長	西角區	烏牛欄庄	熟	農		*
鄭奕奇	庄長	南角區	生蕃空庄	熟		鄭阿金（長男）、鄭火炎（次男）、鄭錦水（庶子）	*

林逢春	庄長	北角區	牛眠山庄	廣	貸地業	潘進生（岳父）、林其忠（長男）、林其祥（次男）、林有德（孫）、林有川（孫）	*
李嘉謨	委員	埔里社街	大肚城庄	福	貸地業		*
黃利用	委員	西角區	烏牛欄庄	漢	阿片煙膏請賣業	黃敦仁（長男）	*
林其忠	委員	北角區	牛眠山庄	廣	農	林逢春（父）、林其祥（弟）	*
梅義成	委員		梅仔腳	熟	隘勇、農		梅義仔
羅成	委員		埔里社街	不詳			
羅金水	委員		埔里社街	福	雜貨商	羅萬俥（長男）	*
田水金	委員		枇杷城庄	熟	農		
李旺	委員		枇杷城庄	熟			
余大安	委員		水頭庄	熟			
潘西侃	委員		大肚城庄	熟	農		*
施水順	委員		大肚城庄	福	雜貨商		
潘阿爲開山	委員		烏牛欄庄	熟	農	潘候希開山（弟）、潘勝輝（甥）	*
張省三	委員		牛相觸庄	福	雜貨商		*
潘天和	委員		房里庄	熟			
莫善慶	委員		房里庄	熟	農		*
潘天財	委員		房里庄	熟			
潘萬生	委員		房里庄	熟	農		
林福順	委員		水尾庄	熟			
朱清秀	委員		水尾庄	熟	農		
謝旺	委員		挑米坑庄	福	雜貨商		
劉阿梧	委員		珠仔山庄	廣	林木業		*
何德成	委員		大湳庄	福			
孫頭番	委員		牛眠山庄	熟			孫他番
欉國山	委員		福興庄	熟	農	父欉林秀	
欉阿喜	委員		小埔社庄	熟		外孫黃進生	
李元壽			大肚城庄	熟	農		

說明：

一、本表依據《臺灣總督府公文類纂》第 4362 冊第 22 件（頁 138）、第 24 件（頁 153～155）、第 30 件（頁 188）「賞詞案」所列名單，依順序列表，並參考

　　戶口調查簿等其他資料整理完成。

二、「李春英」原件誤記爲「李林春英」，「劉阿梧」原件簡化爲「劉梧」。

三、清末時期埔里分爲東角、西角、南角、北角等四區，各設一位總理，「區」
　　欄中的「埔里社區」即埔東區。

四、「相關的地方菁英親屬」欄中所列名單爲該人物與「附錄表 6：日治時期埔
　　里地方菁英簡歷表-1（臺灣人）」所列人物有血親、姻親關係的地方菁英。

五、「備註」欄有「*」號者，爲「附錄表 6：日治時期埔里地方菁英簡歷表」當
　　中有列名的地方菁英。

　　　日治初期以來，種種跡象都可看出平埔族的勢力逐漸衰微，從清代道光
年間以來由平埔族開發盆地內的耕地，到了日治時期，近山河谷地與丘陵地
開發的主導者，轉變成爲以漢人與日本人爲主，即使是原本由平埔族所開墾
的平原土地，地權也有漸次轉移的現象。以明治 36 年（1903）臨時臺灣土
地調查局請各廳協助調查平埔族土地所有概況爲例，當時南投廳回報埔里地
區平埔族 56 個社（小聚落）的地權調查結果，各社的「公有財產」合計僅
8.6 甲，至於「私有財產」，各社面積差異極大，合計則約有 574.6 甲，擁有
業主身份的戶數有 342 戶。〔註31〕明治 41 年（1908）埔里的耕地面積約有
3,614 甲，〔註32〕大正 4 年（1915）平埔族人口約佔埔里總人口 1/4（26.8%，
參考附錄表 8 之「表 16」），但所掌握的土地權已不到 1/6。再以大正 7 年（1918）
《臺灣商工便覽》所列埔里社支廳大地主名單爲例，所列的 10 位大地主當
中只有鄭阿金一人爲平埔族（見表 5-3）。

　　　明治 36 年（1903）南投廳陳報給臨時臺灣土地調查局有關平埔族蕃社
現況調查表中，56 社（指平埔族聚落）當中，23 社還有社長，3 個社各還
有 1 位通事。〔註33〕由於各聚落大多是平埔族與漢人混居，這些社長的身
份未必都是平埔族，〔註34〕但從社長的姓氏來看，大部份仍是由平埔族擔
任。〔註35〕平埔族跨部落集體遷移至埔里，維持大約 70 年的族群優勢，雖
然日治初期大多數的平埔族表達「親日」立場，但也延續不了族群優勢。隨
著殖民統治政策的推行，保正、街庄長逐漸取代原來的社長職權，加上混居

〔註31〕《臺灣總督府公文類纂》第 4254 冊第 59 件，頁 479～481。
〔註32〕《臺灣日日新報》，1908 年 05 月 22 日第一版，「埔里社事情（六）」。
〔註33〕《臺灣總督府公文類纂》第 4254 冊第 59 件，頁 479～481。
〔註34〕王學新譯，《埔里社退城日誌暨總督府公文類纂等相關史料彙編》，頁 311。
〔註35〕王學新譯，《埔里社退城日誌暨總督府公文類纂等相關史料彙編》，頁 265～
　　　266。

的漢人人口比例上升，擔任地方頭人的平埔族也逐漸被漢人取代。

3、族群別與地域分布

埔里地方菁英的族群別比例有所差異，不同族群別地方菁英的分布也有地域差異。首先來看地方菁英的族群別（見表 5-6），閩南人最多，約佔半數（50.8%），其次為平埔族，約佔 1/4（25.8%），客家人約佔 1/7（14.5%），「漢」指的就是「非屬閩、客的其他漢人」，只有 2 位，即愛蘭黃利用、黃敦仁父子，族群別不詳者 9 人（7.3%）。

表 5-6：埔里地方菁英族群別分類表

行政區別＼族群別	埔 東 區							埔 西 區										小計	族群比例%
	埔里社街	大肚城庄	枇杷城庄	水頭庄	珠仔山庄	挑米坑庄	生蕃空庄	北山坑庄	烏牛欄庄	房里庄	水尾庄	牛相觸庄	牛眠山庄	福興庄	史港坑庄	小埔社庄	大湳庄		
福	45	5	4	2		4			3									63	50.8
廣	8						1		1		2		6					18	14.5
熟	1	2	1	1			5		6	2	3	1	5		3	1	1	32	25.8
漢									2									2	1.6
不詳	2	1					3		1				1	1				9	7.3
小計	56	8	5	3		4	9		13	2	5	1	12	1	3	1	1	124	100
街庄比例	45.2	6.5	4	2.4		3.2	7.3		10.5	1.6	4	.8	9.7	.8	2.4	.8	.8	100	

説明：

一、本表依據附錄表 6「族群」欄統計完成。

二、「街庄別」欄是以大正 9 年（1920）地方官官制改正之前的行政劃分，即南投廳埔里社堡管內 17 街庄，區分為「埔東區」與「埔西區」，除了「北山坑庄」後來改隸屬於國姓街，其餘 16 個街庄等同於地方官官制改正之後的 16 個「大字」。分類時，部分小地名直接歸類於所屬街庄之下，例如「茄苳腳」屬於埔里社街、「蜈蚣崙」屬於大湳庄、「林仔城」屬於大肚城庄。

三、「種別比例%」欄取整數，小數點以下採四捨五入計算。

四、表底增列的「街庄比例」欄，是計算各街庄的地方菁英人數佔總人數之比例，為能與「種別比例」欄有所區隔，以粗線條表示。

地方菁英的族群別具有地域分布的差異，佔半數的 62 位閩南人當中，有

43 位集中於埔里社街，佔閩南人總數約七成（69.4%），約佔地方菁英總數的1/3（35%），除了埔里社街外，閩南人地方菁英也分布於大肚城、枇杷城、挑米坑、烏牛欄與水頭等庄，共計分布於 6 街庄。人數次多的平埔族，主要分布於平埔族聚落，而且分布最廣，共計分布於 12 街庄，尤其是以烏牛欄、牛眠山、水尾、生蕃空等 4 庄的人數較多。約佔一成的客家人，主要分布於埔里社街和牛眠山庄。

　　這樣的分布，有幾點值得注意，閩南人主要集中於埔里、大肚城、枇杷城等處，屬於人口聚集的市區，以及鄰近市區的聚落，符合劉枝萬所描述「漢人進入埔里，閩粵兩籍所採的路線不同，定居埔里時所從事的謀生方式也有異，閩籍多經商，粵籍多務農，」〔註 36〕的閩南人族群分布，但是，客家人地方菁英的分布卻不符合，以大正四年（1915）臨時戶口調查統計為例（參考附錄表 8 之「表 16」），以客家人為主的聚落，主要位於西北邊的小埔社庄（佔 50.9%）、西邊的水尾庄（佔 76.4%）、北山坑庄（佔 82.1%）。此外，客家人佔全庄比例逾三成的聚落，仍是以分佈在盆地周邊的聚落為主，包括南邊的水頭庄（佔 36.1%）、珠山庄（33.7%）、西南邊的挑米坑庄（佔 43.6%）、西邊的牛相觸庄（37.5%），以及西北邊的史港坑庄（36.6%）。埔里的客家人地方菁英分布，除了水尾的 2 位（擔任教職的蕭添貴，1902～1970、蕭添財，1905～1976）屬於客家人為主的聚落外，其餘都不是出身於以客家人為主的聚落，究其原因，埔里的客家聚落分布於盆地週邊，屬於開發較遲的地區，客家人口佔比較高的比例，主要是新移民與務農者，因此，比較少有活躍於埔里政治、商業領域的代表人物。

　　反觀客家人地方菁英的分布地點，主要在埔里與牛眠山，埔里的客家人地方菁英，除了埔東區長李春英之外，主要都是醫師，包括牙醫洪國華（1906～1950）與醫師張進來（1884～1960）、張祖蔭（1889～？）等人，牛眠山則是以林逢春家族成員為主。第二章曾經提到，李春英擔任埔東區長時才 36 歲，依族群別與年齡皆難以了解為何有資格擔任埔東區長，筆者以為，李春英就是清末曾經擔任過埔里社撫民通判的「李春榮」，〔註37〕極可能卸任後即定居埔里，日治初期才有資格擔任區長一職。牛眠山的林逢春家族，是從東勢遷

〔註36〕劉枝萬，《臺灣埔里鄉土志稿》卷二，頁 3。

〔註37〕邱正略，《〈熟蕃戶口及沿革調查綴〉譯註（南投廳埔里社堡部分）〉，《暨南史學》第八號，頁 260。

來的客家人，除了與平埔族通婚（林逢春爲守城份社長潘進生女婿），也投入土地開發致富，日治初期更積極與日本人合作，除了擔任區長等公職，也將子弟送到官府任職，加上投資事業有成，也取得食鹽專賣，不僅累積豐厚的財富，社會地位與影響力也扶搖直上。

　　至於平埔族的地方菁英，主要分布在埔里週邊的平埔族聚落，清末仍保有社長一職，擔任社長即是該聚落重要的意見領袖。尤其是牛眠山庄、烏牛欄庄的巴宰族，由於日治初期平埔族人口比例仍佔優勢，地方菁英的影響力不僅限於該聚落，有時也成爲跨聚落意見交流與聯合行動的領導者，例如烏牛欄庄的潘躂比厘、守城份庄的潘進生等。生蕃空則是以鄭奕奇家族成員爲主，生蕃空主要屬於洪雅族的北投社、拍瀑拉族的大肚社移居地，鄭姓的平埔族頭人可能是指出現在道光 8 年（1828）「承管埔地合同約字」當中北投社的鄭眉奕，〔註38〕筆者推測，鄭眉奕就是「改番名（改名眉奕），從番俗」的漢人鄭勒先。〔註39〕

　　從表 5-6 不僅可以看出各街庄地方菁英的族群差異，單就人數來看，也可以看出地域分布的差異。各聚落地方菁英的人數，以埔里社街的 56 位最多，佔總人數 45.2%。其次爲烏牛欄庄的 13 位，佔總人數 10.5%，其後依序爲牛眠山（12 位）、生蕃空（9 位）、大肚城（8 位）、枇杷城（5 位）與水尾（5 位）等庄。至於珠仔山庄與北山坑庄，沒有找到足以認定爲地方菁英的人物，主要是因爲此二庄發展較晚，尤其是北山坑庄，居民主要是從事佃耕的客家移民，因此沒有產生符合篩選標準的地方菁英。珠仔山庄與生蕃空庄皆位於南港溪南岸，地緣上較接近，生蕃空庄的地方菁英比例較人口比例高一些，珠仔山也可能開發比較晚，以明治 41 年（1908）至 43 年（1910）之間調查整理的《熟蕃戶口及沿革調查綴》爲例，當時調查埔里各街庄的平埔族人口，珠仔山與福興庄都遭漏未查，〔註40〕這兩庄於調查當時可能因人口較少的緣故而遭忽略。再以明治 38 年（1905）的《臺灣現住人口統計》爲例，該年各庄人口低於 300 人的只有 4 個庄，分別是珠仔山庄 191 人、牛相觸庄 35 人、

〔註38〕劉枝萬、石璋如等纂，《南投縣志稿》〈沿革志──開發篇〉（台北：成文，1978），頁 49～52。

〔註39〕邱正略，〈古文書與地方史研究──以埔里地區爲例〉，《臺灣古文書與歷史研究學術研討會論文集》，頁 26～28。

〔註40〕邱正略，〈《熟蕃戶口及沿革調查綴》譯註（南投廳埔里社堡部分）〉，《暨南史學》第八號，頁 277～278。

福興庄 232 人、北山坑庄 250 人（參考附錄表 8 之「表 7」）。珠仔山庄於戰後初期（1945）創設的地方公廟醒覺堂，是由奉祀在辜添泉家中的呂恩主分靈所創設，〔註41〕辜添泉之父即生蕃空的地方菁英辜煥章（1873～？）。生蕃空的地方菁英鄭錦水（1907～1988）也擔任醒覺堂設立初期的主任委員，〔註42〕以此推測，生蕃空庄的地方菁英影響力擴及珠仔山，因此，珠仔山並未出現符合篩選標準的地方菁英。

　　在地域分布上，124 位地方菁英當中，有 4 成多（45.2%）聚集於埔里街，其次集中於烏牛欄庄（10.6%）、牛眠山庄（8.9%）、生蕃空庄（7.3%）與大肚城庄（6.5%），這樣的分布有何特色，必須先來看各街庄的人口佔全街總人口的比例。以日治中期的人口數來看，依據大正 9 年（1920）第三次臨時臺灣戶口調查統計，埔里街人口所整理完成的表 5-7 可以看出，埔里街、烏牛欄庄與生蕃空庄的地方菁英人數比例，皆較該街庄人口比例高出一些。相對地，位於較邊緣的庄，地方菁英人數比例與該庄人口比例並未對稱，顯示相對低一些，最明顯的是小埔社、大湳、水頭等三個大字。

　　外地來的菁英人物雖然不多，但有幾位值得注意，例如辜顯榮（1866～1937），在埔里的戶口調查簿當中即有他的資料，職業是「食鹽製造業」。埔里地處於中部內山，對外交通本不發達，食鹽與布匹、器具等民生物品主要皆仰賴西部平原的供應，尤其是鹿港。從戶口調查簿的紀錄可以推測，鹿港富商辜顯榮可能因為經商或土地開發等原因，曾經前來埔里。〔註43〕辜顯榮也投資與埔里相鄰的國姓庄土地開發，並且開鑿屬於「認定外埤圳」（即非納入埔里社埤圳組合的埤圳）的辜顯榮圳，灌溉面積有 65 甲。〔註44〕

　　霧峰地區也有一些地方菁英從事埔里地區的開發事業，或者是埔里附近的樟腦事業，有些人並且與埔里地方菁英有往來。埔里社製糖株式會社主要甘蔗種植區之一的小埔社庄大平頂 199.2 甲官有原野，就是大正 2 年（1913）

〔註41〕陳松明主編，《宣平宮醒覺堂誌》（南投：宣平宮醒覺堂管理委員會，2004），頁 29。

〔註42〕鄧鏗揚、賴敏修主編，《埔里區寺廟弘道協會紀念特刊》（南投：埔里區寺廟弘道協會，2006），頁 86。

〔註43〕在埔里戶政事務所保管的戶口調查簿「本籍」1 的第 31 頁有辜顯榮的戶籍資料，職業寫「食鹽製造業」，由此可猜測辜顯榮應是曾經到埔里做買賣，同戶中只有另一位「查某嫺」，惟此份資料中只有註明其於鹿港的住所，並未註明辜顯榮在埔里時的住所或寄留地。

〔註44〕臺中州水利課，《臺中州水利梗概》（台中：臺中州水利課，1927），頁 30。

由林澄堂將豫約賣渡許可（官有地放領）讓渡給埔里社製糖株式會社，林澄堂的代理人就是林水性（1874～？）。〔註45〕林水性為「林烈堂製腦場支配人」，是日治時期霧峰林家在埔里、國姓一帶製腦事業的負責人，居住於小埔社、牛眠山等處，也曾經擔任 2 年的北港區長。〔註46〕林水性並與牛眠山的林逢春，以及日本人長澤圓三郎，三人合作開發眉原社一帶山林 66 甲（參考附錄表 2），〔註47〕林祖密（1878～1925）也與曾君定共同投資水頭一帶的土地開發，明治 36 年（1903）發生水頭庄的居民 22 人與林季商、曾君定的業主權糾紛。〔註48〕

表5-7：埔里街各大字人口（大正 9 年，1920）及地方菁英統計表

街、大字	人口數	比　例	地方菁英人數	比　例	備　註
埔里街	19,570	100%	123	100%	
埔里	5,101	26.1%	52	42.3%	
大肚城	1,652	8.4%	8	6.5%	
枇杷城	1,469	7.5%	5	4.1%	
珠仔山	559	2.9%	0	0%	
挑米坑	772	4%	4	3.3%	
生蕃空	580	3%	9	7.3%	
烏牛欄	1,176	6%	13	10.6%	
房里	767	3.9%	2	1.6%	
水尾	1,492	7.6%	6	4.9%	
牛相觸	510	2.6%	1	0.8%	
牛眠山	1,156	5.9%	10	8.1%	
福興	494	2.5%	1	0.8%	
史港坑	531	2.7%	3	2.4%	
小埔社	1,002	5.1%	1	0.8%	
大湳	1,178	6%	2	1.6%	

〔註45〕《臺灣總督府公文類纂》第 2435 冊第 4 件，頁 98～106。
〔註46〕臺灣總督府，《臺灣總督府及所屬官署職員錄》大正 8 年（臺北：臺灣時報發行所，1919），頁 305。
　　　臺灣總督府，《臺灣總督府及所屬官署職員錄》大正 9 年（臺北：臺灣時報發行所，1920），頁 315。
〔註47〕《臺灣總督府公文類纂》第 3781 冊第 4 件。
〔註48〕《臺灣總督府公文類纂》第 4451 冊第 113 件，頁 218。
　　　《臺灣總督府公文類纂》第 9907 冊第 22 件，頁 335～363。

| 水頭 | 1,131 | 5.8% | 2 | 1.6% | |
| 不詳 | | | 4 | 3.3% | |

說明：本表人口數引自第三次臨時戶口調查統計，參考附錄表 8 的人口統計「表 18」。
　　　地方菁英人數引自表 5-1。

　　擔任過霧峰區的庄長曾君定（1850～1911），〔註49〕於乙未割臺之前即與
望麒麟有金錢往來，望麒麟於光緒 15 年（1889）向曾君定借款 300 元，望麒
麟死後，由其妻望莫氏玉返還借款時，由於原始借據已經遺失，簽立收取借
款憑證時，還找來羅金水當在場證人。〔註50〕

　　日治時期才遷入埔里定居的地方菁英很少，以附錄表 6 所列名單中，
似只有醫師張祖蔭（1889～？）一人，在原居地豐原街即擔任街協議會員，
〔註51〕大正 3 年（1914）從原居地揀東上堡翁仔庄遷入埔里。〔註52〕至於
日治時期埔里出身的地方菁英，離開埔里後的發展，聲望地位較受到矚目
者，有羅萬俥、白福順、蘇樹發、巫永昌等人。

3、職業分布

　　地方菁英隨著時代不同，從事的行業也有所差異，有許多地方菁英坐擁
龐大資產，除了坐收地租，並無從事特定行業，可稱爲「地主」或「業主」。
表 5-8 所統計的職業項目，主要依據戶口調查簿所登錄的項目，參酌附錄表 6
的「經歷／關係」欄中經歷略做修改，同一人職業登錄有多項者，選擇最主
要的 2 項分別統計，因此，表 5-8 各項職業別的總數並非等於地方菁英人數。

表 5-8：埔里地方菁英職業別分類表

行政區別／職業別	埔　東　區						埔　西　區									小計	族群比例 %
	埔里社街	大肚城庄	枇杷城庄	水頭庄	珠仔山庄	挑米坑庄	生蕃空庄	北山坑庄	烏牛欄庄	房里庄	水尾庄	牛相觸庄	牛眠山庄	福興庄	史港坑庄	小埔社庄	大湳庄		
農	3	2		2		1			4		1	1	3		2	1		19	13.5
地主	4	1				4			1		1							16	11.4

〔註49〕《臺灣總督府公文類纂》第 4362 冊第 32 件，頁 192。
〔註50〕簡史朗、曾品滄主編，《【水沙連】埔社古文書選輯》，頁 224～225。
〔註51〕陳君愷，《日治時期臺灣醫生社會地位之研究》（臺北：師範大學歷史研究所，1992），頁 63。
〔註52〕埔里戶政事務所保管，《除戶簿》第 89 冊，頁 232。

職業																	小計	職業比例%
商	23	4	2				4				1						34	24.1
製造業	1					1											2	1.4
醫師	10	1	1					1			1						13	9.2
律師	4		1														5	3.6
藥種商	4																4	2.8
工程業	1																1	0.7
官吏	6				1		2	1		4		1					15	10.6
警察	2				1												3	2.1
教職	2		1		2		1		1								7	5
不詳	8	1	1		3	1	3	1	1	4	1				1		32	15.6
小計	68	9	5	3		4	10	15	3	4	1	14	1	3	1	1	141	100

說明：

一、本表依據附錄表 6「街庄／職業」欄中的職業項目統計完成，職業項目依據戶口調查簿所登錄項目，參酌「經歷／關係」欄中經歷略做修改，職業登錄有多項者，皆一併分類統計，因此，本欄各項職業別的總數並非等於地方菁英人數。

二、「街庄別」欄是以大正 9 年（1920）地方官官制改正之前的行政劃分，即南投廳埔里社堡管內 17 街庄，區分為「埔東區」與「埔西區」，除了「北山坑庄」後來改隸屬於國姓街，其餘 16 個街庄等同於地方官官制改正之後的 16 個「大字」。分類時，部分小地名直接歸類於所屬街庄之下，例如「茄苳腳」屬於埔里社街、「蜈蚣崙」屬於大湳庄、「林仔城」屬於大肚城庄。

三、「職業比例%」欄取整數，小數點以下採四捨五入計算。

　　從地方菁英的職業分布來看，除了約 1/6（15.6%）職業別不詳者外，佔最高比例者為從商者，佔 24.1%，其次為務農者，佔 13.5%。從事醫生者，包括漢醫（即中醫）與西醫，也佔 12%，地主佔 11.4%，官吏佔 10.6%，至於擔任過警察（巡查、巡查補）、教職（公學校訓導、教諭）、律師等行業者皆相對少數。

　　地方菁英的職業分布具有地域差異，佔比例最高，從事商業的 34 人當中，有 23 位集中於埔里社街，其次是大肚城庄（4 位）、烏牛欄庄（4 位）。醫師也是絕大部份集中於埔里社街，藥種商全部在埔里社街，官吏、警察與地主，也同樣以埔里社街為主。至於務農者，以烏牛欄庄、牛眠山庄略多一些，其他各庄也有零星分布。

　　除了地域差異之外，地方菁英的職業別也凸顯時代差異。藉助附錄表 6

的「街庄／職業」欄便可看出，日治初期的地方菁英以務農為主。表 5-8 當中，17 位職業別為「農」者，13 位屬於前期的地方菁英，4 位屬於中期，至於晚期，沒有務農者。

二、地方菁英的世代交替

日治時期臺灣社會新、舊領導階層的遞嬗是一個緩慢的過程，吳文星根據大園市藏所編的《臺灣人物誌》當中 302 位臺灣人，進行學歷分類統計，指出 1910 年代舊教育出身的社會領導階層仍佔半數，即使是新教育出身者，大多係富豪，或成功的工商業經營者，或傑出的區、街庄長等。總之，大多是繼承其父兄原有的地位或基礎，1920 年代以降新社會菁英漸次崛起，也大多出身社會中、上階層家庭，這些新社會菁英，大多具備較優越的教育資格和專業訓練，較上一代更具發展的條件和潛力。〔註53〕

埔里也是相同的情形，附錄表 6 可以看出，日治時期埔里部份的地方菁英有後代接棒的世代交替蹤跡可循，初期的重要地方菁英如林逢春、羅金水等人，其子弟林其忠、林其祥、羅萬俥等人於中、晚期的發展皆更勝一籌。

有關「世代」（generation）一詞，依據馬克‧布洛克（Marc Bloch）的說法，「世代」的觀念是非常有彈性的，世代的周期也不是規律的，而是依社會變遷的韻律伸縮，生長在同樣環境中的人，來自同一年代的共同啓印，即形成一個世代。〔註54〕George H. Kerr 的研究即以 1937 年蘆溝橋事件為觀察點，將日治時期臺灣的人口構成區分為老一代（grandparents）、中生代（Formosans of middle age）與新生代（young Formosans）。〔註55〕周婉窈研究皇民化運動時，提出「戰爭期世代」的說法，指的是大約出生於 1920 年至 1930 年之間的臺灣人。〔註56〕地方菁英的世代不易明確劃分，首先必須區別「生物世代」與「歷史世代」，〔註57〕筆者以 30 年當作一個「世代」，依前述三個世代的區

〔註53〕吳文星，《日據時期臺灣社會領導階層之研究》，頁 151～158。

〔註54〕布洛克（Marc Bloch）著、周婉窈譯，《史家的技藝》（臺北：遠流出版社，1989），頁 171～172。

〔註55〕George H. Kerr, *Formosa:Licensed Revolution and the Home Rule Movement 1895-1945*（Honolulu:The University Press of Hawaii, 1974），pp.189-190.

〔註56〕周婉窈，《海行兮的年代：日本殖民統治末期臺灣史論集》（臺北：允晨，2002），代序（1）～（8）。

〔註57〕有關「世代」的討論，請參閱周婉窈所著《海行兮的年代：日本殖民統治末期臺灣史論集》一書的代序〈「世代」概念和日本殖民統治時期臺灣史的研究〉。

分方式，從附錄表 6 整理出 17 家地方菁英家族，介紹埔里地方菁英家族的世代交替關係（見表 5-9）。表 5-9 所謂「埔里主要菁英家族」，指的是有兩個世代以上的家族成員列名於附錄表 6，且成員當中有「聲望」達到「3」者，才納入表中（詳見本表說明欄）。

表 5-9：埔里主要菁英家族世代關係表

街庄 / 姓氏 / 族群	清末 / 日治初期（1875〜1905）			日治中期（1905〜1935）			日治晚期 / 戰後初期（1935〜1965）	
	姓　名	經　歷	與下世代關係	姓　名	經　歷	與下世代關係	姓　名	經　歷
埔里 / 王 / 福	王廷楷	清代秀才、埔里社公學校學務委員	父子（過房子）	王峻槐	酒類賣捌人、埔里街協議會員	父子（長男）	王江源	埔里街協議會員
枇杷城 / 余 / 熟				余定邦	保正、埔里街協議會員、社會教化委員	父子（三男）	余瑞淵	戰後初期埔里鎮長（1951〜1953、1959〜1964）
埔里 / 巫 / 福				巫俊	壯丁團長、巡查補、埔里青年會長、埔里信用組合長、臺灣自治聯盟能高支部議長	父子（長男）	巫永昌	醫師（臺中執業）
						父子（庶子男）	巫重興	戰後初期埔里鎮長（1953〜1960）
牛眠山 / 林 / 廣	林逢春	埔西區長、埔里社北角區人民總代	父子（長男）	林其忠	埔西區書記、埔西區長、埔東區長、烏牛欄信用組合長、埔里街協議會員、食鹽賣捌人			
			父子（次男）	林其祥	埔里街長、台中州	父子（長男）	林有德	埔里信用組合監事

				協議會員、能高自動車株式會社社長、埔里信用購買販賣利用組合組合長、埔里實業協會會長、獲授紳章	父子（四男）	林有川	能高郡雇、埔里街協議會員、臺中州會議員、埔里信用組合專務理事、埔里國中校長
埔里／施／福	施百川	漢醫、雜貨商、鸞堂懷善堂創建者	父子（長男）	施雲釵	保正、埔里街協議會員、能高自動車株式會社取締役	兄弟	施丹梯	埔里街協議會員、埔里街助役
埔里／柯／福	柯金同	醫生、藥種商	父子（長男）	柯全福	雜貨商，埔里街協議會員			
烏牛欄／黃／漢	黃利用	埔里社辦務署參事、埔里社公學校學務委員、土地調查委員	父子（長男）	黃敦仁	保正、烏牛欄信用組合長、埔里街協議會員、社會教化委員			
挑米坑／黃／福				黃萬固	保正、獨資開鑿埔里至魚池自動車道、二高自動車株式會社創立人之一	父子（長男）	黃連貴	埔里街協議會員、埔里米穀統制總代
挑米坑／黃／福	黃寶	保正	兄弟	黃萬得	保正、埔里街協議會員、二高自動車株式會社創立人之一			

大肚城／許／福				許道南	貸地業、雜貨商、昭和 11 年（1936）建醮副總理	父子（次男）	許秋	埔里信用組合信用部專務、埔里街協議會員、戰後第二任埔里鎮長
水尾／張／熟	張世昌	下赤崁吞霄社社長、保正、恒吉宮媽祖廟倡建者	父子（次男）	張以時	埔里街協議會員			
埔里／童／福	童肇文	漢醫、葯舖主、存德堂、埔里街福神廟信徒總代	父子（五男）	童江立	存德醫院醫師、埔里街協議會員、奉公醫師團能高分團團長	兄弟	童炳輝	律師
烏牛欄／潘／熟	潘阿為開山（兄）	保正、烏牛欄信用組合理事、土地調查委員潘候希開山之兄						
	潘候希開山（弟）	保正潘阿為開山之弟	父子（螟蛉子）	潘勝輝	保正、烏牛欄信用組合長、埔里街協議會員、社會教化委員			
牛眠山／潘／熟	潘進生	北角總理埔西區長林逢春之岳父	父子（長男）	潘阿敦斗歪		父子（長男）	潘萬安	埔里街協議會員
房里／潘／熟	潘應廉	西角總理	父子（三男）	潘玉山	保正、埔西區長			
生蕃空／鄭／熟	鄭奕奇	南角區長	父子（長男）	鄭阿金	壯丁團長、保正、埔里街協議會員	兄弟	鄭火炎	埔里米穀統制總代
						兄弟（異母弟）	鄭錦水	木材商組合副組合長

| 枇杷城／羅／福 | 羅金水 | 埔里社街總理、保正、埔里社公共埤圳管理人、義女廟倡建者 | 父子（長男） | | | 羅萬俥 | 《臺灣新民報》專務兼營業局長。戰後擔任臺中縣參議會議長、國民參政員、立法委員、臺灣人壽保險公司董事長、彰化銀行董事長 |

說明：

一、由於有兩個世代的地方菁英家族頗多，本表僅從附錄表 6 找出有兩個世代的地方菁英家族，且成員當中有「聲望」達到「3」者才列入表中，此外，兄弟皆列名於附錄表 6 當中，活躍的時間接近者，例如張進來與張進乾、陳進與陳石鍊、蘇朝金與蘇逢時等，亦不列入表中。

二、本表依姓氏筆劃排列，「經歷」欄僅列舉幾項重要經歷，詳見附錄表 6。

三、余瑞淵、巫重興雖然未列於附錄表 6 當中，由於擔任埔里鎮長的時間仍在 1965 年以前，因此納入表中。

四、「與下世代關係」欄中所記，為該菁英與下一世代菁英之關係，若為「父子」，加註下一世代的「排行」，若為收養關係，亦註明為「過房子」或「螟蛉子」。

　　從這 17 家地方菁英家族的居住地來看，主要集中於埔里社街（5 家），其次是烏牛欄庄（2 家）、挑米坑庄（2 家）、枇杷城庄（2 家）、牛眠山庄（2 家）。以族群別而言，閩南人佔半數（9 家），其次為平埔族（6 家），客家人只有牛眠山林家，至於「漢」，即湖南籍的烏牛欄黃家。埔里社街的 5 家都是閩南人，周邊的聚落則族群不一，以親屬關係而言，父子關係者佔多數，有部份為兄弟關係，形成兄弟共同發展或接棒的情形。

　　改朝換代對於地方菁英雖有衝擊，菁英家族對於時代的肆應，也影響家族勢力的後續發展，新的時代也營造出新興勢力嶄露頭角的機會。簡言之，地方菁英可以區別為「延續勢力」與「新興勢力」，從日治時期前、中、後期較具代表性的地方菁英之出身背景，即可看出這兩類地方菁英是同時並存的。

　　先來看前期的地方菁英，清末埔里主要的地方菁英包括三大類型，第一類是平埔族的社長等地方領袖，例如潘踏比厘、潘定文等，第二類是清末埔里的大地主，例如枇杷城庄的羅金水、牛眠山庄的林逢春與烏牛欄庄的望麒

麟等。第三類是大埔城的士紳與商人，例如王廷楷、蔡戆等。到了日治初期，埔里大部份的地方菁英與殖民政府維持良好關係，成爲官方攏絡的對象，加上他們把子弟送到國語傳習所，開始接受教育，畢業後也順利安插於公家機關任職。第二代菁英也逐步建立個人在地方的聲望與地位，延續了家族在地方的影響力，成爲日治中期重要的地方菁英，最主要的例子有黃敦仁、王峻槐與林其祥等三人，可以視爲清末地方菁英的「延續勢力」。黃敦仁除了長時間擔任保正、埔里街協議會員，也從事土地開發，被報紙譽爲埔里的模範地主。〔註58〕王峻槐取得埔里酒類賣捌人權利10餘年，經營交通運輸等事業，也擔任埔里街協議員，是政商關係良好的成功商人。林其祥的父（林逢春）、兄（林其忠）都是日治初期擔任過區長的重要地方菁英，林其祥從年輕時擔任過多項公職，長期的官場歷練，更青出於藍，擔任埔里街長。

　　至於「新興勢力」，中、下層出身的人，可以透過擔任巡查補，與官方建立良好關係，逐漸於日治中期成爲受重視的地方菁英。例如長期擔任埔里街協議會員的張德元（1886～1951），就是南投廳巡查補出身的地方菁英。巫俊也是擔任巡查補，後來轉行從商，利用與官方建立的良好關係，從事公務部門的商業往來，因而致富，也轉投資土地開發，先後擔任過埔里青年會長、埔里信用組合長等職（見附錄表6），可視爲新興勢力的代表人物。

　　日治晚期具代表性的地方菁英，「延續勢力」方面，王峻槐的長男王江源（1910～1994）接續其父，擔任埔里街協議會員。巫俊雖然壯年早逝，多位子女如巫永昌、巫重興等，於後期皆頗有成就。羅金水的長男羅萬俥，先後留學日本、美國，後來擔任《臺灣新民報》專務兼營業局長，戰後也先後擔任臺中縣參議會首任議長、國民參政員、立法委員、彰化銀行董事長等職，是埔里出身而具有全臺知名度的菁英人物。

　　「新興勢力」方面，較具代表的人物包括許清和（1896～1982）、陳進、陳石鍊、羅銀漢等人。大肚城的雜貨商許清和，擔任過埔里信用組合長，除了從事救濟工作，戰後熱心參與廟務，曾先後擔任過地母廟首屆董事長、醒靈寺董事長、育化堂主任委員、日月潭文武廟董事長等職。〔註59〕陳進與

〔註58〕《臺灣日日新報》，1932年2月24日第三版，「埔里の模範地主」。
〔註59〕康豹（Paul R. Katz）、邱正略，〈鸞務再興——戰後初期埔里地區鸞堂練乩、著書活動〉，發表於2008年10月18～19日暨南國際大學人類學研究所主辦「水沙連區域研究學術研討會：劉枝萬先生與水沙連區域研究」，頁7。

陳石鍊爲兄弟,陳進從事商業,先後從事碾米業、製材業致富,也擔任過埔里街協議會員。陳石鍊爲開業醫師,也投資製冰事業,擔任過埔里街協議會員,晚年投身於宗教事務,戰後參與埔里、國姓地區包括參贊堂、育化堂、懷善堂、通天堂、醒靈寺、靈光寺等廟宇的重建及廟務,〔註60〕先後擔任過醒靈寺總經理、育化堂委員及顧問、懷善堂籌建委員會主委等職。後期最年輕有爲的活躍人物是羅銀漢,曾擔任埔里青年會會長、埔里實業協會會長、埔里街協議會員等職,晚年熱心參與育化堂鸞務,曾擔任副主委及顧問等職。〔註61〕

爲何有一些日治初期的地方菁英,其家族後代並未形成接續勢力?雖然個案不一,還是可以找到幾項可參考的通則,首先是平埔族聚落的領袖社長一職,清末固然具有號召力與影響力,到了日治時期,隨著行政體制的改變,保正、區長取代舊有的社長角色,加上漢人逐漸移入與混居,漢人在埔里總人口的的比例日增,保正、區長由漢人擔任的情形也日益普遍。其次是人口分布與職業別的差異,埔里的地方菁英約有4成集中於埔里社街,其中9成以上是漢人(見表5-6),〔註62〕主要從事商業活動,相對於平埔族聚落,主要從事農業,較難累積財富。

另外,地方菁英的壽命與子嗣也有些關係。以李春英爲例,雖然位居區長一職,可惜38歲英年早逝,亦無親生子,因此沒有後續發展。〔註63〕再來看施百川的例子,施百川44歲就逝世,但是當時長男施雲釵已經18歲,次男施丹梯也已經15歲(參考附錄表6),加上豐厚的家產,以及與牛眠山林家聯姻,因此延續且壯大施家在地方的地位與影響力。

日治時期新、舊社會領導階層具有相當的延續性,從身份、職業上也可以看出,逐漸由地主或資產家轉變爲中、小資本的產業和金融業經營者,下一代在經濟方面的發展似乎較上一代多元且更有成就,因此,其社會聲望和

〔註60〕康豹(Paul R. Katz)、邱正略,〈鸞務再興——戰後初期埔里地區鸞堂練乩、著書活動〉,頁10。

〔註61〕康豹(Paul R. Katz)、邱正略,〈鸞務再興——戰後初期埔里地區鸞堂練乩、著書活動〉,頁7。

〔註62〕53位地方菁英當中,除了3位族群別不詳及1位平埔族外,其餘49位皆是閩南人(包括43位閩南人與6位客家人)。

〔註63〕李春英雖有一妻一妾,但並無親生子,只有2位女兒及1位養女、1位螟蛉子。詳見埔里戶政事務所保管,《日治時期戶口調查簿》,編號60「舊簿冊」,頁170。

影響力也較上一代更為提高，家族的勢力更為擴張。〔註64〕以埔里地方菁英為例，林逢春為牛眠山一帶的大地主，經由長男林其忠取得食鹽賣捌人權利，次男林其祥擔任埔里街長，將林家產業及聲望推到最高點。

三、當地的望族

地方菁英家族由於展現世代交替的遞嬗過程，新世代有的延續上一世代的事業基礎，有的更進一步擴展事業版圖，居住地也會有所變更，例如原本居住枇杷城庄的首富羅金水家族，以及牛眠山庄的林家，後來都有部份成員遷居埔里街。本小節從表5-9所舉出17個家族當中，挑選其中5個較重要的家族，另增列「茄苳腳蘇家」，〔註65〕共計6家，依姓氏筆劃簡要介紹家族成員的生平事蹟。

1、埔里街西門王家

王廷楷（1851～1918，見圖5-5）是清末秀才，日治時期曾經擔任埔里社公學校學務委員。清末修撰台灣省通志前，先由各地編撰采訪冊。王廷楷於光緒16年（1890）負責編撰〈埔里采訪冊〉，光緒18年（1892）完稿，將稿件交付上級之後不久，台灣即割讓日本，修志工作也中斷，今雖仍可看見〈雲林采訪冊〉、〈鳳山采訪冊〉等其他地區當時留下的采訪冊，但〈埔里采訪冊〉已不得見，作者當時亦未留下副本。〔註66〕

王廷楷的過房子王峻槐（見圖5-6）也是日治時期埔里地區重要的士紳，從大正12年（1923）開始，王峻槐就取得酒類賣捌人的特許，一直延續到昭和9年（1934）6月為止，同年（1934）7月1日酒煙草賣捌人更新，改由酒類匿名組合員山下藤太郎取得。〔註67〕昭和6年（1931）能高自動車株式會社成立時，擔任常務締役。〔註68〕曾擔任多屆埔里街協議會員，昭和15年（1940）改由其子王江源繼續接任。（見後列表5-15）

〔註64〕吳文星，《日據時期臺灣社會領導階層之研究》，頁160～161。
〔註65〕由於蘇朝金與蘇逢時兄弟二人同時活躍於埔里地區，是不可忽略的重要家族，因此一併納入介紹。
〔註66〕伊能嘉矩著、楊南郡譯註，《台灣踏查日記》（上）（臺北：遠流，1996），頁193。
〔註67〕《臺灣總督府專賣局檔案》第6681冊第1件，頁37。
〔註68〕《臺灣日日新報》，1931年09月02日第二版，「埔里と臺中市に連絡自動車能高自動車株式會社卅一日創立總會」。

圖 5-5：王廷楷　　　　　　　圖 5-6：王峻槐

說明：引自《臺灣列紳傳》頁 221。　　說明：引自《臺灣官紳年鑑》頁 90。

2、埔里南門巫家

　　巫俊（見圖 5-7）原本是五城堡富豪總理巫水之孫，因家道中落，隨母親陳亮娘遷移至埔里，幼時在虎仔耳庄（屬於大湳庄）的柯知母家看牛。日治初期，14 歲進入地政事務機關擔任「給仕」（工友），20 歲進入南投廳警察課擔任巡查補。結婚之後，向蔡戀承租店舖，開設盛昌號雜貨店及酒保（賣日用品、食物給公務員、軍、警的店），從事埔里地區公家機關之日人公務員的日用品銷售業務，當時以記帳方式，每月領薪水時再結帳，因此生意興隆而致富。其後更投入開墾事業，向總督府申購十一份一帶 16 甲的原野，將之開墾為良田。〔註 69〕巫俊曾擔任臺灣地方自治聯盟能高支部的議長，成立時，會員有 148 人。〔註 70〕也擔任過埔里信用組合長、埔里青年會長、埔里街方面委員等職，昭和 10 年（1935）病逝，享年 50 歲。

　　巫俊除了與正妻吳月生下 5 男 8 女，另與側室生下 4 男，與正妻所生之長男巫永昌為留日醫學博士，曾任台中市第 1、2 屆民選市議員、南投客運公

〔註69〕巫永福，《巫永福全集》1「詩卷 I」，頁 4～7。
〔註70〕《臺灣日日新報》，1931 年 01 月 18 日第八版，「自聯能高支部發會式及講演」。

司董事長。次男巫永勝日本京都帝國大學理學部畢業，曾任臺灣總督府樟腦局技師，戰後曾任臺糖臺中酒精廠廠長、臺灣大學農學院教授。三男巫永福畢業於日本明治大學文科，是有名的臺灣文學作家。四男巫永煌、五男巫永德都是畢業於臺灣大學醫學院，也都是開業醫師。與側室所生之長男巫重興，日治時期曾擔任能高水利會會長，戰後曾擔任兩屆埔里鎮長。次男巫重隆從事木材業，三男巫重發於戰後擔任過南投縣議會議長，四男巫重榮畢業於中興大學農業經濟系，任榮隆貿易及輔隆實業公司董事長。次女巫玉蘭、三女巫奇香皆曾擔任過南投縣議員。〔註71〕

圖 5-7：巫俊

說明：引自醒靈寺文獻室典藏老照片。

3、牛眠山林家

　　牛眠山林家是清末時期從東勢遷入埔里的客家人，林逢春是牛眠山總社長潘進生的女婿，日治初期，除了送次子林其祥進入國語傳習所就讀，也先後擔任大湳庄民總代、埔西區長等職，明治 35 年（1902）開設的牛眠山警察官吏派出所用地及建物也是由林逢春等 4 人提供，〔註72〕與殖民政府建立良

〔註71〕巫永福，《巫永福全集》9「小說卷 I」，頁 57～59。
〔註72〕《臺灣總督府公文類纂》第 4680 冊第 6 件，頁 53～60。地點位於牛眠山庄第
　　　　29-1 番地，價值 350 圓，寄付者除了林逢春以外，還有潘肉垺、巫阿海、欉

好關係。

長男林其忠（見圖 5-8）幼時曾在牛眠山石逢春學堂、徐阿玉學堂及埔里社街游熊學堂、王廷楷學堂修習漢文，明治 30 年（1897）進入臺中縣蠶業試驗所學習養蠶，行政方面，除了日治初期擔任日軍通譯，也先後擔任過臨時臺灣土地調查局通譯、埔西區書記、埔西區長、埔東區長，並於大正 9 年（1920）獲得紳章。產業方面，先後擔任過埔里社圳常設委員、烏牛欄信用組合長、埔里社特產株式會社取締役、埔里鹽務支館館主、食鹽賣捌人等職。〔註 73〕

次男林其祥光緒 7 年（1881）6 月 4 日出生於牛眠山，明治 31 年（1898）3 月，埔里公學校速成科畢業，明治 33 年（1900）3 月至埔里鎮憲兵屯所擔任通譯，明治 35 年（1902）9 月轉任埔西區書記，明治 37 年（1904）5 月受聘為南投廳雇，留在埔里社支廳勤務，大正 9 年（1920）地方官制改正，9 月改任命為能高郡雇，於庶務課任職，同年 10 月任命為埔里街助役，以及擔任埔里街協議會員，大正 10 年（1921）擔任臺中州協議會員，大正 14 年（1925）6 月獲得紳章，同月當選為埔里信用組合長。昭和 3 年（1928）10 月再度擔任埔里街助役，昭和 4 年（1929）4 月 9 日昇任埔里街長。〔註 74〕產業方面，曾擔任過埔里信用購買販賣利用組合組合長、能高自動車株式會社取締役社長等職。大正 13 年（1924）擔任恒吉宮重建建設委員，並擔任恒吉宮第一屆董事長。〔註 75〕林其祥四男林有川（見圖 5-9）日本明治大學畢業，於昭和 19 年（1944）擔任臺中州會議員，〔註 76〕戰後擔任埔里初中校長。

林家在牛眠山擁有極大的影響力，日治時期為了爭奪水源灌溉，與鄰庄發生紛爭，為了展現團結與鄰庄抗衡，大正 11 年（1922）在林其忠、林其祥和林有土（林其忠次子）商議下，組織「牛眠集英館」，由林有土擔任館主，找來江月師父傳授拳腳及獅藝。〔註 77〕

阿喜等三人，頭銜都是「南投廳埔里社堡北角區人民總代」。

〔註 73〕劉澤民，〈石燈照古人──醒靈寺保存的能高神社殘蹟〉，《臺灣文獻》第 56 卷第 3 期，頁 312～313。

〔註 74〕《臺灣總督府公文類纂》第 10089 冊第 48 件，頁 357。

〔註 75〕劉澤民，〈石燈照古人──醒靈寺保存的能高神社殘蹟〉，頁 313～314。

〔註 76〕臺灣總督府，《臺灣總督府及所屬官署職員錄》昭和 19 年（臺北：臺灣時報發行所，1944），頁 151。

〔註 77〕鄧相揚，〈眉社群與牛眠山的歷史演替〉，《百年的遺落與重現──2005 南投縣平埔族群文化研討會論文集》（南投：南投縣政府文化局，2005），頁 14。

　　林家不僅男性活躍於地方，女性也參與地方事務。林其忠之妻潘氏文里
於大正 9 年（1920）獲得愛國婦人會長下田歌子囑託，擔任該會臺中州能高
郡幹事部幹事一職。〔註 78〕林有川之妻王氏有，畢業於東京女子醫專。兩人
於昭和 13 年（1938）1 月 25 日結婚。〔註 79〕婚前原本任職於臺中醫院的王氏
有（1910～？），婚後也回埔里執業。〔註 80〕

<table>
<tr><td align="center">圖 5-8：林其忠</td><td align="center">圖 5-9：林有川</td></tr>
<tr><td align="center">說明：引自醒靈寺文獻室典藏老照片。</td><td align="center">說明：引自《古早人鄉土情》，頁 88
（何楨祥提供）。</td></tr>
</table>

4、埔里街南門施家

　　施百川（見圖 5-10）是雜貨商（瑞源號）兼漢醫，住在大埔城南門街。
父親施茂，別稱爲「大頭茂」，光緒初年渡臺，住在鹿港，以肩挑販貨爲業，
進入埔里社交易，稍有積蓄，於南門經營山產及雜貨商、煙舖，陸續購置田
園數十甲地，清末的身份爲貢生，擔任南門總理。日治初期日軍攻入埔里社
（指 1896 年 7 月退城之後的反攻），施茂爲了保護家族，擬將牆圍大門關閉，

〔註 78〕簡史朗，《水沙連眉社古文書研究專輯》，頁 502～503。
〔註 79〕《臺灣日日新報》，1938 年 01 月 27 日第九版，「嫁入道具一式乳母に贈る」。
〔註 80〕《臺灣日日新報》，1938 年 04 月 13 日第九版，「女醫が開院」。

以阻擋日軍侵入，當場被日軍發現而遇害。施茂之妻終日泣恨，因之得病，相繼而亡。〔註81〕

另有兩種不同的說法，一是日軍進入埔里時，其母親（施茂之妻）因為探頭看望，被日軍誤認為抗日者，遭開槍打死，其父出來探望，同遭不幸，因此，施百川對於日本人恨之入骨，不讓長男施雲釵進入公學校接受日本教育，留在家裡親自教導漢文及漢醫。不過，後來還是讓次男施丹梯赴日留學，於明治大學畢業後返臺，到臺灣新民報社當記者。〔註82〕二是洪棄生於《瀛海偕亡記》當中提到，施茂是當時的抗日者，日軍退出大埔城再反攻之後，即圍殺施茂家。〔註83〕劉枝萬於「埔里社之役」當中亦有類似的描述。〔註84〕

日治初期日本殖民政府實施「鴉片漸禁政策」，台灣、澎湖地區逐漸引發一波藉由扶鸞降筆來為民眾戒鴉片的風潮。〔註85〕當時埔里也建立了第一個為民眾戒鴉片的鸞堂，地點就設在施百川家中。此鸞堂也成為埔里重要鸞堂（如參贊堂、醒化堂等）的源頭。施百川有二子，長男施雲釵（見圖 5-11）曾擔任過保甲聯合會長、埔里街協議會員等職，次男施丹梯曾經擔任埔里街助役。

施雲釵除了商業有成，也積極參與地方政治，戰後初期政權交替之際，形同處於治安空窗期，民國 34 年（1945）農曆 9 月 9 日重陽節，國曆為 10 月 14 日，仍在 10 月 25 日移交之前，埔里成立「雙九會」做為民間自力維護治安的組織，名稱除了取自重陽節的日期之外，另有一諧音即為臺語的「相救會」。會長為施雲釵，副會長林火木，地點設於施家的正廳懷善堂。〔註86〕當時參加者大多為地方流氓，施雲釵藉著這個組織聚集這些可能惹事的流氓，三餐都招待，每人每個月又可分得 35 圓薪水，也借這些人的力量來維持社會秩序。〔註87〕這個組織於次年（1946）3 月即解散，〔註88〕國民政府也於事後逮捕包括施雲釵在內的一些參與者，施雲釵也因此避過了 228 事件的災

〔註81〕施丹梯手稿，施儀東手抄，〈施家之沿革〉。
〔註82〕陳春麟，《大埔城的故事——埔里鎮史》，頁 86。
　　　施丹梯手稿，施儀東手抄，〈施家之沿革〉當中有不同的記載。
〔註83〕洪棄生，《瀛海偕亡記》，頁 35～37。
〔註84〕王學新譯，《埔里社退城日誌暨總督府公文類纂等相關史料彙編》，頁 341。
〔註85〕王世慶，〈日據初期台灣之降筆會與戒煙運動〉《台灣文獻》第 34 卷第 4 期（南投：臺灣省文獻會，1986），頁 111～151。
〔註86〕陳春麟，《大埔城的故事——埔里鎮史》，頁 4。
〔註87〕陳春麟，《大埔城的故事——埔里鎮史》，頁 87。
〔註88〕陳春麟，《大埔城的故事——埔里鎮史》，頁 4。

禍，不過也坐了大約一年半的苦牢。〔註89〕

圖 5-10：施百川　　　　　　　　　圖 5-11：施雲釵

說明：引自醒靈寺文獻室典藏老照片。　說明：引自施家典藏老照片（施儀東提
　　　相片中的成人即施百川。　　　　　　供）。

5、烏牛欄黃家

　　狹義的「烏牛欄黃家」是指「漢蕃合成家族」的「黃望家」，也就是望麒麟的家族，〔註90〕望麒麟為埔社化番頭人，別名玉書或瑞卿，生於咸豐年間，為清末份生，是化番中少有的讀書人，人稱「番秀才」。埔社番頭人督律、澳漏等人相繼亡故之後，因領導無人，原有田業多遭佔管，應收地租亦多怠納，望麒麟於是向鹿港理番同知彭鏊求助，理番同知於是給出諭示，讓望麒麟取得徵收埔里地區六五租的權利。

　　清末，臺灣總兵吳光亮駐守大埔城期間，與望麒麟私交甚篤，據望麒麟外孫黃大鏐口述，目前愛蘭黃家古宅宅地即是總兵吳光亮幫忙望麒麟所相中

〔註89〕陳春麟，《大埔城的故事──埔里鎮史》，頁 87。
〔註90〕有關望麒麟家族簡史，可以參閱清水純，〈埔里盆地における最後の原住民：淺井惠倫、鳥居龍藏台湾映像資料の探求〉，《台湾原住民研究》第 11 号（東京都：風響社，2007.3），頁 57～71。以及簡史朗、曾品滄主編，《【水沙連】埔社古文書選輯》，頁 45～58。

的土地，該地正位於烏牛欄台地中間位置，是好地理。總兵吳光亮調回大陸時，將身邊所擁有的一座神桌及一只明代清瓷花瓶贈予望麒麟，此二件文物目前仍爲黃大鏐先生所收藏。

乙未割台之際，望麒麟因主張迎奉日本人進入埔里，於前往北港溪途中遭生蕃出草遇害身亡，其死因另有不同說法，認爲是被漢人或平埔族陷害身亡。〔註91〕望麒麟死後，黃利用之子黃敦仁入贅望家，與望麒麟獨生女望阿參結爲連理，生下的長男望阿福，便是以民間「抽豬母稅」的習俗從母姓，其他子女皆從父姓。望麒麟女婿黃敦仁於日治時期曾經擔任保正、保甲聯合會長、埔里街協議會員等職。

黃家除了在烏牛欄臺地附近的房里、林仔城擁有一些土地外，也因擁有受領六五租 2/5 的權利，成爲埔里數一數二的富戶，到了日治初期，土地調查工作完成後，總督府以發給債券做爲補償，著手買收大租權，其中也包括六五租。當時黃家所擁有 2/5 的六五租受領權利換得 2 萬圓的債券。黃家於是由黃利用出面與南投廳長交涉，請求廳長協助能夠將這些債券以無息方式換成現金。由於與官方建立的良好關係，果然獲得廳長的協助，到臺中的臺灣銀行換得現金，由黃敦仁及其弟黃茅格，兄弟二人以步行方式，將 2 萬圓從臺中搬回埔里，這些錢其中一部份就成爲明治 37 年（1904）成立「開源會社」的資金（開源會社的開墾地點、面積，請參閱第三章第一節）。〔註92〕

除了從事開墾事業以外，黃家也從事舊式糖廍，地點在北港溪流域的三角坪，年產量約 800 俵（約 48,000 公斤），豐收時可達 1,000 俵（約 6 萬公斤），到了日治晚期進入戰爭時間，才將糖廍轉讓他人經營。〔註93〕

〔註91〕鈴木滿男，《「漢蕃」合成家族の形成と展開：近代初期における臺灣邊疆の政治人類學的研究》，頁 204。
　　　依據望麒麟外孫黃大鏐的說法，殺害望麒麟的 5 名凶手都是巴宰族人，他們是受到漢人大地主張省三的教唆，共同行刺望麒麟，並持其首級向張省三領取 600 圓賞金。不過，張省三當時年僅 26 歲（1870 年出生），而且後來也參與烏牛欄信用組合，與望麒麟女婿黃敦仁及其他組合員共同在黃家院子合影。依據望麒麟的曾孫黃望幸三描述，望麒麟下葬時是無頭屍，其妻望莫氏玉讓望麒麟右手持蕃刀，腳穿草鞋，並且將其中一衣角夾於棺板之間，意謂著「請你自己去找殺害你的人報仇」，引自邱正略訪問，〈黃望幸三口述紀錄〉民國 97 年 4 月 1 日。顯然並未咬定凶手就是張省三，張省三是否爲殺害望麒麟的元凶，似有再斟酌的可能。
〔註92〕鈴木滿男，《「漢蕃」合成家族の形成と展開：近代初期における臺灣邊疆の政治人類學的研究》，頁 309。
〔註93〕鈴木滿男，《「漢蕃」合成家族の形成と展開：近代初期における臺灣邊疆の

　　廣義的「烏牛欄黃家」是指「黃利用家族」，包括長男黃敦仁及另外 5 個兒子所凝聚的家族，黃家的公媽牌也置於黃望家正廳的右側。〔註 94〕最具凝聚力的代表就是民國 74 年（1985）所興建的黃家祖塔，黃家代表人物是黃利用（見圖 5-12）、黃敦仁（見圖 5-13）父子。

　　黃利用咸豐 6 年（1856）出生於台南，幼時就讀於台灣府學，是前清秀才。光緒元年（1875）於府城的耶穌教會學校擔任教讀，後來轉至岸裡大社任職，伴隨著佈教的進展，於光緒 4 年（1878）移入埔里社堡烏牛欄庄的基督教會任職，不過，本身並非基督徒。〔註 95〕先後於烏牛欄耶穌教會學校及官設義塾教讀，共計 16 年，日治初期曾擔任辦務署參事，後於草創的埔里社公學校烏牛欄分校擔任漢學教師，並擔任烏牛欄分校的學務委員。〔註 96〕明治 31 年（1898）取得鴉片煙膏鑑札（許可證），於大埔城西門街開設隨安商店，4 年後廢業。〔註 97〕由於黃利用的祖籍地是湖南，並非屬於閩、客族群，日治時期戶口調查簿的「種族」欄登錄爲「漢」。〔註 98〕

　　黃利用於清末向枇杷城庄的屯番余青雲取得讓渡五港泉原野一半土地的開墾權。〔註 99〕日治初期曾因迎日本人入埔有功而獲褒賞，日治初期也曾經被任命爲埔里社警察署的「警吏」。〔註 100〕黃敦仁於日治時期也與地方人士合組以土地開發爲主的「埔里社開源會社」，明治 37 年（1904）2 月向總督府申請南港溪沿線官有原野面積約 141.7 甲土地。〔註 101〕與官方關係良好，在開發過程也獲得官方給予的種種方便。〔註 102〕

　　明治 30 年（1897）長男黃敦仁 15 歲時，擔任埔里社警察署給仕（工友），同年進入埔里社國語傳習所第一期甲科生修業，畢業時獲頒第一號證書，算

　　　　政治人類學的研究》，頁 317～318。
〔註 94〕鈴木滿男，《「漢蕃」合成家族の形成と展開：近代初期における臺灣邊疆の政治人類學的研究》，頁 223。
〔註 95〕鈴木滿男，《「漢蕃」合成家族の形成と展開：近代初期における臺灣邊疆の政治人類學的研究》，頁 209～210。
〔註 96〕黃火山，〈先祖父　敦仁公紀念集〉，「開發埔社　建設桑梓」段。
〔註 97〕黃火山，〈先祖父　敦仁公紀念集〉，頁 4。
〔註 98〕埔里戶政事務所保管，《除户簿》第 152 冊，頁 211，烏牛欄庄 172 番地。
〔註 99〕《臺灣總督府公文類纂》第 302 冊第 2 件，頁 87。
〔註 100〕鈴木滿男著、蔡恩林譯，《日本人在台灣做了什麼》，頁 20。
〔註 101〕《臺灣總督府公文類纂》第 9907 冊第 24 件，頁 427。
〔註 102〕鈴木滿男著、蔡恩林譯，《日本人在台灣做了什麼》，頁 88～89。

是埔里社正式設校畢業之首。〔註103〕明治32年（1899）入贅望家，先後擔任多處機關公職，包括明治34年（1901）擔任埔里社郵便電信局雇員、明治37年（1904）擔任南投廳臨時雇員，於埔里社支廳上班，大正4年（1915）擔任臨時戶口調查委員通譯。明治37年（1904）與埔里地區人士共同籌設「埔里社開源會社」，從事南港溪流域的土地開發，大正2年（1913）更擔任開源會社代表人，大正4年（1915）擔任埔里社電燈株式會社取締役。〔註104〕此外，也從事舊糖廍經營等事業，黃敦仁次男黃存榮原本從事教職，後來改從事米穀商事業。〔註105〕擔任多年的保正，也於大正4年（1915）11月獲授紳章。〔註106〕

　　黃利用次男黃茅格，曾擔任臺中州農會通譯，黃茅格之長男黃登高曾任烏牛欄信用組合書記，也當過臺中州巡查。

圖 5-12：黃利用

說明：引自《先祖父　敦仁公紀念集》所附相片右者即黃利用。

〔註103〕黃火山，〈先祖父　敦仁公紀念集〉，「開發埔社　建設桑梓」段、頁3。
〔註104〕黃火山，〈先祖父　敦仁公紀念集〉，頁3～8。
〔註105〕鈴木滿男，《「漢蕃」合成家族の形成と展開：近代初期における臺灣邊疆の政治人類學的研究》，頁323。
〔註106〕臺灣總督府，《臺灣列紳傳》（臺北：臺灣日日新報社，1916），頁220～221。

圖 5-13：黃敦仁與望阿參

說明：引自醒靈寺文獻室典藏老照片，左爲望阿參，右爲黃敦仁。

6、枇杷城羅家

羅金水（見圖 5-14）爲鹿港人，到埔里從事糖、米等雜貨商事業，兼售鴉片，行號爲義興號。經商致富，後來投資土地開發經營，日治初期尙擁有水田 180 甲，是埔里地區的大地主之一。入埔初期居住在大埔城東南邊的枇杷城庄，後來搬到大埔城內南門定居，清末擔任總理一職。埔里有名的「天水夫人（天水嬸、天賜嬸）」傳說即與羅金水有關，〔註 107〕日治初期曾經引起憲法爭議的高野事件，〔註 108〕其中所涉及的五件有關臺灣總督府文官收賄的

〔註 107〕邱正略，〈清代台灣中部平埔族遷移埔里拓墾之研究〉，頁 222。

〔註 108〕日治初期曾經引起憲法爭議的「高野事件」，從明治 30 年（1897）5 月以來發生前後共計 5 件有關臺灣總督府文官收賄的疑獄事件，包括三件中央官員及兩件地方官員，本案即地方官員當中的一案。當時擔任高等法院長兼民政局法務部長的高野孟矩因嚴苛地舉發這些事件，後來與行政機關反目，於當年 10 月 1 日收到非職的命令，由於不服，於是高唱司法權獨立，並將辭令書送回給當時的松方總理大臣，仍留在法院不願離去，於同月 18 日遭免除本職，返回日本後仍繼續抗爭。詳見井出季和太，《臺灣治績志》（台北：成文，1985），頁 273～274。

有關這些疑獄事件，另可參考檜山幸夫撰、黃紹恒譯〈戰前日本統治臺灣的權力構造〉一文。國史館台灣文獻館編印，《臺灣總督府檔案之認識與利用入

疑獄事件，當中的一件地方官貪瀆案「非職官吏檜山鉄三郎」的審判案即牽涉到侵佔羅金水私人土地的不法行為。〔註109〕日治時期擔任第四保保正、埔里社公共埤圳管理人，以及兼營鹽務支館。〔註110〕明治42年（1909）南投廳管內興起一股製糖熱潮，也連帶影響到埔里，羅金水與另外兩人（姓名不詳）共同提出設立改良糖廍的申請，集資3萬圓購買8,000噸的壓搾機。〔註111〕

其子羅萬俥（見圖5-15），號玉書，筆名半仙，地方人士慣稱呼為「大萬」，〔註112〕明治31年（1898）出生於鹿港，明治45年（1912）畢業於埔里公學校，進入臺灣總督府國語學校就讀，大正4年（1915）赴日，就讀明治大學法科專門部，大正8年（1919）畢業，次年（1920）赴美，就讀賓夕凡尼亞大學，修讀國際政治學。昭和3年（1928）取得碩士學位返臺。出任臺灣民報專務取締役（總經理）。戰爭後期皇民奉公會準備委員的名單當中，臺灣人僅36人，其中臺中州有7人，唯一一位埔里出身者，即擔任奉公委員的羅萬俥。〔註113〕

戰後，民國34（1945）9月與林獻堂、蔡培火等同受何應欽將軍電邀，到南京參加日本受降典禮。民國35年（1946）臺中縣參議會成立，當選為首任議長，又當選國民參政員。民國36年（1947）臺灣人壽保險公司成立，出任董事長。民國37年（1948）以第二高票當選立法委員。民國44年（1955）擔任彰化銀行董事長。民國52年（1963）5月前往日本東京參加中日合作策進委員會會議，不幸因腦栓塞症，15日逝世於東京赤坂山王醫院。〔註114〕

前面提過，黃敦仁曾被報紙譽為埔里模範地主，其實，當時號稱埔里街第一大地主的羅萬俥也不落人後，於昭和9年（1934）2月19日舉行慰安會，招來佃農80餘名參加，會中提出五項愛佃措施，包括「栽種綠肥者，栽種

門》（南投：國史館臺灣文獻館，2002），頁68～69。

〔註109〕本案的檜山鐵三郎當時擔任埔里社支廳長兼埔里社地方法院院長，並署理埔里社撫墾署長。有關本案之原由、過程、結果，可以參考國史館臺灣文獻館出版的《埔里社退城日誌暨總督府公文類纂等相關史料彙編》，頁242～255。

〔註110〕岩崎潔治，《臺灣實業家名鑑》（臺北：臺灣雜誌社，1912），頁382。

〔註111〕《臺灣日日新報》，1909年11月14日第二版，「改良糖廍出願」。

〔註112〕巫永福，《巫永福全集》7「評論卷II」，頁37。

〔註113〕近藤正己，《総力戰と台灣 日本植民地崩壞の研究》（東京都：刀水書房，1996），頁365～366。

〔註114〕國家圖書館特藏組編，《臺灣歷史人物小傳——明清暨日據時期》（臺北：國家圖書館，2003），頁803～804。

面積給予過燐酸石灰補助」、「設置堆肥舍及改良豬舍者，一棟給予 10 圓補助」、「購買深耕犁者，一臺給予 3 圓補助」、「因栽種蓬萊種而歉收者，損害由業主負擔」、「於興農倡和會小作米品評會獲得一等獎者，再加贈獎金 30 圓」。〔註 115〕

　　喪禮的出殯行列也是展示社會地位的一個絕佳機會。據巫永福追憶，埔里首富羅金水的送殯行列，可能是舊時代最傳統性盛大華麗的喪禮。這種「大殯」有如迎神賽會繞街，街道兩旁人山人海。據說出殯前數天即在枇杷城鹽土大宅（今之通天堂廟地）前廣場演傀儡戲。〔註 116〕

圖 5-14：羅金水　　　　　　　　　圖 5-15：羅萬俥

說明：引自《臺灣列紳傳》頁 219。　　說明：引自《臺灣人士鑑》頁 189。

　　羅銀漢（見圖 5-16）是日治後期埔里地區活躍人物，與羅萬俥可能有遠親關係，兩家在南門也對門而居，羅萬俥第一任妻子林氏阿猜（林榮泰庶子女）逝世時，曾經拜託羅銀漢的長男羅永池當孝男，穿孝服捧斗送葬，事畢後，羅萬俥以三分的田地（約 900 坪）做為謝禮。〔註 117〕羅銀漢曾先後擔任過埔里信用購買販賣利用組合第四任組合長、埔里興業株式會社取締役、能高自動車株式會社取締役、埔里實業協會會長、埔里青年會長等職。事業上

〔註 115〕《臺灣日日新報》，1934 年 02 月 24 日第三版，「羅氏の愛佃施設」。
〔註 116〕巫永福，《巫永福全集》7「評論卷 II」，頁 296～297。
〔註 117〕陳春麟，《大埔城的故事——埔里鎮史》，頁 81。

曾開設義源號，經營米穀生意，亦先後經營過布店、造林等事業，[註118]三男羅銅壁於民國82（1993）任中央研究院副院長。[註119]

圖 5-16：羅銀漢

說明：引自醒靈寺文獻室典藏老照片。

7、埔里茄苳腳蘇家

蘇朝金（見圖5-17）擔任過埔東區 長、南投廳參事，日治初期進入國語傳習所就學，畢業後，明治34年（1901）開始於臺中縣警察部任職，次年（1902）轉至憲兵屯所任職，也曾經擔任過壯丁團長，於大正4年（1915）11月獲授紳章。[註120]大正4年（1915）6月設立「埔里產業株式會社」，從事造林、開墾、製炭、精米及相關附屬事業，資本額10萬圓。[註121]曾經為了替母親舉辦比較體面的喪禮，賣屋賣田還債，後來更因從事投機事業不順，於大正14年（1925）藉擔任埔里信用組合理事長之便，因挪用公款而發生法律問題。[註122]不過，以蘇朝金的經歷，確實是日治初期埔里重要的地方菁英。

〔註118〕劉澤民，〈石燈照古人——醒靈寺保存的能高神社殘蹟〉，頁320～321。

〔註119〕陳春麟，《大埔城的故事——埔里鎮史》，頁82。羅銅壁於民國82年（1993）任中央研究院副院長。

〔註120〕臺灣總督府，《臺灣列紳傳》，頁220。

〔註121〕泉風浪編，《臺中州大觀》，頁161。

〔註122〕《臺灣日日新報》，1925年08月21日第二版，「組合の公金を橫領」。

次弟蘇逢時（見圖 5-18）擔任過北港區長，大正元年（1912）12 月設立「埔里社酒造株式會社」，從事酒類、飲料水製造及販賣，資本額 5 萬圓。〔註123〕蘇逢時後來遷移至國姓庄，住在龜仔頭庄，大正 5 年（1916）元月，花627.3 圓申請購買北港溪一帶 20.91 甲官有原野。〔註 124〕四弟蘇火土是西醫，到大陸南京執業行醫。〔註 125〕蘇逢時之子蘇伯睿於戰後初期曾在區署擔任課長，〔註 126〕也當過農會總幹事。〔註 127〕

圖 5-17：蘇朝金　　　　　　　圖 5-18：蘇逢時
說明：引自醒靈寺文獻室典藏老照片。　說明：引自《臺灣人士鑑》頁 100。

四、地方菁英的互動

　　地方菁英家族在埔里的發展，沒有看到衝突對立的關係，而是可找到密切互動往來的例子，除了金錢借貸，也合作投資經營土地開發、交通運輸等事業。有關商業往來與婚姻、收養關係詳見後文，以下先簡要舉出幾個地方

〔註 123〕泉風浪編，《臺中州大觀》，頁 167。
〔註 124〕《臺灣總督府公文類纂》第 11072 冊第 5 件，頁 91〜127。
〔註 125〕陳春麟，《大埔城的故事——埔里鎮史》，頁 78。
〔註 126〕陳春麟，《大埔城的故事——埔里鎮史》，頁 5。
〔註 127〕陳春麟，《大埔城的故事——埔里鎮史》，頁 78。

菁英互動往來的事例，藉以說明地方菁英的地域網絡關係。

由上述提過的事蹟，埔里東角的重要地方菁英羅金水，於望麒麟遺孀望莫氏玉替先夫返還生前向阿罩霧庄長曾君定所借 300 元的收取借款憑證上擔任在場人，並且與林逢春共同合作贌耕位於大肚城庄官租高達 800 圓的官田。〔註128〕可看出埔里東角的羅金水與西角烏牛欄庄的黃家、北角牛眠山庄的林家之間皆有密切的往來關係。

烏牛欄庄的黃家可以說是清末番秀才望麒麟家族勢力的延續，望麒麟在世時，即與埔里的一些地方菁英往來密切，首先是後來結為親家的黃利用，與望麒麟過從甚密，時常擔任望麒麟與人訂定土地契約的「代筆人」、「知見人」，望麒麟死後，偶爾仍於望麒麟遺孀望莫氏玉訂定契約時擔任「代筆人」、「為中人」或「知見人」。〔註129〕望麒麟與擁有領取亢五租的故莫娘之子馬來、龍門訂定代收亢五租的契約時，雙寮、日北、吞霄三社總社長張大陸（張世昌之父）也當在場人。〔註130〕日治初期的埔東區長李春英，其兄李林枝生前曾經借給望麒麟 420 元，後因李林枝與望麒麟相繼過世，所收取的典田契約也於明治 29 年（1896）7 月動亂期間，因家屋遭焚毀而失落。望莫氏玉同意返還該筆借款，雙方談好 300 元抵欠，找來李嘉謨當在場證見人，並由秀才王廷楷當「執筆人」，由此可以看出李嘉謨、王廷楷與望麒麟皆有往來關係。〔註131〕

大正 10 年（1921），仍是交通往來不便的時代，要赴中國大陸旅遊，所需費用非一般民眾可以負擔得起，這一年，黃利用與巫俊、蘇逢時相約前往大陸上海、南京、天津、廈門等地旅遊一個月，每人花費 400 圓。〔註132〕除

〔註128〕邱正略，〈古文書與地方史研究——以埔里地區為例〉，《臺灣古文書與歷史研究學術研討會論文集》，（台中：逢甲大學出版社，2007），頁 36。

〔註129〕簡史朗、曾品滄主編，《水沙連》埔社古文書選輯，頁 230～236。
「代筆人」即今之代書，「為中人」即仲介者，「知見人」即見證人。參閱劉澤民編著，《臺灣古文書常見字詞集》（南投：臺灣古文書學會，2007），頁 12、28、33。

〔註130〕簡史朗、曾品滄主編，《水沙連》埔社古文書選輯，頁 188～189。
故莫娘為埔社化番包灣之妻，包灣死後，改嫁給蘇天送，生下馬來、龍門二子，約定由長男馬來繼承包灣應得之亢五租權利。

〔註131〕簡史朗、曾品滄主編，《水沙連》埔社古文書選輯，頁 222～223。
「在場證見人」即在場人見證人，有時也寫成「在見」或「在場見」。參閱劉澤民編著，《臺灣古文書常見字詞集》，頁 19。「執筆人」即代筆人。

〔註132〕黃火山，〈先祖父　敦仁公紀念集〉，頁 11。

了可以看出三人的財力豐厚外，也可以看出三人的私交情誼。

　　曾經教過黃敦仁、林其祥、王峻槐三人的日語老師山口吉次，後來因罹患マラリア（瘧疾）病逝，三人當時皆已事業有成，爲了追憶恩師，共同出資，於埔里北國民學校操場一側設置一個「山口吉次先生殉職碑」（見圖 5-19）。〔註 133〕

圖 5-19：山口吉次先生殉職碑

說明：引自《先祖父　敦仁公紀念集》，
　　　由左至右依序爲黃敦仁、埔里公學
　　　校校長渡邊誠之進、林其祥、王峻
　　　槐。

圖 5-20：許清和

說明：引自醒靈寺文獻室典藏老照片。

　　昭和 10 年（1935）童江立之弟童炳輝律師學成歸來，由林有德等人發起，招集埔里街有志之士 200 餘人，在埔里青年會館舉辦祝賀會。〔註 134〕日治晚期活躍於地方的羅銀漢，與稍年長的黃敦仁因爲信用組合的關係而結爲好友，民國 54 年（1965）黃敦仁辭世時，羅銀漢也特別爲他寫一篇追思錄。〔註 135〕

　　從能高神社奉仕的石燈也可以看出一些地方菁英之間的關係。昭和 2 年（1927）3 月 17 日設立的能高社，昭和 15 年（1940）從山頂改遷建於山腳下，改稱爲能高神社，〔註 136〕當時許多埔里地方菁英或團體、組織都出錢

〔註 133〕鈴木滿男，《「漢蕃」合成家族の形成と展開：近代初期における臺灣邊疆の政治人類學的研究》，頁 344。
〔註 134〕《臺灣日日新報》，1935 年 11 月 12 日第十二版，「埔里──合格祝賀」。
〔註 135〕黃火山，〈先祖父　敦仁公紀念集〉，1966 年撰，未出版，羅銀漢撰「黃敦仁先生思錄」。
〔註 136〕蔡欣雁，〈日治後期臺中州國家神道之傳播及影響（1931～1945）〉，頁 67、69、97。

奉仕（捐建）石燈〔註137〕。戰後初期，能高神社被改為「中山紀念堂」，後來又將能高神社改設臺灣地理中心碑，民國 42 年（1953）又將山下原來能高神社之用地，移撥為埔里初級農業職業學校，即今日埔里高級工業職業學校。原來的神社石燈就被廢棄，當時擔任醒靈寺董事長的許清和（圖5-20），於是將其中一部份的石燈搬移至醒靈寺，安置於坡道旁。〔註138〕被移置的石燈，奉仕者有一部份是烏牛欄臺地的地方菁英或組織，包括黃敦仁、潘候希開山、烏牛欄信用組合，其他也都是埔里重要的地方菁英，包括林其忠、林其祥、王峻槐、陳秋全、許清和、羅銀漢、施雲釵等人。〔註139〕

第二節　地方菁英的權力網絡

關注不具士紳身份，卻在地方上擁有支配力量的「地方菁英」的重要性，首推 Prasenjit Duara 利用《滿鐵資料》研究華北五個村落的村內與村際權力結構，提出「權力的文化網絡」（cultural nexus of power）的概念，所謂「權力的文化網絡」，就是指「包括如市場、宗族之類不斷相互影響作用的等級組織（hierarchical or ganization）和諸如親戚、朋友等非正式相互關連網（networks of informal relations），所構成的施展權力和權威的基礎」。〔註140〕其中「文化」一詞，是指組織中的成員所認同的象徵或規範（symbols and norms），例如宗教信仰、宗族關係等，這些象徵與規範的認定並非由官方所決定，而是地方社會形成的共識。透過鄉紳做為國家與宗族或宗教間和諧溝通的媒介，協調國家的正式權力與文化網絡的非正式權力，換言之，文化權力是制衡國家正式權力的利器。〔註141〕藉由「權力的文化網絡」的概念，可以跳脫從政治面來看「官與民」、「控制與被控制」的單向權力來源解釋模式，將討論的層面轉移到文化方面，強調權力來源的多元性。〔註142〕

〔註137〕劉澤民，〈石燈照古人──醒靈寺保存的能高神社殘蹟〉，頁312。
〔註138〕劉澤民，〈石燈照古人──醒靈寺保存的能高神社殘蹟〉，頁299。
〔註139〕劉澤民，〈石燈照古人──醒靈寺保存的能高神社殘蹟〉，頁312～322。
〔註140〕Prasenjit Duara., *Culture, Power and the State: Rural North China. 1900-1942*（Stanford: Stanford University Press, 1988）pp.5-6.
〔註141〕張珣，〈祭祀圈研究的反省與後祭祀圈時代的來臨〉，《臺大考古人類學刊》第58期（臺北：臺灣大學考古人類學系，2002.6），頁95。
〔註142〕羅士傑，〈清代台灣的地方菁英與地方社會：以同治年間的戴潮春事件為討論中心（1862～1868）〉，清華大學歷史學研究所碩士論文，2000，頁13～14。

　　部份地方菁英熱衷於參與地方廟務，即是一種文化網絡的建構。以明治
45 年（1912）埔里的蘇府王爺廟的廢廟協議及處分廟產一事為例，該廟由
於年久失修，由寺廟管理人與派下信徒代表 16 位，合計 17 人決議「廢廟」，
並將廟地以 150 圓代價賣給日本人川澄惠之，所得金額金數捐贈給恒吉宮媽
祖廟。17 位參與協議的人有 11 位列於附錄表 6 的地方菁英簡歷表中，包括
當時年僅 35 歲的王爺廟管理人是蘇朝金，重要寺廟創建者吳朝宗、施百川，
還有埔里首富羅金水。〔註 143〕

　　日治初期的地方菁英，依身份、職業大致可區分為「地方頭人型」、「地
主型」、「紳商型」、「公教型」等類，由於一位地方菁英所屬的類型會因時因
地改變，也常同時具備兩種類型以上的角色，本節不刻意區分地方菁英類
型，將討論重點放在地方菁英的網絡關係，從「與官方的互動」、「商業網絡」、
「婚姻、收養網絡」、「公眾活動的參與」等四方面分別探討。

一、與官方的互動

　　地方菁英透過與官方的的互動，不管是主動或被動的關係，擔任公職（區
長、街長）、榮銜（保正、壯丁團長、街協議會員）或特定職務（教化委員、
方面委員），取得專賣特權（食鹽、酒、煙草賣捌人），協助平定「土匪」或
土地調查工作而獲賞，捐助救災或特定目的獻金，進而獲得經濟利益或地位
聲望。

　　日治初期，總督府以資產和門望為主要標準，漸次建構臺灣社會新領導
階層，依照地方菁英與日本人合作程度，分別遴選擔任參事、街庄區長等基層
行政吏員，或指定出任保正、甲長、壯丁團長等基層治安組織領導人，並對具
有「學識資望」者頒授紳章，將地方菁英納入殖民統治的基層行政、治安體制
中，成為殖民統治的輔助工具，藉此逐步建立殖民社會的新秩序。〔註 144〕大
正 9 年（1920）地方官官制改正之前，臺灣人因受限於任用資格，並無人出
任行政機關的正式官吏，直到大正 13 年（1924）才有臺灣人考取行政科高等
官，大正 15 年（1926）10 月才有第一位被任命為郡守的臺灣人，不過，這畢
竟只是極少數人，到日治末期，出任行政、司法高等官的臺灣人僅 17 人而已，

〔註143〕《臺灣總督府公文類纂》第 1936 冊第 19 件，頁 149～153。
　　　　　列於附錄表 6 者包括蘇朝金、吳朝宗、吳金水、陳貴（陳阿貴）、李憲章、游
　　　　　禮堂、陳進、羅金水、童肇文、柯金同、施百川。
〔註144〕吳文星，《日據時期臺灣社會領導階層之研究》，頁 197。

〔註 145〕其中並無埔里人，埔里人擔任最高行政職務者爲埔里街長林其祥，其餘都只擔任基層的行政吏員。

　　配合政策也是表達效忠、建立信任關係的手段之一，明治 30 年（1897）3 月國語傳習所設置之初，甲科生是以各地年輕的士紳或士紳子弟爲招募對象，施以短期的日語教育。〔註 146〕當時民眾多持觀望態度，黃利用、林逢春、王廷楷等人紛紛送其子入學，成爲第一期甲科生，〔註 147〕除了做爲一種赤誠的表態，讓子弟學習統治者的語言，未來與官方交涉也具有極高的方便性與實用性。

　　以下依「獲得紳章」、「擔任榮職」、「擔任街協議會員」、「取得專賣物品賣捌人」、「捐助」、「工程承攬與承租官有地」等項，分別說明地方菁英以各種管道、方式，與官方建立良好的互動關係。

1、獲得紳章

　　明治 29 年（1896）9 月，臺灣總督桂太郎（1848～1913）爲了對於有學識資望的臺灣人設立優遇之途，制定授予臺灣人紳章的計畫，〔註 148〕同年 10 月 23 日發布的〈台灣紳章條規〉中規定，紳章只限本人佩用，被授予紳章者死亡時，須令其遺族交還紳章。大正 7 年（1918）南投廳管內的紳章佩用者僅 20 名，〔註 149〕大正 9 年（1920）臺中州擁有紳章的人也只有 120 位。〔註 150〕顯示能夠獲得佩用紳章的人僅是地方菁英當中的少數人而已。不過這只是短期間的攏絡手段，初期獲頒者當然有不少人喜歡佩帶，隨著獲頒者逐漸增多，加上民智漸開，有些人將之視爲一種「臭狗牌」，因此佩帶者愈來愈少，到了大正 15 年（1926）以後就不再頒授。〔註 151〕到了昭和 4 年（1929），能高郡管內紳章佩用者僅剩 5 人。〔註 152〕昭和 9 年（1934）僅

〔註 145〕吳文星，《日據時期臺灣社會領導階層之研究》，頁 199～203。

〔註 146〕吳文星，《日據時期臺灣社會領導階層之研究》，頁 311。

〔註 147〕鈴木滿男，《「漢蕃」合成家族の形成と展開：近代初期における臺灣邊疆の政治人類學的研究》，頁 344。

〔註 148〕臺灣統督府編，《詔敕・令旨・諭告・訓達類纂（一）》，頁 23。〈紳章條規發布に關する桂總督の諭告〉

〔註 149〕南投廳，《南投廳行政事務並管內概況報告書》大正 7 年分，頁 11。

〔註 150〕泉風浪編，《臺中州大觀》，頁 377。

〔註 151〕臺灣總督府警務局編、張北等 10 人譯，《台灣抗日運動史（四）》，頁 1082～1088。

〔註 152〕臺中州，《臺中州管內概況及事務概要》（昭和 4 年），頁 148。埔里公學校，《埔里鄉土調查》，頁 195～196。大正 14 年（1925）以來，埔

剩 3 人。〔註 153〕

　　獲配紳章者，多為日治前期、中期重要的地方菁英，埔里地方菁英當中，有紀錄授配紳章者，共有 9 位，最早獲得紳章者為潘踏比厘，與辜顯榮、林文欽等人同樣在明治 30 年（1897）獲授紳章。〔註 154〕其次是明治 35 年（1902）獲得的王廷楷、明治 41 年（1908）獲得的林逢春。〔註 155〕羅金水、蘇朝金與黃敦仁，於大正 4 年（1915）年獲授紳章，〔註 156〕。林其忠與潘玉山於大正 9 年（1920）獲得，〔註 157〕最晚的則是林其祥，於大正 14 年（1925）獲得紳章（見附錄表 6）。其中最特別的就是牛眠山林逢春父子三人，先後獲得紳章，並且留下珍貴的合照（見圖 5-21），可以說是當時埔里名聲最顯赫的家族。

圖 5-21：林逢春父子三人合影

說明：由左至右依序為林其祥、林逢春、林其忠（鄧相揚提供）。

　　紳章是殖民政府給予地方菁英的恩惠，這種恩惠也可以收回，大正 5 年（1916）出版的《臺灣列紳傳》一書最後面即列有 25 位「紳章褫奪者」名單。

　　　里領有紳章者有 5 人，到昭和 5 年（1930）仍是 5 人。
〔註 153〕臺中州，《臺中州管內概況及事務概要》（昭和 9 年），頁 167。
〔註 154〕臺灣總督府，《臺灣列紳傳》，頁 180～181、220。
〔註 155〕臺灣總督府，《臺灣列紳傳》，頁 221。
〔註 156〕《臺灣總督府公文類纂》第 2377 冊第 2 件，頁 24～45。
〔註 157〕《臺灣總督府公文類纂》第 3057 冊第 11 件，頁 204～232。

〔註158〕

2、擔任榮職

在縣、廳擔任「參事」一職，是一種身分地位的表徵，廳設參事 5 人以內，由廳長就廳內有學識名望之臺灣人任命之，給予判任官待遇，爲名譽職，爲廳長之顧問或承其命辦事。〔註159〕「參事」一職，以年高德劭者爲主要遴選對象，無論有無功名，多數在清代已是地方領導人物。〔註160〕能夠擔任縣廳參事的人畢竟只是少數，埔里擔任過「南投廳參事」者，只有潘踏比厘與蘇朝金等 2 位（參考附錄表 6）。〔註161〕日治初期，埔里西、北邊聚落的居民最先表態挺日，幾個重要的人物當中包括漢人黃利用、林逢春，以及平埔族的潘踏比厘、潘進生等人。林逢春與潘進生屬於盆地北邊牛眠山的地方菁英，初期與日本人的互動還比不上烏牛欄庄的黃利用、潘踏比厘來得頻繁，因此，黃利用、潘踏比厘基於地緣上的便利，以及初期往來密切的關係，先後擔任過參事一職。林逢春雖然未擔任參事一職，但也擔任埔西區長，長男林其忠也先後擔任過埔東區長、埔西區長，次男林其祥更於昭和 4 年（1929）4 月由埔里街助役升任埔里街長，而且連任一次，共計擔任街長 8 年之久。〔註162〕

擔任區長、街庄長是地方上足以展示社會地位的榮銜，區長由廳長就轄內有資產名望、年齡 30 歲以上、6 年制公學校畢業以上程度且熟諳日語者任命之，給予判任官待遇，無固定俸給，僅支給事務費，職務與街庄社長大同小異，在廳長的指揮監督下協助執行行政事務。〔註163〕以大正 9 年（1920）地方官官制改正爲分界，日治前期，大部份的區長都是由臺灣人擔任，以埔里爲例，埔東區長與埔西區長全數由臺灣人擔任（見表 2-4）。日治後期，大正 9 年（1920）至昭和 10 年（1935），全臺仍有 6 成以上的街庄區長由臺灣

〔註158〕臺灣總督府，《臺灣列紳傳》，版權頁及前一頁。
　　　　名單倒數第二位蘇有志是臺南王爺廟西來庵的董事，明治 30 年（1897）即獲授紳章，大正 4 年（1915）發生西來庵事件，因爲涉案導致紳章遭褫奪。
〔註159〕吳文星，《日據時期臺灣社會領導階層之研究》，頁 222。
〔註160〕吳文星，《日據時期臺灣社會領導階層之研究》，頁 70。
〔註161〕黃利用曾經擔任過埔里辦務署參事，由於埔里辦務署是日治初期過渡時期的行政單位，當時所任用的參事雖然也是選任與日本官方關係較密切的地方人士，只是權宜的任用過程，其地位尚不宜與縣、廳參事等同視之。
〔註162〕《臺灣日日新報》，1929 年 4 月 15 日第五版，「埔里街長後任者」。
〔註163〕吳文星，《日據時期臺灣社會領導階層之研究》，頁 222。熟諳日語只是區長的選任條件之一，據大正 6 年（1917）的調查，全臺區長 455 人中，完全不懂日語者有 201 人，足見大多數區長仍是延續清末以來的地方菁英。

人擔任，昭和 10 年（1935）至終戰（1945），6 成以上的街庄區長改為日本人擔任，愈晚期比例愈高。〔註164〕埔里街歷屆 6 任埔里街長，僅有第四任的林其祥是臺灣人街長，此一殊榮更顯出林其祥與牛眠山林家在地方上的重要地位及影響力。

　　能夠擔任區長、街庄長、保正，都稱得上是地方菁英的榮銜，保正的人數雖然較區長、街庄長來得多，由於保正一職由官方指定，是殖民政府攏絡地方有地位、影響力者的頭銜，屬於無給職。保甲制度的運用，是利用家長在「家」中的崇高地位，以及選用紳商、望族等地方菁英擔任保正、甲長等保甲役員榮銜，使警察、保甲役員、民眾組合成金字塔形的嚴密殖民統治體制。〔註165〕因此，保正可算是地方上最基層的意見領袖之一，曾經擔任過保正一職者，皆可視為地方菁英。總督府也會於特別的時機表揚優良的保正、甲長、壯丁團長。例如為大正 14 年（1925）始政三十年紀念所編的《始政三十年臺灣記念名鑑》當中，五州三廳獲表彰的人數共計 4,219 人當中，就包括保正 430 人、甲長 1585 人、壯丁團長 52 人。〔註166〕能高郡獲頒給木杯彰狀的臺灣人共計八位，包括三位保正、四位甲長及一位壯丁團長（參考表 5-10）。〔註167〕這三位保正包括烏牛欄的黃敦仁、生蕃空的辜煥章、挑米坑的黃萬固。

表 5-10：始政三十年（1925）紀念能高郡獲頒給木杯彰狀臺灣人名單

姓　　名	榮　稱	街庄別	姓　　名	榮　稱	街庄別
黃敦仁	保正	烏牛欄庄	王蘭	甲長	北港溪庄
辜煥章	保正	生蕃空庄	劉來成	甲長	大湳庄
劉阿梧	甲長	生蕃空庄	陳阿興	甲長	大湳庄
黃萬固	保正	挑米坑庄	巫慶寅	壯丁團長	福興庄

說明：
一、本表名單引自岩佐鉚三郎，《始政三十年臺灣記念名鑑》，頁 214。
二、「榮稱」一詞引自戶口調查簿的用法，指的是曾擔任的榮職稱，包括區長、
　　街庄長、保正、甲長、壯丁團長、區書記等。

〔註164〕吳乃德、陳明通，〈政權轉移和精英流動：臺灣地方政治精英的歷史形成〉（臺北：玉山社，1996），頁 363。詳見「表五：歷居街庄區長籍貫分配」。
〔註165〕洪秋芬，〈日據初期臺灣的保甲制度（1895～1903）〉，《中央研究院近代史研究所集刊》第 21 期，頁 471。
〔註166〕岩佐鉚三郎，《始政三十年臺灣紀念名鑑》（臺北：臺灣刊行會，1926），頁 325。
〔註167〕岩佐鉚三郎，《始政三十年臺灣紀念名鑑》，頁 214。

3、擔任街協議會員

大正 9 年（1920）地方官官制改正之後，於各街庄設置街庄協議會，做為街庄長的諮詢機關，負責街庄歲入出預算及其他法定所列事項的諮問工作。〔註168〕議長由街庄長擔任，街庄協議會員為名譽職，任期兩年，人數為每街庄 7 人以上 20 人以下，初期由州知事選擇地方上「有學識名望者」任命之。〔註169〕類似今日的地方民意代表，擔任此職務正可以突顯其社會地位，街協議會員成為新的辨識地方菁英的重要指標。於昭和 10 年（1935）街庄協議會員改區分為「官選」與「民選」制度之前，共計有 8 屆協議會員。〔註170〕

從昭和 4 年（1929）埔里街協議會員名單即可看到當時活躍地方的菁英人物，19 位街協議會員包括 7 位日本人、12 位臺灣人（參考表 5-11）。其中有 14 位是連任，5 位新任者可視為後起之秀，包括 2 位日本人（大久保彥右衛門，1885～？、鹿兒島輝雄，1896～？）與 3 位臺灣人（施雲釵、陳石鍊、余定邦）。前一屆的街協議會員共有 15 位，僅一位曾擔任埔里街長的永井英輔（生卒年不詳）沒有續任，由於戶口調查簿當中並未留下永井英輔的戶籍資料，加上永井英輔在埔里最晚的活動紀錄是昭和 2 年（1927）擔任埔里實業協會會長一職（參考附錄表 7），昭和 3 年（1928）5 月即由芝原太次郎擔任代理會長，〔註171〕依此推測，永井英輔應是於昭和 2 年（1927）至 3 年（1928）5 月之間遷離埔里。〔註172〕

表 5-11：昭和 4 年（1929）埔里街協議會員簡歷表

姓　　名	族群別	大字別	連任	經　歷／職　業
坂元軍二	內	埔里（茄苳腳）	ˇ	煙草賣捌人、埔里實業協會評議員
深山要助	內	大肚城	ˇ	埔里社製糖所長、臺中州協議會員、埔里實業協會評議員、兒童保護者會會長

〔註168〕小林英夫，《日本人の海外活動に関する歴史的調査 第十卷 台湾篇 5》，頁23。
〔註169〕近藤正己，《總力戰と台湾 日本植民地崩壞の研究》，頁143。
　　　　臺北廣友會編，《臺灣自治名鑑》（臺北：臺北廣友會，1936），頁59～60。
〔註170〕吳乃德、陳明通，〈政權轉移和精英流動：臺灣地方政治精英的歷史形成〉，《臺灣史論文精選（下）》（臺北：玉山社，1996），頁362。
〔註171〕《臺灣日日新報》，1928 年 05 月 10 日第八版，「實業協會總會」。
〔註172〕橋本白水，《臺灣の事業界と人物》，頁544。

山下藤太郎	內	埔里（茄苳腳）	∨	帝國生命保險代理店經營者、埔里實業協會會長、埔里信用組合監事、酒煙草賣捌人
潮軍市	內	埔里	∨	公醫、埔里興業株式會社監查役
林長平	內	埔里（茄苳腳）	∨	醫師
大久保彥右衛門	內	埔里		埔里郵便局局長
鹿兒島輝雄	內	埔里（梅仔腳）		銀行員
王峻槐	福	埔里	∨	酒類賣捌人、埔里實業協會幹事、能高自動車株式會社常務取締役、埔里社振業公司代表人、丸高運輸公司代表人、埔里信用組合理事、能高神社土地買收委員、社會教化委員
張德元	福	埔里（茄苳腳）	∨	南投廳巡查補、埔里實業協會副會長、埔里信用組合理事、興農倡和會總代、社會教化委員、
黃敦仁	漢	烏牛欄	∨	保正、烏牛欄保甲聯合會長、烏牛欄信用組合長、埔里社電燈株式會社取締役、社會教化委員、能高郡米穀統制組合特別總代、南投水利組合評議員、授佩紳章（大正4年）
蘇逢時	福	茄苳腳國姓	∨	埔里社酒造株式會社代表人、酒類賣捌人、北港溪區長（大正元年至7年）、埔里街方面委員、臺灣地方自治聯盟埔里支部幹事、雜貨商
徐雲騰	廣	牛眠山埔里	∨	區長役場書記、保正、牛眠山國語普及會會長、農事改良獎勵會長、水利組合評議員
張振春	熟	水尾	∨	農，埔里米穀統制組合總代
施雲釵	福	埔里（南門）		保正、埔里街保甲聯合會長、埔里信用組合理事、埔里信用組合專務、水利組合評議員、能高自動車株式會社董事、能高自動車株式會社取締役、埔里興業株式會社董事、雜貨商（施瑞源號）
黃萬得	福	挑米坑	∨	保正、埔里信用組合監事、二高自動車創立人、
潘瓦丹	熟	牛相觸	∨	農
許清標	福	枇杷城	∨	埔里信用組合廿週年慶獲表彰之功勞者
陳石鍊	福	埔里		泉成醫院醫生

余定邦	熟	枇杷城		保正、埔里社信用組合理事、埔里實業協會評議員、埔里圳水利組合評議員、埔里街方面委員、社會教化委員

說明：

一、本表名單引自林進發編著《臺灣人物評》頁 242 所列名單。

二、「族群別」、「街庄別」、「經歷／職業」等欄參考《戶口調查簿》及附錄表 6、附錄表 7 整理完成。

三、「連任」欄打「∨」者表示連任，本欄參考橋本白水著《臺灣の事業界と人物》第 544 頁所列埔里街協議會員名單整理完成，該書出版於昭和 3 年（1928），當時埔里街協議會員共 15 名，包括 6 名日本人與 9 名臺灣人。

四、「經歷／職業」欄僅列「埔里街協議會員」以外的重要經歷。

到了昭和 10 年（1935），街庄協議會員分為「官選」與「民選」兩種，〔註173〕每屆任期改為 4 年，因戰爭的緣故，民選的街庄協議會員選舉只有舉辦過兩次，分別為昭和 10 年（1935）、昭和 14 年（1939）。〔註174〕半數官選名單由官方直接指定，大致上，日本人佔 1/3，臺灣人佔 2/3，以昭和 19 年（1944）的人數為例，臺澎地區「官選」街庄協議會員共計 1,748 位，日本人佔 595 位，臺灣人佔 1,153 位。〔註175〕埔里情況略有不同，昭和 10 年（1935）官選街協議會員當中，臺灣人僅佔 4 位，日本人則高達 6 位。日本人包括黑澤元吉（生卒年不詳）、池田龜男（1893～？）、四倉多吉（1887～？）、潮軍市（1879～？）、大久保彥右衛門、植松保次（1890～？）等人，臺灣人包括黃敦仁、張德元、王峻槐、羅銀漢等人（見表 5-12），〔註176〕這 4 位臺灣人當中，前三位都是連任者，可視為日治中期埔里重要的地方菁英，至於羅銀漢，則是新被任命的後起之秀，可視為日治晚期埔里重要的地方菁英。

表 5-12：昭和 10 年（1935）埔里街官選協議會員簡歷表

族群別	姓　名	職業	居住地	連任	主　要　經　歷	備註
內	黑澤元吉					查無個人資料

〔註173〕吳文星，《日據時期臺灣社會領導階層之研究》，頁 225～227。民選的選舉方式採有限制選舉，凡年齡滿 25 歲以上男子、營獨立生計、居住該市街庄 6 個月以上、年納市街庄稅 5 日圓以上者，具有選舉和被選舉權。

〔註174〕吳乃德、陳明通，〈政權轉移和精英流動：臺灣地方政治精英的歷史形成〉，頁 362。

〔註175〕小林英夫，《日本人の海外活動に關する歷史的調查 第十卷 台灣篇 5》，頁 27。

〔註176〕《臺灣日日新報》，1935 年 11 月 10 日第四版，「埔里街官選協議員發表」。

內	池田龜男	牙醫	埔里		埔里興業株式會社取締役	
內	四倉多吉	食鹽賣捌人	埔里		埔里實業協會評議員、埔里商工會會長、奉公壯年團團長	
內	潮軍市	公醫	埔里	∨	埔里興業株式會社監察役	
內	大久保彦右衛門	埔里郵便局局長	埔里	∨	埔里郵便局局長	
內	植松保次		埔里			
漢	黃敦仁	地主	烏牛欄	∨	保正、烏牛欄保甲聯合會長、烏牛欄信用組合長、南投水利組合評議員	
福	張德元	南投廳巡查補	埔里街	∨	埔里實業協會幹事、社會教化委員、埔里信購組合理事	
福	王峻槐	埔里酒類賣捌人	埔里街	∨	丸高運輸公司代表人、埔里社振業公司代表人、能高自動車株式會社常務取締役、埔里信用組合理事、社會教化委員	
福	羅銀漢	米商	埔里街		埔里實業協會會長、埔里青年會會長、埔里興業株式會社取締役社長、能高自動車株式會社取締役	

說明：本表引自《臺灣日日新報》，1935 年 11 月 10 日第四版，「埔里街官選協議員發表」中的名單，參考《會社銀行商工業者名鑑》（昭和 13 年）（臺北：圖南協會，1938）、戶口調查簿等資料整理完成。

　　半數民選的部份，參選者以臺灣人佔絕大多數。以昭和 19 年（1944）的人數爲例，臺澎地區「民選」街庄協議會員共計 1,613 位，日本人僅佔 85 位（約佔 5%），其餘 1,528 位皆是臺灣人。〔註 177〕埔里的民選街協議會員的比例也大致如此（見表 5-13），昭和 10 年（1935）16 位參選人當中，只有 2 位日本人（山下藤太郎、芝原太次郎），有一些頗爲活躍的地方菁英未在官選名單之列，於是紛紛投入民選協議會員候補者行列，包括生蕃空庄前保正辜煥章、原埔里街協議會員山下藤太郎、煙草賣捌人芝原太次郎、埔里信用組合專務理事許秋（見圖 5-22）等。〔註 178〕還有後續加入的潘萬安、黃振成、黃萬得、王足恩（見圖 5-23）、余定邦（見圖 5-24）、童江立、陳文質（1905～1994）、施丹梯、施文彬（見圖 5-25）、李萬福（1896～1960）、陳進、潘

〔註 177〕小林英夫，《日本人の海外活動に關する歷史的調查 第十卷 台灣篇 5》，頁 27。
〔註 178〕《臺灣日日新報》，1935 年 11 月 14 日第四版，「埔里街候補尚有八九名」。

勝輝等人。〔註179〕這些參與民選街協議員的立候補者簡歷請參考表 5-13。

圖 5-22：許秋

說明：引自醒靈寺文獻室典藏老照片。

圖 5-23：王足恩

說明：引自《臺灣人士鑑》頁 15。

圖 5-24：余定邦

說明：引自《臺灣人士鑑》頁 176。

圖 5-25：施文彬

說明：引自醒靈寺文獻室典藏老照片。

〔註179〕《臺灣日日新報》，1935 年 11 月 18 日第五版，「定員超過で激戰を豫想さる
臺中州埔里街」。

《臺灣日日新報》，1935 年 11 月 18 日第八版，「埔里——立候補者」。

表 5-13：昭和 10 年（1935）埔里街民選協議會員立候補者（候選人）
　　　　簡歷表

族群別	姓名	職業	大字別	主　要　經　歷	身份／關係	備註
內	山下藤太郎	賣藥商	埔里	帝國生命保險代理店經營者、埔里實業協會會長、埔里信用組合監事、酒煙草賣捌人	平民	＊
內	芝原太次郎	建築測量業	埔里	煙草賣捌人、埔里社內地人組合評議員、埔里實業協會會長、埔里信用組合理事、埔里商工會長、社會教化委員	士族	＊
	辜煥章		生蕃空	保正、社會教化委員		
福	許秋		埔里	埔里信用組合信用部專務	雜貨商許道南次男	＊
熟	潘萬安		牛眠山		北角總理潘進生之孫	
熟	黃進生		牛眠山			＊
福	黃萬得		挑米坑	保正、埔里信用組合監事、二高自動車創立者之一	挑米坑保正黃寶之弟	
福	王足恩	公學校訓導	烏牛欄	烏牛欄信用組合組合長		＊
熟	余定邦	雜貨商	枇杷城	保正、埔里信用組合理事、社會教化委員	五男余瑞淵於戰後曾擔任埔里鎮長	
福	童江立	醫師	埔里	東京醫學士、存德醫院醫師、奉公醫師團能高分團團長	漢醫童肇文五男	＊自立
	陳文質	公學校訓導	埔里	專修大學		自立
福	施丹梯	埔里街助役	埔里	明治大學政治經濟系專門部畢業、臺灣新民報社編輯部職員、能高自動車株式會社監察、埔里街會計員、埔里街助役	施百川次男施雲釵之弟林其忠女婿	＊自立
福	施文彬	信用組合書記	埔里	保正、埔里信用組合專務理事、埔里實業協會評議員、方面委員、戰後首任官派埔里鎮長		自立
福	李萬福	雜貨商	埔里	國姓庄助役、埔里信用組合監事、埔里實業協會幹事、中央貨物自動車董事兼經理、方面委員、防衛團副所長、蠶業組合理事		＊自立

福	陳進	碾米業 製材業	埔里	埔里興業株式會社長、埔里實業協會評議員、利昌製材工場代表人	醫師陳石鍊之兄	*推薦
	潘勝輝		烏牛欄	保正、烏牛欄信用組合長、烏牛欄農事實行組合創立人、社會教化委員、埔里米穀統制組合總代	潘候希開山螟蛉子	*推薦

說明：

一、本表引自《臺灣日日新報》1935 年 11 月 14 日第四版，「埔里街候補尚有八九名」，1935 年 11 月 18 日第五版「定員超過で激戰を豫想さる臺中州埔里街」、第八版「埔里——立候補者」名單，參考《戶口調查簿》等其他資料整理完成，空格部分為「不詳」或「未載」。

二、「備註」欄中「自立」者，是候補者自己爭取，「推薦」者由團體推薦之人選。打「*」為後來當選者，資料參考《會社銀行商工業者名鑑》（昭和 13 年）（臺北：圖南協會，1938）、《臺灣總督府公文類纂》第 10726 冊第 3 件，「埔里街第二十一回協議會會議紀錄」，頁 497～498。

　　從昭和 14 年（1939）的埔里街協議會員名單，可以看到 10 位民選街協議會員當中，有 7 位是新任者，除了 1 位日本人外，6 位新任者可以視為新一代的地方菁英（見表 5-14），黃連貴（1897～1943）、張以時、王江源可視為家族延續勢力，施文彬、林宇義（1897～1972）、王進發（1897～1978）則可視為新興地方菁英。

表 5-14：昭和 14 年（1939）埔里街協議員簡歷表

選別	族群別	姓名	職業	居住地	主要經歷	新任者	身份／關係／備註
官	內	大久保彥右衛門	埔里郵便局局長	埔里	埔里郵便局局長		平民
官	內	潮軍市	公醫	埔里	埔里興業株式會社監察役		平民
官	內	橘修		大肚城			平民
官	內	四倉多吉	食鹽賣捌人	埔里	埔里實業協會評議員、埔里商工會會長、奉公壯年團團長		平民
官	內	池田龜男	牙醫	埔里	埔里興業株式會社取締役		平民
官	內	山下藤太郎	賣藥商	埔里	帝國生命保險代理店經營者、埔里實業協會會長、埔里信用組合監事、酒煙草賣捌人		平民

官	內	芝原太次郎	建築測量業	埔里	煙草賣捌人、埔里社內地人組合評議員、埔里實業協會會長、埔里信用組合理事、埔里商工會長、社會教化委員		士族
官	福	羅銀漢	商	埔里	埔里實業協會會長、埔里青年會會長、埔里興業株式會社取締役社長、能高自動車株式會社取締役		
官	漢	黃敦仁	地主	烏牛欄	保正、烏牛欄保甲聯合會長、烏牛欄信用組合長、南投水利組合評議員		黃利用長男、望麒麟女婿
官	福	張德元	南投廳巡查補	埔里	埔里實業協會幹事、社會教化委員、埔里信購組合理事		
民	廣	林有川		埔里	能高郡雇、埔里信用組合專務理事、臺中州會議員		林逢春之孫、林其祥四男
民	福	施文彬	信用組合書記	埔里	保正、埔里信用組合專務理事、埔里實業協會評議員、方面委員、戰後首任官派埔里鎮長	V	
民	福	童江立	醫師	埔里	東京醫學士、存德醫院醫師、奉公醫師團能高分團團長		漢醫童肇文五男
民	福	黃連貴		挑米坑		V	黃萬固長男
民	內	豐島倫	商	埔里	酒類賣捌人、埔里信用組合理事	V	
民	熟	張以時		水尾		V	張世昌次男
民	福	王江源		埔里		V	王峻槐長男
民	福	林宇義	地主	埔里	埔里信用組合監事、方面委員	V	
民	福	王進發		烏牛欄		V	
民	福	李萬福	雜貨商	埔里	國姓庄助役、埔里信用組合監事、埔里實業協會幹事、中央貨物自動車董事兼經理、方面委員、防衛團副所長、蠶業組合理事		

說明：

一、本表參考《會社銀行商工業者名鑑》（昭和 15 年）（臺北：圖南協會，1940）、
　　戶口調查簿及附錄表 6、附錄表 7 等資料整理完成。

二、「主要經歷」欄僅登錄「埔里街協議會員」以外經歷。

從表 5-15 除了可以看出個人的任期長短，也可以看到家族勢力的延續。每一屆埔里街協議會員約 15～20 人，昭和 10 年（1935）區分官派與民選後，分別約 10 人。依表 5-15 所列，曾經擔任過埔里街協議會員者共計 66 人，包括 24 位日本人與 42 位臺灣人，比例為 4：7。歷任埔里街協議會員的日本人、臺灣人比例，除了第 1 屆日本人的比例較高，第 2 屆比例均等外，大致維持 2：3 的比例。在任時間最長者為日本人山下藤太郎與潮軍市，臺灣人在任時間較長者為黃敦仁，其次為王峻槐與張德元。王江源為王峻槐的長男，[註180] 接續其父擔任此職，以父子任期合併看待，可與黃敦仁並列為臺灣人任期最長者（見表 5-15）。

表 5-15：歷任埔里街協議會員名單

屆別		1	2	3	4	5	6	7	8	9	10
年代		大正9年1920	大正11年1922	大正13年1924	大正15年1926	昭和3年1928	昭和5年1930	昭和7年1932	昭和9年1934	昭和10年1935	昭和14年1939
姓名	日本人	中原貞義									
		谷口清之助	谷口清之助								
		潮軍市	潮軍市	潮軍市	潮軍市	潮軍市	潮軍市	潮軍市	潮軍市	*潮軍市*	*潮軍市*
		瀬戶崎市之亟	瀬戶崎市之亟								
		芝原太次郎						芝原太次郎		芝原太次郎	*芝原太次郎*
		原田源吉	原田源吉						原田源吉		
		山下藤太郎	山下藤太郎	山下藤太郎	山下藤太郎	山下藤太郎	山下藤太郎	山下藤太郎	山下藤太郎	山下藤太郎	*山下藤太郎*
			永野種伊								

[註180] 臺灣新民報社，《臺灣人士鑑》（臺北：臺灣新民報社，1934），頁 13。

	山崎金次郎									
		森田博文								
		坂元軍二	坂元軍二	坂元軍二	坂元軍二					
			西村勝隆							
			深山要助	深山要助	深山要助					
			林長平	林長平	林長平					
				永井英輔						
					大久保彦右衛門	大久保彦右衛門	大久保彦右衛門	大久保彦右衛門	***大久保彦右衛門***	***大久保彦右衛門***
					鹿兒島輝雄					
						黑澤元吉	黑澤元吉	黑澤元吉	***黑澤元吉***	
						勝久忍				
						植松保次	植松保次	植松保次	***植松保次***	
						四倉多吉	四倉多吉	四倉多吉	***四倉多吉***	***四倉多吉***
									橘修	
						池田龜男			***池田龜男***	***池田龜男***
										豐島倫
臺灣人	林其忠									
	潘玉山	潘玉山								
	張祖蔭	張祖蔭								
	陳阿貴									
	陳進					陳進		陳進		
	林其祥									
		蘇逢時	蘇逢時	蘇逢時						
		王峻槐	王峻槐	王峻槐	王峻槐	王峻槐	王峻槐	王峻槐	***王峻槐***	
		鄭阿金								
		張振春	張振春	張振春	張振春	張振春		張振春		

	黃敦仁	黃敦仁	黃敦仁	黃敦仁	黃敦仁	黃敦仁	黃敦仁	黃敦仁	**黃敦仁**	**黃敦仁**
	黃萬得	黃萬得	黃萬得							
	潘瓦丹	潘瓦丹	潘瓦丹							
	徐雲騰	徐雲騰	徐雲騰							
	石文彬	石文彬								
	何其昌									
	張德元	張德元	張德元	張德元	張德元	張德元			**張德元**	**張德元**
		許清標	許清標							
			施雲釵	施雲釵		施雲釵				
			陳石鍊	陳石鍊						
			余定邦	余定邦	余定邦		余定邦			
				張進來						
				羅銀漢	羅銀漢	羅銀漢			**羅銀漢**	**羅銀漢**
					王足恩		王足恩			
					潘萬安		潘萬安			
					辜煥章		辜煥章			
					施丹梯		施丹梯			
					潘勝輝		潘勝輝			
					許秋		許秋			
					黃進生		黃進生			
					童江立					童江立
					李萬福			李萬福		李萬福
						張進乾				
						柯全福				
						林溪水				
										林有川
										施文彬
										黃連貴
										張以時
										王江源
										林宇義
										王進發
人數	15	14	16	16	19	19	20	19	19	20
日、臺人數比例	9：6	7：7	6：10	6：10	7：12	7：12	8：12	7：12	8：11	8：12

說明：

一、本表參考《臺中州報》（第 18、295、734、1421、2089 號）、《臺灣の事業界と人物》、《臺灣人物評》、《會社銀行商工業者名鑑》（昭和 10、13、15、16 年）、《臺灣自治名鑑》、《臺灣地方自治法制自治要求運動》等資料整理完成。第 9、10 屆分為「官選」與「民選」，官選者以粗黑斜體表示。

二、「年代」欄是指被指定或當選該屆協議會員的年代。

　　雖然街協議會員可視為日治後期辨識地方菁英的重要指標，不過，具有「埔里街協議會員」身份者，其在地方的聲望與影響力有所差異。例如實施初期採取官選，能夠被指定擔任街協議會員者，都是被官方所重視的地方人士。到了昭和 10 年（1935）以後，分為「官選」與「民選」兩種，能夠進入官選名單者，表示官方肯定其社會地位，未能獲選為官選街協議員的地方菁英，也可以透過民選的途徑，展現其社會地位與影響力，有的人僅擔任過一任，有的則是一直名列榜上。再來看日本人的部份，有多位曾經擔任過埔里街協議會員的日本人，是因為工作的原因前來埔里，因身份而被指定擔任協議會員，其實在埔里停留的時間極短，包括中原貞義、山崎金次郎、森田博文、西村勝隆等。〔註 181〕至於公醫潮軍市、商人山下藤太郎，都是長時間居住在埔里的日本人，一直擔任協議會員，在地方上的聲望與影響力都比較大。

4、取得專賣物品賣捌人

　　賣捌人是指獲得專賣事業販售特許的中盤商，特許的項目主要都是民生用品，包括酒、煙草、食鹽等項目，這些項目的販賣，先由專賣局出張所辦事處將貨品配給賣捌人，賣捌人再銷給小賣人（即零售商），小賣人再販賣給一般消費民眾。〔註 182〕取得專賣物品賣捌人權利者，多為擁有財力並且與官方關係良好的地方菁英。

　　埔里地區早期取得賣捌人權利者，包括酒類賣捌人蘇逢時、王峻槐、豐島倫（1889～？），煙草賣捌人坂元軍二、芝原太次郎、川西常吉（1886～？），

〔註 181〕中原貞義為埔里小學校校長，大正 14 年（1925）10 月轉到員林任職，山崎金太郎為臺灣電力株式會社的會社員，大正 10 年（1921）4 月即轉至臺北任職，森田博文為銀行員，大正 12 年（1923）7 月轉至臺中市任職，西村勝隆也是銀行員，大正 15 年（1926）8 月轉至豐原任職。

〔註 182〕小林英夫，《日本人の海外活動に関する歷史的調查 第十卷 台湾篇 5》，頁 529。

還有食鹽賣捌人林其忠、四倉多吉，以及曾經同時取得酒、煙草賣捌人的山下藤太郎，另外還有燐寸（火柴）賣捌人松岡重盛（生卒年不詳）等人。

酒的專賣是從大正 11 年（1922）開始實施，不僅是採取從製造到販賣「完全專賣」的型態，也是全日本帝國中唯一實施「酒專賣」的地區，〔註 183〕其主要目的並非僅著眼於增加財政收入，還包括保健衛生方面的考量，希望藉由專賣，收納所有民間主要釀酒廠，進一步改良製造法，以改善酒的品質。〔註 184〕鴉片專賣收入逐漸減少後，酒與煙草成為專賣收入最主要的項目。〔註 185〕不含啤酒的話，全臺灣的酒類年消費量約 16 萬石，只有 1 萬石仰賴日本及外國輸入。專賣制度實施以前，民營的釀酒工廠大約有 200 餘所。專賣制度實施後，伴隨著工廠的集中製造，僅存臺北等十二處酒廠，其中包括埔里酒廠。〔註 186〕

酒的販賣機關與煙草一樣，都是分成賣捌人與小賣人兩階級，都是由專賣局指定認可。昭和 2 年（1927）全臺灣的酒類賣捌人有 111 名，小賣人有8,010 人。大約 37,072 人口可以分配一名賣捌人。〔註 187〕埔里當時人口（25,136人，參考附錄表 8 的「表 4」）雖然不及此數，由於管轄區域包含新高郡魚池庄，也分配一位賣捌人。〔註 188〕

埔里酒類賣捌人的特許，初期有兩個人最有資格取得，一位是開辦埔里酒造株式會社的蘇逢時，〔註 189〕另一位是埔里製酒組合代表者游禮堂，由於游禮堂自動辭退，因此，最早由蘇逢時取得，時間為大正 11 年（1922），

〔註 183〕范雅慧，〈日治時期臺灣酒專賣事業中販賣權的指定與遞嬗〉，《臺灣風物》50卷 1 期（臺北：臺灣風物雜誌社，2000.3），頁 43～44。
〔註 184〕橋本白水，《臺灣の事業界と人物》，頁 259。
〔註 185〕橋本白水，《臺灣の事業界と人物》，「專賣事業收入累年表」，頁 260～262。以大正 15 年（1926）為例，專賣總收入 4,360 萬圓，鴉片佔 9.8%（426 萬圓），酒所佔比例最高，為 32.1%（1,401 萬圓），煙草居次，為 32%（1,392 萬圓）。
〔註 186〕橋本白水，《臺灣の事業界と人物》，頁 277。專賣制度實施後，全臺僅剩設置臺北、樹林、宜蘭、臺中、埔里、斗六、嘉義、臺南、屏東、恒春、花蓮港、臺東等十二處。
〔註 187〕橋本白水，《臺灣の事業界と人物》，頁 277。
〔註 188〕范雅慧，〈日治時期臺灣酒專賣事業中販賣權的指定與遞嬗〉，《臺灣風物》50卷 1 期，頁 47。
〔註 189〕南投廳，《南投廳行政事務並管內概況報告書》大正 7 年分（臺北：成文，1985），頁 98。埔里社酒造株式會社成立於大正元年（1912），資本額 50,000 圓。

〔註190〕次年（1923）改由王峻槐取得，持續 10 餘年。昭和 9 年（1934）7
月 1 日酒煙草賣捌人更新，改由酒類匿名組合員山下藤太郎取得。

　　煙草的販賣機關有煙草賣捌人及小賣人等兩個階級。以昭和 2 年（1927）
6 月的統計，全臺灣煙草賣捌人僅 73 位，小賣人則為 8,847 位。以當時的人
口約 412 萬人計算，大約 56,500 人才配有一位煙草賣捌人。〔註191〕當時埔里
的人口僅 25,136 人。人口數雖不足夠配給半個煙草賣捌人，還是有一位賣捌
人，埔里取得煙草賣捌人權利者一直都是日本人。芝原太次郎於昭和 6 年
（1931）7 月取得煙草賣捌人的特許，到了昭和 7 年（1932）改由坂元軍二取
得，同樣於昭和 9 年（1934）7 月 1 日酒煙草賣捌人更新期，改由山下藤太郎
取得。〔註192〕僅維持一年，昭和 10 年（1935）的酒類賣捌人再度由王峻槐取
得，煙草賣捌人則是由芝原太次郎再次取得（見表 5-16）。

　　食鹽方面，一般用鹽的賣捌機關分為官鹽賣捌總館、鹽務支館、食鹽請
賣人等三個階級。到了大正 15 年（1926）規定修改後，改為食鹽元賣捌人（舊
制鹽務支館）與食鹽小賣人（舊制食鹽請賣人）等兩個階級。先由專賣局指
定食鹽元賣捌人，再轉賣給食鹽小賣人，然後再販賣給消費者。以昭和 2 年
（1927）年底為例，全臺灣的食鹽元賣捌人僅 85 名，食鹽小賣人為 2,913 人。
〔註193〕埔里地區早期的鹽務支館是由羅金水經營，大正 4 年（1915）即改由
林其忠取得販賣特許，直至昭和 8 年（1933），長達 18 年之久。〔註194〕昭和
8 年（1933）4 月 1 日改由當時擔任埔里專賣品小賣人組合長的四倉多吉獲
得食鹽賣捌人特許，〔註195〕一直持續到昭和 18 年（1943）。〔註196〕林其忠

〔註190〕臺灣新民報社，《臺灣人士鑑》，頁 101。
　　　　范雅慧，〈日治時期臺灣酒專賣事業中販賣權的指定與遞嬗〉，《臺灣風物》50
　　　　卷 1 期，頁 50。
〔註191〕橋本白水，《臺灣の事業界と人物》，頁 275。
　　　　依作者估算，人口 467 人才配一名小賣人，大約 121 名小賣人才配一名賣捌
　　　　人。兩個數字相乘後，再乘以 73 名賣捌人，等於 4,125,011 人，大約 412 萬。
　　　　不過，依據《臺灣省五十一年來統計提要》，昭和 2 年（1927）全臺人口數為
　　　　4,337,000。詳見臺灣省行政長官公署統計室編印，《臺灣省五十一年來統計提
　　　　要》（南投：臺灣省政府主計處重印，1994），頁 82。
〔註192〕《臺灣總督府專賣局檔案》第 6681 冊第 1 件，頁 37。
〔註193〕橋本白水，《臺灣の事業界と人物》，頁 269。
〔註194〕臺灣新民報社，《臺灣人士鑑》，頁 212。
〔註195〕《臺灣總督府專賣局檔案》第 6681 冊第 1 件，頁 37。
〔註196〕千草默仙，《會社銀行商工業者名鑑》（昭和 18 年）（臺北：圖南協會，1943），
　　　　頁 514。

之父林逢春，是牛眠山庄的大地主，明治 44 年（1911）至大正 4 年（1915）
擔任埔西區長（見表 2-4），林其忠本人也於大正 5 年（1916）至大正 8 年（1919）
擔任過埔西區長、大正 9 年（1920）改任埔東區長（見表 2-4），其弟林其祥
擔任公職的時間更長，明治 39 年（1906）至大正 9 年（1920）擔任埔里社
支廳雇，長達 10 餘年（見表 2-3），於昭和 4 年（1929）至昭和 11 年（1936）
擔任埔里街長 8 年（見表 4-1），並且先後擔任過埔里街協議會員、臺中州協
議會員等職。從其家族長期於地方公職的經營來看，能夠取得食鹽賣捌人權
利，確實有其實力。

　　從賣捌人特許權的移轉，可以看到一個趨勢，早期大多是由臺灣人取得
賣捌人權利，酒類方面，大正 11 年（1922）實施酒專賣令之後，蘇逢時取得
第一年的賣捌人權利，此應與其原設立的「埔里社酒造株式會社」被併購有
關係。不過，次年（1923）即改由王峻槐取得。王峻槐以擁有 10 萬圓資產的
資歷，取得酒類賣捌人權利，順利經營此行業 10 餘年。

　　由於日治晚期賣捌人的權利逐漸由總督府各級機關退休的官吏或軍警取
得，相對地形成日本人遞增、臺灣人遞減的趨勢。〔註197〕埔里也是一樣，到
了昭和 8 年（1933）前後，酒類與食鹽賣捌人開始有轉變，先是昭和 8 年（1933）
由曾任南投廳巡查的日本人四倉多吉取得食鹽賣捌人權利，昭和 16 年（1941）
的酒類賣捌人已改由日本人豐島倫擔任。至於煙草賣捌人，雖然經歷多次轉
手，但一直都是由日本人擔任，昭和 15 年（1940）以後，由曾任南投廳警部
的川西常吉取得（見表 5-16）。可以說，到了昭和 16 年（1941）以後，埔里
的賣捌人全數由日本人擔任（見表 5-16）。

表 5-16：日治時期埔里專賣物品賣捌人一覽表

年代＼物品別	酒類	煙草	食鹽	燐寸
大正 4 年（1915）			林其忠	
大正 5 年（1916）			林其忠	
大正 6 年（1917）			林其忠	
大正 7 年（1918）			林其忠	
大正 8 年（1919）			林其忠	

〔註197〕范雅慧，〈日治時期臺灣酒專賣事業中販賣權的指定與遞嬗〉，《臺灣風物》50
　　　　卷 1 期，頁 54。

大正 9 年（1920）			林其忠	
大正 10 年（1921）			林其忠	
大正 11 年（1922）	蘇逢時		林其忠	
大正 12 年（1923）	王峻槐		林其忠	
大正 13 年（1924）	王峻槐		林其忠	
大正 14 年（1925）	王峻槐		林其忠	
大正 15 年（1926）	王峻槐		林其忠	
昭和 2 年（1927）	王峻槐		林其忠	
昭和 3 年（1928）	王峻槐		林其忠	
昭和 4 年（1929）	王峻槐		林其忠	
昭和 5 年（1930）	王峻槐		林其忠	
昭和 6 年（1931）	王峻槐	芝原太次郎	林其忠	
昭和 7 年（1932）	王峻槐	坂元軍二	林其忠	
昭和 8 年（1933）	王峻槐	坂元軍二	四倉多吉	
昭和 9 年（1934）	山下藤太郎	山下藤太郎	四倉多吉	
昭和 10 年（1935）	王峻槐	芝原太次郎	四倉多吉	
昭和 11 年（1936）	王峻槐	芝原太次郎	四倉多吉	
昭和 12 年（1937）			四倉多吉	
昭和 13 年（1938）			四倉多吉	
昭和 14 年（1939）			四倉多吉	
昭和 15 年（1940）		川西常吉	四倉多吉	
昭和 16 年（1941）	豐島倫	川西常吉	四倉多吉	
昭和 17 年（1942）	豐島倫	川西常吉	四倉多吉	松岡重盛
昭和 18 年（1943）	豐島倫	川西常吉	四倉多吉	松岡重盛

說明：本表參考《臺灣人士鑑》、《會社銀行商工業者名鑑》（昭和 10～11、14～18 年）
　　　整理完成。

5、捐助

　　捐助公共建設或公共事務，可以說是維繫良好官民關係、鞏固地方身份
地位的主要管道之一。從日治初期開始，烏牛欄黃家的大家長望莫氏玉，便
不斷對於公共工程捐獻土地或現金，並且獲得官方頒贈許多獎杯、獎狀。大
正 5 年（1916）望莫氏玉過世之後，女婿黃敦仁繼續從事公共工程、公益事
務的捐獻，獲頒的獎勵極多。〔註198〕黃敦仁於昭和 9 年（1934）能高郡役所

〔註198〕黃火山，〈先祖父　敦仁公紀念集〉，「生前褒賞文狀」。

落成時前往祝賀，捐獻 150 圓。同年也捐出 253 圓做為烏牛欄警吏派出所建築費。〔註199〕

　　致力於國語普及事務，也可以算是一種官民網絡，例如牛眠山庄的徐雲騰（見圖 5-26），擔任牛眠山國語普及會會長期間，鑑於當地會場狹小，熱心捐出上級給予的獎勵金 80 圓，並向地方人士勸募義助金，興建新的會場。〔註200〕

圖 5-26：徐雲騰

說明：引自《臺灣人士鑑》頁 89。

　　對於公家事務的寄付（捐助），或者是對於國家的獻金（奉獻），都是向統治者表達忠誠的方式，所捐的金額某程度也展現出捐獻者在地方社會地位的排序。以戰爭初期的國防獻金為例，昭和 12 年（1937）7 月 22 日在埔里街役場所舉行的座談會中，帶頭獻金的便是林其忠、林其祥兄弟，所捐的錢也最多，其次是施雲釵、施丹梯兄弟，接下來還有黃敦仁、王峻槐、陳秋全（1885～1946）、張進來、羅銀漢、許秋（1904～1977）、林有財、施文彬、潘勝輝、柯全福、李金塗、林石德（1867～1958）、張德元、劉阿梧（1865～1939）、吳阿生（1895～1952）、黃進生（1905～1950）、王貞、吳富等人，當天連同

〔註199〕鈴木滿男，《「漢蕃」合成家族の形成と展開：近代初期における臺灣邊疆の政治人類學的研究》，頁 332～333。

〔註200〕《臺灣日日新報》，1928 年 4 月 17 日第十二版，「埔里だより」。

未出席者的獻金合計高達 2,000 圓。〔註 201〕有關獻金者捐獻金額請參考表
5-17。

表 5-17：昭和 12 年（1937）埔里街國防獻金捐獻者姓名及捐獻金額表

捐獻金額	500 圓	300 圓	150 圓	100 圓	50 圓	20 圓	10 圓
捐獻者	林其祥 林其忠	施雲釵 施丹梯	黃敦仁	王峻槐 陳秋全 張進來	羅銀漢 許秋 林有財 施文彬	潘勝輝 柯全福 李金塗 林石德 張德元	劉阿梧 吳阿生 黃進生 王貞 吳富

說明：本表名單整理自《臺灣日日新報》，1937 年 7 月 26 日第五版，「埔里
街有志者獻金」。

6、工程承攬與承租官有地

　　承攬工程也是另一種的官民網絡，當時擔任土木請負業者（工程承包
商），所承攬的工程主要是以官方工程、專賣局工程為主，因此，勢必與官
方打好關係。從昭和 6 年（1931）報紙的廣告上可以看到，當時在埔里從事
土木請負業者以日本人為主，包括小笠原悅馬（1878～1934）、田中為三郎、
本杉清、野田初太郎、佐藤善次、桶谷久松等人，臺灣人僅有翁豈、陳順良
兩人。〔註 202〕依據附錄表 6 的「街庄／職業」欄，曾經從事土木請負業者，
還有游四象（1868～1945，游禮堂之弟）與蔡戀 2 人。當時官方土木工程承
攬業務雖然大多由日本人承接，也不能排除臺灣人承包商與日本人承包商存
在著上、下包的關係，也就是說日本人承攬工程之後，再轉包給下游承包商。

　　承租官有地，同樣仰賴與官方保有良好關係，而且必須財力雄厚。羅金
水於日治時期承租大肚城的官租地，8 筆地目為「田」的抄封地，面積共約
18.7 甲，另有 1 筆 0.13 甲的「池」，這些官租地應是清治時期的官有地，原本
承租的佃人就是羅金水，日治時期羅金水申請繼續承租，每年繳納的小作糧
448 石，官簿上的佃戶雖然是羅金水，實際耕作的佃戶則是大肚城庄的蕭宣
爐、籃林秀、鄭茂與烏牛欄庄的談添丁等 4 人。〔註 203〕此固然可視為一種改

〔註 201〕《臺灣日日新報》，1937 年 7 月 26 日第五版，「埔里街有志者獻金」。
〔註 202〕《臺灣日日新報》，1931 年 09 月 28 日第三版，「祝埔里日臺支局開設」。
　　　　　陳順良即《臺灣埔里鄉土志稿》作者劉枝萬之父。
〔註 203〕《臺灣總督府公文類纂》第 13133 冊第 2 件，頁 9～17。

朝換代過程的一種權力延續，並非藉由打好關係所獲得的新好處。再從眉社文書來看，編號六與七是同一件事的先後兩次契約，內容是由羅金水與林逢春兩人共同合作贌耕官田的契約。〔註204〕地點不是在雙方所居住的盆地北方（牛眠山）、東方（枇杷城），而是在偏西方的大肚城庄。每年官租高達 800圓，由兩人對半均分完納。這個例子不僅顯示出羅金水與林逢春在埔里地區的重要角色，也可以看到埔里重要地方菁英家族之間的合作關係。

二、商業網絡

不管是土地開發或商業投資，都可以看到埔里地方菁英間的合作關係。土地開發方面，最顯著的例子就是合組開源會社（參考表 3-5）。商業投資方面，包括埔里社電燈株式會社（參考第六章第二節）、能高自動車株式會社（參考第三章第三章）等，都展現合資經營的型態，以下再來看信用組合與商工會組織。

1、信用組合

信用組合是地方重要的金融機關，埔里有兩家信用組合，分別是埔里信用組合與烏牛欄信用組合，參與信用組合事務者，大部份都是地方菁英，從組合役員名單亦可看出地方菁英的角色與興替。能夠當上信用組合長的人，想必是菁英中受眾人信服的菁英。曾經擔任過埔里信用組合長的人包括蘇朝金、林其祥、巫俊、羅銀漢等 4 人（見表 5-18）。表 5-18「理事」、「監事」欄中粗體字的人名，就是後續加入運作核心的地方菁英。日本人參與埔里信用組合事務者佔極少數，從表 5-18 只能找到潮軍市（公醫）、芝原太次郎（煙草賣捌人）、山下藤太郎（酒類、煙草賣捌人）、原田源吉（日月館館主）與豐島倫（酒類賣捌人）等 5 人。昭和 10 年（1935）埔里信用組合成立廿週年慶時，受表彰的功勞者共 21 名，其中只有兩位日本人，即原田源吉與山下藤太郎。〔註205〕

〔註204〕簡史朗，《水沙連眉社古文書研究專輯》，頁 134～137
〔註205〕《臺灣日日新報》，1935 年 07 月 22 日第八版，「埔里信購組廿週年祝，表彰功勞者」。
　　　　受表彰的功勞者包括黃萬得、辜煥章、施文彬、原田源吉、高老固、白新癲、羅銀漢、黃如斗、許道南、陳茂德、黃連貴、李阿福、宇清祥、余定邦、山下藤太郎、施雲釵等人。

表 5-18：埔里信用組合歷年役員一覽表

年　度	組合長	理　　　事	監　　　事
大正 11 年	蘇朝金		
大正 12 年	蘇朝金		
昭和 6 年	林其祥	施雲釵（常）、王峻槐、羅銀漢、巫俊、潮軍市、余定邦	陳如商、陳茂德、張德元
昭和 8 年	林其祥	同上	同上
昭和 9 年	林其祥	施雲釵（常）、王峻槐、羅銀漢、**施文彬**、**芝原太次郎**、**許秋**	陳如商、陳茂德、張德元、**山下藤太郎**、**許財丁**
昭和 10 年	巫俊	施文彬（常）、羅銀漢、許秋、芝原太次郎、許財丁、施雲釵、**林其祥**	陳如商、陳茂德、張德元、山下藤太郎、**許金火**
昭和 11 年		同上	陳如商、陳茂德、張德元、山下藤太郎、**李萬福**
昭和 12 年	羅銀漢	許秋（常）、施文彬（常）、芝原太次郎、許財丁、施雲釵、林其祥	陳茂德、張德元、李萬福、山下藤太郎、林有德
昭和 13 年	羅銀漢	同上	同上
昭和 14 年	羅銀漢	施雲釵（常）、施文彬（常）、芝原太次郎、許財丁、**林有川**、林其祥、張德元	陳茂德、李萬福、**林宇義**、山下藤太郎、林有德
昭和 15 年	羅銀漢	林有川（專）、施雲釵（常）、芝原太次郎、許財丁、林其祥、張德元、**豐島倫**	陳茂德、李萬福、林宇義、山下藤太郎、林有德、**原田源吉**
昭和 16 年	羅銀漢	同上	同上
昭和 17 年	羅銀漢	同上	同上

說明：

一、本表參考《臺灣產業組合要覽》（大正 11～12 年）、《會社銀行商工業者名鑑》（昭和 7、9～18 年）等資料整理完成。

二、昭和 11 年（1936）「組合長」欄空白，是由於原組合長巫俊於昭和 10 年（1935）辭世，尚未選出新任組合長。

三、「理事」欄中姓名後加註「（常）」者，為「常務理事」，加註「（專）」者，為「專務理事」。「理事」、「監事」欄姓名加粗並畫底線者，為新增者（不含變更職銜者）。

再來看烏牛欄信用組合，曾經擔任過組合長的人有林其忠、黃敦仁、王
足恩（1893～1948）、吳阿生、潘勝輝（神村文彥）與許清和等 6 人（見表
5-19），較埔里信用組合長變動頻繁。組合長當中的林其忠，是牛眠山庄林
逢春的長男，烏牛欄信用組合成立時，林逢春雖然是擔任埔西區長，但在信
用組合的區域劃分上，牛眠山庄屬於埔里信用組合的區域，林逢春雖然也參
加埔里信用組合，［註206］卻未擔任理事、監事、評議委員等要職。牛眠山
庄出身的林其忠能夠參加烏牛欄信用組合，是因為當時林其忠擔任埔西區
長，戶口設在烏牛欄庄208番地。

表 5-19：烏牛欄信用組合歷年役員一覽表

年　　度	組合長	理　　　　　事	監　　　　　事
大正 6 年	林其忠	黃敦仁、潘阿為開山、潘玉山	張世昌、張省三、李嘉謨
大正 9 年	黃敦仁	許清和、吳阿生、蕭添貴	
大正 11 年	林其忠		
大正 12 年	黃敦仁		
昭和 5 年	黃敦仁	林進源、張省三、潘阿為開山、王足恩	
昭和 6 年	王足恩	林進源、潘候希開山、許清和、張振春	林坤讚、吳阿生、蕭添貴
昭和 8 年	王足恩	同上	吳阿生、蕭添貴
昭和 9 年	王足恩	許清和、張振春、潘勝輝、吳阿生	蕭添貴、黃結尾、戴阿法
昭和 10 年	吳阿生	許清和、張振春、潘勝輝、王足恩	黃結尾、戴阿法、陳永泉
昭和 11 年	吳阿生	許清和、潘勝輝、蕭添貴、黃結尾	謝添發、戴阿法、陳永泉
昭和 13 年	潘勝輝	吳阿生、許清和、蕭添貴、黃結尾	同上
昭和 14 年	潘勝輝	同上	同上
昭和 15 年	神村文彥	同上	謝添發、太田貞吉、廣田富藏
昭和 16 年	許清和	陳水泉（常）、吳阿生、蕭添貴、黃結尾	同上
昭和 17 年	許清和	同上	同上

說明：

一、本表引自劉澤民〈石燈照古人——醒靈寺保存的能高神社殘蹟〉《臺灣文獻》

第 56 卷第 3 期，表 4，頁 325。另參考《臺灣產業組合要覽》（大正 5 年至
昭和 8 年）、《會社銀行商工業者名鑑》（昭和 16～18 年）整理完成。

二、「理事」欄中姓名後加註「（常）」者，爲「常務理事」，加註「（專）」者，
爲「專務理事」。昭和 5 年（1930）以後的「理事」、「監事」欄姓名加粗並
畫底線者，爲新增者（不含變更職銜者）。

三、昭和 15 年（1940）潘勝輝改名爲神村文彥，王進發改名爲太田貞吉。

2、商工會組織

陳紹馨曾經指出，1920 年代是臺灣社會史上的一個重要轉捩點，無論在
政治、交通、產業、教育、生活方式等方面，都有很大的轉變。〔註 207〕這樣
的環境也造就臺灣商工會蓬勃發展。

日治時期臺灣的商工會是相當具有草根性的組織，大正 9 年（1920）以
後才獲得許可成立，到了昭和 12 年（1937），全臺灣約有 93 個商工會，每
一個商工會平均會員人數約 145 人，超過 80%的街庄（1920 年以後的街庄）
都曾設立商工會，參加的會員大多是當地的米商、雜貨商之類的小型商人。
〔註 208〕

商工會的命名主要有兩個原則，一是該地第一個成立的商工會多稱爲
「商工會」，其後成立者則稱爲「實業會」、「實業協會」，二是各地商工會多
由日本商人首先創立，因此，以日本人爲主的商工會以「商工會」的名稱居
多。〔註 209〕埔里的情形大致也是這樣，第一個成立的商工會是由日本人五
十嵐石松、四倉多吉等於大正 9 年（1920）所創立的「埔里商工會」，〔註 210〕
由四倉名吉擔任會長。〔註 211〕昭和 2 年（1927）4 月 15 日召開第七回總會
時，由五十嵐石松當選會長，植松保次當選副會長，15 位評議員全部都是
日本人，由此可知，此時埔里商工會仍是純日本人組織。〔註 212〕但也開始

〔註 207〕陳紹馨，《臺灣的人口變遷與社會變遷》（臺北：聯經，1979），頁 107～127。
〔註 208〕趙祐志，《日據時期臺灣商工會的發展（1895～1937）》，頁 2。
〔註 209〕趙祐志，《日據時期臺灣商工會的發展（1895～1937）》，頁 7。
〔註 210〕趙祐志，《日據時期臺灣商工會的發展（1895～1937）》，頁 16。
〔註 211〕千草默仙，《會社銀行商工業者名鑑》（昭和 10 年）（臺北：圖南協會，1935），
　　　　頁 574。
　　　　千草默仙，《會社銀行商工業者名鑑》（昭和 11 年）（臺北：圖南協會，1936），
　　　　頁 649。
　　　　千草默仙，《會社銀行商工業者名鑑》（昭和 12 年）（臺北：圖南協會，1937），
　　　　頁 551。
〔註 212〕《臺灣日日新報》，1927 年 04 月 19 日第三版，「埔里商工總會」。

同意讓臺灣人加入，由於加入者漸多，同年（1927）8 月 22 日將名稱改爲
「埔里實業協會」，會員高達 170 餘人。〔註213〕會長爲剛卸任埔里街長不久
的永井英輔，〔註214〕副會長爲羅銀漢與柴原代次郎，主要代表者詳見表
5-20。〔註215〕昭和 3 年（1928）5 月 6 日埔里實業協會就在埔里街役場召開
定期總會，會員 44 名出席，當時的代理會長是芝原太次郎。〔註216〕昭和 4
年（1929）4 月 27 日埔里實業協會改選，由羅銀漢當選會長，山下藤太郎
與張德元當選副會長。〔註217〕昭和 10 年（1935）6 月 8 日埔里實業協會召
開總會，新任會長改選，由原來的副會長山下藤太郎當選會長，原來的會長
羅銀漢改擔任副會長，另一位副會長由桶谷久松擔任。〔註218〕

　　「埔里商工會」與「埔里實業協會」有時也會聯合舉辦活動，例如昭和
10 年（1935）所舉辦的臺灣博覽會，兩會即與能高郡役所共同舉辦「臺灣博
覽會土產展」。〔註219〕昭和 13 年（1938）11 月，埔里街役場爲配合統制經濟
的進行，協調「埔里商工會」與「埔里實業協會」合併爲「埔里商工協會」，
〔註220〕昭和 14 年（1939）5 月 10 日於埔里街役場召開會議，會中達成共識，
兩個組織同時解散，由能高郡守神田利吉指定創立委員名單。〔註221〕

表 5-20：埔里實業協會主要代表者名單（1927）

職　　　稱	日　　本　　人	臺　　灣　　人
會長	永井英輔	
副會長	柴原代次郎	羅銀漢
常務幹事及幹事	山下藤太郎、五十嵐石松	張德元、王峻槐

　　　15 位評議員包括四倉多吉、桶谷久松、原清藏、山下藤太郎、原田源吉、小
　　　笠原悦馬、坂井田光二、權藤竹次郎、早坂豐之助、永井英輔、鹿兒島輝雄、
　　　池田龜男、大久保彥右衛門、杉原林吉、富江傳之助等。
〔註213〕《臺灣日日新報》，1939 年 05 月 14 日第五版，「双方解散に決定」。
〔註214〕永井英輔擔任四年埔里街長，大正 11 年（1922）至大正 14 年（1925），詳見
　　　　表 6-1。
〔註215〕《臺灣日日新報》，1927 年 08 月 24 日第三版，「埔里實業協會愈愈成立」。
　　　　趙祐志，《日據時期臺灣商工會的發展（1895～1937）》，頁 18。
〔註216〕《臺灣日日新報》，1928 年 05 月 10 日第八版，「實業協會總會」。
〔註217〕《臺灣日日新報》，1929 年 05 月 01 日第五版，「埔里實業協會會長以下改選」。
〔註218〕《臺灣日日新報》，1935 年 06 月 12 日第七版，「埔里實業總會」。
〔註219〕趙祐志，《日據時期臺灣商工會的發展（1895～1937）》，頁 188。
〔註220〕趙祐志，《日據時期臺灣商工會的發展（1895～1937）》，頁 16、351。
〔註221〕《臺灣日日新報》，1939 年 05 月 14 日第五版，「双方解散に決定」。

評議員	大島喜七、原田源吉、桶谷久松、牛尾文一、深山要助、四倉多吉、植松保次、管野富太郎、坂元軍二、小笠原悅馬	陳進、施雲釵、巫俊、林其祥、余定邦、潘蹈宇、柯全福、陳景賢、許財丁、張進來

說明：本表名單引自《臺灣日日新報》，1927 年 08 月 24 日第三版，「埔里實業協會愈愈成立」。

三、收養、婚姻網絡

1、收養網絡

埔里地方菁英收養的風氣很盛，基於地方菁英與家族成員人數眾多，加上戶口調查簿受限於時代的區隔，無法得知部份明治 38 年（1905）以前的收養紀錄，也無法得知昭和 20 年（1945）以後的收養紀錄，因此，暫不針對地方菁英所有的收養紀錄進行統計分析，以下僅舉出幾項比較特別的收養事例。所討論的收養紀錄絕大部份引用戶口調查簿資料，凡是引用戶口調查簿者，暫不一一羅列各項婚姻紀錄之簿冊號及頁數。

烏牛欄黃家是因為番秀才望麒麟只有一位獨生女望阿參，黃敦仁於是入贅望家。望麒麟生前從大肚城收養一名平埔族養子望雲奇，望雲奇成年分家之後，從事鑿井工作，於工作中發生意外而身亡，後代亦少與黃家聯絡往來。〔註 222〕黃利用家族本身也充滿收養關係，黃利用自己就是螟蛉子，大陸的本家姓「王」。〔註 223〕長男黃敦仁光緒 9 年（1883）出生於烏牛欄庄，也有一對平埔族的養父母。〔註 224〕黃敦仁入贅望家之前，先以望麒麟之妻望莫氏玉收養的螟蛉子身份進入望家，後來才改為入贅的女婿身份。

黃利用的四男黃萬智，先後將四女黃氏完瑟、五女黃氏完樣讓同庄的漢人王隆申收養為養女，其中的五女黃氏完樣後來也嫁給白福順為妾，白福順之妻為黃敦仁之三女黃氏添花，與黃氏完樣本是堂姊妹關係（黃萬智是黃敦仁四弟）。

〔註 222〕簡史朗、曾品滄主編，《【水沙連】埔社古文書選輯》，頁 55。
〔註 223〕鈴木滿男，《「漢蕃」合成家族の形成と展開：近代初期における臺灣邊疆の政治人類學的研究》，頁 213。
〔註 224〕鈴木滿男，《「漢蕃」合成家族の形成と展開：近代初期における臺灣邊疆の政治人類學的研究》，頁 224。
義父潘改丹阿桂於光緒 19 年遭生番擊斃，義母潘氏抵雷於光緒 16 年受傷身亡。

　　牛眠山林家不僅與埔里施家有婚姻關係，也有收養關係，林逢春的長孫林有財（林其忠長男）於大正14年（1925）收養同姓的林福元三女林氏玉英，兩年後，昭和2年（1927）將養女改讓給施丹梯收養。

　　牛眠山與大湳的蜈蚣崙由於接近蕃地，也有一些收養生蕃女的情形，例如潘進生即收養一位生蕃女，取名「潘氏肉略」，並且幫她招贅同庄的潘四老天德為婿。林逢春於明治43年（1910）也收養一位巴蘭（バラン）社的生蕃女ビラクペーホ，後來還幫她招贅客家人林玉為婿。

2、婚姻網絡

　　同樣基於上述收養網絡所舉的理由，本小節的婚姻網絡，主要關注婚姻雙方本人或長輩為地方菁英的婚姻關係，以及與外地的地方菁英家族聯姻、與日本人通婚的例子，並非對於所有地方菁英與家族成員全部的婚姻紀錄進行統計分析。

　　埔里地方菁英之間的通婚事例並不算錯綜複雜，婚姻網絡有跡可尋。或許因為埔里地處內山，市街形成時間也較晚，基於地緣關係通婚者較多，加上「門當戶對」意識較為淡薄，地方菁英之間的通婚不算很多，至於與外地名門通婚，例子更少。不同族群的地方菁英通婚，便形成所謂「漢蕃合成家族」，最有名的例子便是烏牛欄庄的黃家，還有牛眠山庄的林家。

　　望麒麟為清代佾生，黃利用是烏牛欄教會請來的漢文教師，兩人因地緣接近，又同是讀書人，私交甚篤，將子女指腹為婚。明治28年（1895）望麒麟死的時候，望阿參才13歲，明治32年（1899）黃敦仁即入贅望家，與望阿參生下8男4女，長男望阿福抽「豬母稅」的緣故，從母姓，其他子女皆從父姓，其中兩位女兒皆與地方菁英通婚。長女黃氏彩璇嫁給水尾的蕭添財（1905～1976，見圖5-27），三女黃氏添花嫁給律師白福順。

　　黃敦仁與女婿白福順，兩人和「亢五租」都略有淵源，黃敦仁經營土地開發的資本就是來自殖民政府買收蕃大租「亢五租」而來的，也就是望麒麟之女望阿參與其母望莫氏玉所受領的2/5，總督府原本以18.5甲的水田做為買收蕃大租「亢五租」的對價，後來改以5萬圓公債做為補償，望阿參受領的部份就是2萬圓。白福順的祖母與余定邦之父亦受領1/5亢五租的權利，因此，兩家聯姻的共同特點，除了都是有名望之外，也都具有「埔蕃」血統。〔註225〕

<hr />

〔註225〕鈴木滿男，《「漢蕃」合成家族の形成と展開：近代初期における臺灣邊疆の政治人類學的研究》，頁253。

　　林逢春爲客家人，娶牛眠山總社長潘進生女兒潘氏依底，生下 2 男 4 女。
在眉社文書當中出現過多件女婿林逢春與岳父潘進生共同訂定的契約，其中
特別的是出現由女婿承典及承買岳父土地的契約，不免讓人聯想到是否女婿
在蠶食岳父的田產，或者是趁岳父財務之危來接收田產，甚至懷疑女婿與岳
父之間是否因此而關係惡劣。這雖是合理的懷疑，不過，從其他的契約內容
卻可看出，岳父潘進生可能並無財務上的困難，將土地典、賣給女婿或許只
是一個資金周轉的手段，兩人之間的關係不但沒有惡化，女婿甚至還獲得岳
父的讚賞及肯定。〔註226〕

　　林逢春的長男林其忠，與南門施家也有聯姻關係，林其忠長女林氏秀鸞
嫁給施百川次男施丹梯，林其祥擔任埔里街長時，也「內舉不避親」地引用
姪婿施丹梯擔任埔里街助役。林其忠次女林氏足鸞也嫁給埔里的牙醫洪國
華。〔註227〕

　　羅銀漢與陳秋全、蘇新伙（1873～1946）、許清和都有姻親關係，羅銀漢
三姊羅氏阿綢嫁給陳秋全，羅銀漢幼時跟隨三姊夫陳秋全學商，經營米業及
山產有成，〔註228〕投身地方事務，擔任埔里街協議會員、埔里青年會長等職
務。羅銀漢娶蘇新伙的次女蘇氏吹爲妻。戰後，許清和的女兒也嫁給羅銀漢
之子。〔註229〕

　　醫師陳石鍊娶醫師張祖蔭的次女張氏椪，張世昌的三女張氏阿緞嫁給林
石德之長男林福順。施文彬娶林石德的次女林氏淑仔，陳景寅娶吳金水的三
女吳氏春綢，吳金水娶陳進的次女陳氏椪頭，陳阿漢娶童肇文三女童氏美緣，
王峻槐的長女王氏翠瑱嫁給蘇朝金三男蘇東漢，蘇新伙次男蘇樹發娶鄭奕奇
庶子女鄭氏岡市，也都是地方菁英間的聯姻。

　　與外地的地方菁英聯姻的例子有二，一是巫俊之子巫永德醫師與林獻堂
之弟林階堂的孫女林英梓結婚，〔註230〕二是羅萬俥與林家的聯姻關係，羅萬
俥有三次婚姻紀錄，第一任妻子爲林榮泰的庶子女林氏阿猜，林氏阿猜死後 2
年，昭和 5 年（1930）再娶顏雲年的庶子女顏氏眞，昭和 17 年（1942）離婚

〔註226〕邱正略，〈古文書與地方史研究——以埔里地區爲例〉，《臺灣古文書與歷史研
　　　　究學術研討會論文集》，頁 34～35。
〔註227〕臺灣新民報社，《臺灣人士鑑》，頁 212。
〔註228〕盧政勇，〈鄉賢榜——羅銀漢老先生熱心公益建設地方〉，《埔里鄉情》第 5
　　　　期（南投：埔里鄉情雜誌社，1979.9），頁 23。
〔註229〕劉澤民，〈石燈照古人——醒靈寺保存的能高神社殘蹟〉，頁 319。
〔註230〕巫永福，《巫永福全集》9「小説卷 I」，頁 192。

後，於戰後初期（1945年10月）再與林烈堂的庶子女林氏碧霞結婚。三次婚姻都是與臺灣的重要家族聯姻，此亦顯示出羅萬俥的人際網絡範圍較其他埔里地方菁英來得廣一些。巫永德由於在臺中執業，地緣上的接近，與霧峰林家聯姻也是可以理解的。

臺灣傳統社會，富紳蓄妾之俗非常普遍，埔里地區的富戶也是一樣。不過，還是有一些例外，臺灣於1920年左右開始提倡女權及一夫一妻制的新文化運動後，舉凡林獻堂、楊肇嘉、陳炘等社會領袖都嚴守一夫一妻，並未蓄妾。〔註231〕埔里的首富羅萬俥雖然前後有三次婚姻紀錄，但也不蓄妾，烏牛欄的黃敦仁富甲一方，也同樣不蓄妾。原因雖也可以解釋為「入贅」關係所致，不過，夫妻感情融洽也是重要原因，戰後初期，民國43年（1954）位於烏牛欄臺地的鸞堂醒靈寺（前身為房里的醒化堂）前方修築的階梯「醒修路」落成時，特別邀請烏牛欄臺地有四代同堂且「財、子、壽」兼備的耆老前來參加通行典禮，符合資格者便是黃敦仁與望阿參夫婦。夫婦倆皆享壽83歲高齡，先後於民國53年（1964）、民國54年（1965）辭世。〔註232〕

圖5-27：蕭添財

說明：引自醒靈寺文獻室典藏老照片。

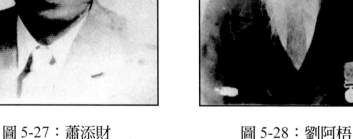

圖5-28：劉阿梧

說明：引自醒靈寺文獻室典藏老照片。

〔註231〕巫永福，《巫永福全集》7「評論卷II」，頁50、286。
　　　　雖然沒有蓄妾，不表示沒有其他異性關係。
〔註232〕黃火山，〈先祖父　敦仁公紀念集〉，頁29、34。

四、公眾事務的參與

國家與社會之間存在著一個「公共領域」（public sphere）的概念，是由哈伯瑪斯（Jürgen Habermas）所提出來解釋英、法兩國於工業革命之後所產生的「資產階級公共領域」，這種藉由公共領域所形成的「公共意見」，建構出一個國家與社會之間交流、溝通的空間，這種看法逐漸被運用在近世中國社會史的研究上。地方菁英常會採取一種「多元投資」（diversified investments）的策略，以確保其在地方上的勢力，〔註233〕也就是透過公共空間，舉凡寺廟、公共事務、人群組織等，展現其社會地位與影響力，〔註234〕以下來看埔里地方菁英對於地方事務的參與情形。

1、文化事務

地方菁英除了從事土地經營、商業投資等本業經營，在地方上能夠嶄露頭角的機會，除了躋身政治舞臺之外，就是參與地方公眾活動，包括文化、公益事務，以及宗教信仰活動。也就是透過參與地方活動，把自己的「經濟資本」（economic capital）轉換為社會上的「象徵資本」（symbolic capital），也就是所謂的「面子」。〔註235〕

埔里青年會的前後任會長巫俊與羅銀漢，都非常關注於地方文化事務，巫俊除了熱心從事地方公益，也不忘提攜埔里的子弟，對於留學日本的優秀青年提供金錢資助。〔註236〕羅銀漢於大正12年（1923）埔里青年會創立時，即擔任幹事，後來擔任埔里青年會會長，於昭和3年（1928）募集資金8,200圓推動興建一棟二層樓的青年會館（即今之西安路與南盛街交叉口），昭和4年（1929）興建完成，於8月11日舉行落成典禮。〔註237〕埔里青年會館落成之後，也成為日後埔里一些重要活動的集會場所。一樓做為辦公室及會議場所使用，二樓設置圖書文庫，並且常常舉辦學術演講、書畫展覽等文化活動。〔註238〕二樓的圖書文庫，是為了鼓吹青年讀書興趣，捐資150圓創

〔註233〕康豹（Paul R. Katz），〈日治時期新莊地方菁英與地藏庵的發展〉，《北縣文化》第64期（臺北：臺北縣文化局，2000.3），頁96。

〔註234〕陳世榮，〈清代北桃園的開發與地方社會建構（1683～1895）〉，中壢：國立中央大學歷史研究所碩士論文，1999，頁33～35。

〔註235〕康豹（Paul R. Katz），〈台灣的呂洞賓信仰——以指南宮為例〉，《新史學》6卷4期，臺北：三民書局，1995.12，頁40。

〔註236〕《臺灣日日新報》1925年02月04日第四版，「埔里街之善士」。

〔註237〕《臺灣日日新報》，1929年08月11日第五版，「埔里の青年會館十一日落成式」。

〔註238〕盧政勇，〈鄉賢榜——羅銀漢老先生熱心公益建設地方〉，《埔里鄉情》第5

設「埔里青年會圖書文庫」（簡稱「青年文庫」），購置書籍 304 冊，提供公眾閱覽。〔註239〕可以說是埔里最早的圖書館。昭和 5 年（1930）的閱讀者有 2,326 人，包括日本人 285 人、臺灣人 2,042 人，平均每日閱讀人數爲 5、6 人。〔註240〕

　　昭和 8 年（1933）適逢埔里青年會創立十週年，會長羅銀漢召集讀書會會員，決定在青年會館演文化劇慶祝，當時由陳春麟（1911～？）負責寫腳本兼導演與配角，開演時會場觀眾爆滿，不過，第二幕中途就被臨監的警察課司法主任宣告中止演出，會長羅銀漢、主角黃流明（生卒年不詳）、配角陳春麟被押坐牢 5 天。〔註241〕

　　昭和 9 年（1934）3 月 15 日臺中州能高郡教化聯盟總會及社會教化委員大會於埔里公學校雨天操場舉行，會後再另外舉行教化委員會，當時埔里街的教化委員有張德元、蕭木桂（1903～1972）、潘勝輝、辜煥章等四人。〔註242〕

　　爲了爭取在埔里設置農林學校，由埔里地區的有力者深山要助、芝原太次郎、黃敦仁等人，偕同能高郡守澤井益衛、埔里街長林其祥同赴臺中州請願。〔註243〕後來，更進一步向總督府陳情，昭和 8 年（1933）7 月 24 日前往陳情者，除了前述五位原班人馬外，再加入羅銀漢。〔註244〕昭和 18 年（1943）籌設埔里家政女子學校，黃敦仁個人就捐獻 271 圓。〔註245〕

　　昭和 9 年（1934）「國立公園法」於臺灣實施後，昭和 11 年（1936）著手大屯、次高タロコ（即今之太魯閣國家公園）、新高阿里山等三處國立公園的區域查定工作。〔註246〕昭和 10 年（1935）埔里實業協會即進行次高タロコ畫定爲國立公園的陳情運動，當時埔里實業協會聯合臺中實業協會、商工協會，一方面對臺中州知事日下辰太提出陳情書，希望指定連結霧社、合歡山

期，頁 24。
〔註239〕埔里公學校，《埔里鄉土調查》，頁 153。
〔註240〕埔里公學校，《埔里鄉土調查》，頁 153。
〔註241〕陳春麟，《大埔城的故事——埔里鎮史》，頁 3。
〔註242〕《臺灣日日新報》，1934 年 03 月 17 日第三版，「能高郡の教化聯盟總會」。
〔註243〕《臺灣日日新報》，1933 年 06 月 25 日第三版「農林校設置を埔里街で請願」。
〔註244〕《臺灣日日新報》，1933 年 07 月 20 日第二版，「督府に陳情，埔里農林學校設置問題で廿四日頃代表出府」。
〔註245〕黃火山，〈先祖父　敦仁公紀念集〉，頁 25。
〔註246〕小林英夫，《日本人の海外活動に関する歷史的調查 第十卷 台湾篇 5》，頁 272。

至太魯閣一帶地區為國立公園，〔註247〕另一方面也積極尋求花蓮港商工會長的援助，當時已有一個社團法人太魯閣國立公園協會，該會理事長也以書信與埔里實業協會進行聯繫。〔註248〕

2、公益事務

公益事務方面，李嘉謨之妻李梁氏阿品於其夫亡故後，遵從亡夫的遺志，繼續熱心公益事務，當時的報紙也特別稱讚她的義舉。〔註249〕生蕃空的劉阿梧（見圖 5-28）從事木材業致富之後，獨力出資 2 萬餘圓，興建埔里通往珠仔山的橋樑，長 200 公尺、寬約 2 公尺，〔註250〕昭和 6 年（1931）元月 27日舉行開通式，〔註251〕昭和 8 年（1933）也因此義舉接受官方的褒賞。〔註252〕這座橋由於是劉阿梧獨自出資興建，原本要取名「劉姓橋」，但官方不允許以個人姓氏命名，於是改為日語諧音的「隆生橋」。

為地方排難解紛也是地方菁英展現聲望、地位的機會，昭和 3 年（1928）埔里的水利設施推進到蕃地的楓樹林（可能指福興庄的九欉楓附近），由豐原街的林新賜申請私設埤圳許可，由於墾成之後恐造成下游農民灌溉水源不足的問題，5 月 13 日邀集有關係的農民百餘名，在埔里的媽祖廟召開農民大會討論善後之策，會中推舉羅萬俥、林其祥、張德元、蔡添丁、蘇逢時、羅銀漢、巫俊、余定邦、陳進、陳朝賡（1883～1928）等 10 位實行委員，並推舉羅萬俥為座長（主席），〔註253〕由此也可以看出羅萬俥當時在地方上超人氣的聲望地位。

霧社事件後，不僅官方開始思考裏南投道路開鑿的必要性，地方士紳也以行動積極爭取。昭和 5 年（1930）12 月 17 日，埔里街長林其祥與埔里實業協會的代表山下藤太郎、坂元軍二、羅銀漢等三人一起到臺北拜會鎌田守備隊司令官等人，表達地方人士三點期待，其中一項就是希望促進裏南投道路

〔註247〕趙祐志，《日據時期臺灣商工會的發展（1895～1937）》，頁 379。
〔註248〕《臺灣日日新報》，1935 年 07 月 23 日第四版，「埔里實業會，公立公園運動指定」。
〔註249〕《臺灣日日新報》，1929 年 02 月 08 日第五版，「埔里——義舉」。
〔註250〕陳春麟，《大埔城的故事——埔里鎮史》，頁 66。
〔註251〕《臺灣日日新報》，1931 年 01 月 19 日第五版，「埔里——開通式舉行」。
〔註252〕《臺灣日日新報》，1933 年 12 月 02 日第二版，「劉阿梧氏に褒賞」。
〔註253〕《臺灣日日新報》，1928 年 05 月 16 日第八版，「埔里だより」。
十名實行委員為羅萬俥、林其祥、張德元、蔡添丁、蘇逢時、羅銀、巫俊、余定邦、陳進、陳朝賡等人。

早日開通。〔註254〕

　　大肚城人許清和是擔任保正的米商，於昭和10年（1935）年初，舊曆年即將到來之際，提供80斗白米救濟貧苦鄉民。〔註255〕昭和10年（1935）4月發生墩仔腳大地震時，埔里街也不落人後，奮起義捐，鄭錦水一人就捐出白米20石，連同其他各有志者，總共募集80餘石的白米，用四輛車分載，又編成慰問隊，共同將白米送往災區，埔里街愛國婦人會也總動員，分組在街頭勸募民眾捐款。〔註256〕

　　昭和8年（1933）實施的「方面委員制度」，負責社會救濟的工作，〔註257〕擔任官方指定的「方面委員」也算是從事社會公益事務，當時（1933）將埔里劃分為10個方面數，任命10位方面委員，除了2位日本人外，8位臺灣人包括巫俊、陳秋全、林宇義、游清河、鍾阿在（1891～1957）、蘇逢時、余定邦、許清和等。〔註258〕其後擔任過方面委員者尚有李萬福、施文彬2人（參考附錄表6）。

3、宗教活動

　　參與地方廟務與地方公共祭祀活動，也是地方菁英的重要舞臺。〔註259〕日治時期埔里最重要地方公廟是恒吉宮媽祖廟，擔任過主持人或主任委員的地方菁英包括林其祥、施雲釵、蘇樹木（蘇新伙長男）、鄭錦水等人。〔註260〕恒吉宮的源起有兩種說法，其中之一是劉枝萬於《南投縣志稿》當中的說法，恒吉宮是同治10年（1871）由大肚城庄都阿托、房里庄張世昌（見圖5-29）、枇杷城庄余清源、牛眠山庄潘進生等4位平埔族頭人共同倡建的。〔註261〕不過，廟方的沿革記載的是另一種說法（參考第六章第三節）。

〔註254〕《臺灣日日新報》，1930年12月18日第十一版，「埔里街代表者出北，各方面に挨拶」。
　　　　提出之三項期待包括「守備隊一個中隊分屯埔里」、「飛行場存置方法」、「促進埔里草屯間道路開鑿」。
〔註255〕《臺灣日日新報》，1935年01月15日第七版，「白米を施與」。
〔註256〕《臺灣日日新報》，1935年04月30日第七版，「埔里各方面奮起義捐」。
〔註257〕臺中州，《臺中州管內概況及事務概要》（昭和9年），頁185。
〔註258〕《臺灣日日新報》，1933年04月11日第三版，「埔里短信」。兩位日本人分別為□□竹次郎、原清藏。
〔註259〕康豹（Paul R. Katz），〈日治時期新莊地方菁英與地藏庵的發展〉，《北縣文化》第64期，頁83。
〔註260〕鄧鏗揚、賴敏修主編，《埔里區寺廟弘道協會紀念特刊》，頁21。
〔註261〕劉枝萬、石璋如等纂，《南投縣志稿（八）》，頁98。

其他地方公廟也常與地方菁英有關，醒覺堂的主神於日治時期原本是奉祀於生蕃空辜煥章家的恩主公，埔里地區第一所鸞堂懷善堂，原本設置於施百川的家裏。俗稱「孔子廟」的昭平宮育化堂，也是埔里重要的鸞堂，曾經擔任過該廟主委的地方菁英包括鄭錦水、蘇樹木、許清和等人，由於日治末期殖民政府禁止扶鸞降筆活動，因此，該廟的降筆活動一直是在蘇樹木家中進行，〔註262〕戰後一陣子才改回到育化堂進行。

日治時期埔里有5間主要的齋堂，這些齋堂目前尚保存數座長生祿位，從這些長生祿位也可以看到許多地方菁英的姓名，例如久靈堂的長生祿位中，可以看到張世昌、莫善慶、蔡塗祥、李嘉謨、潘鎮安（1846～1922）等人的姓名，「善天堂開山道場各姓功德主長生祿位」中，也可以找到陳石鍊、鄭火炎、劉阿梧、蘇逢時、李萬福、徐雲騰、王峻槐等人的姓名（詳見第六章第三節）。

埔里最重要的宗教信仰活動為每年一度的9月媽祖遶境與12年一度的祈安清醮，依巫永福的回憶，12歲時（1924）埔里舉辦祈安清醮，其父巫俊擔任東角大柱，他本人則以童生身份，被送到媽祖廟恒吉宮住了7天，隨著法師做法念經禮拜。〔註263〕昭和10年（1935）8月（即農曆7月）媽祖廟辦完中元普度後，於招待諸贊助者及新舊爐主頭家時，由陳秋全（見圖5-30）提議明年（即1936）再舉辦建醮祈安，獲得出席者一致贊成。當時所推舉的總理為林其忠，副總理為大肚城的米商許道南（1872～1935）與挑米坑庄的富紳黃萬得，〔註264〕都是當時的地方菁英。

〔註262〕蘇樹木為米商，父為蘇新伙，是東埔地區主要拓墾者之一，弟蘇樹發為辯護士。日治末期育化堂的降筆活動於其家中進行，戰後初期回到堂中進行，當時擔任堂主職務，恩主賜名為「蘇瞳鶴」。引自邱正略訪問，〈蔡茂亮口述紀錄〉，2008年8月4日。

〔註263〕巫永福，《巫永福全集》17「詩卷VI」（臺北：傳神福音，1999），頁74～75。

〔註264〕《臺灣日日新報》，1935年09月01日第四版，「埔里——議建醮事」。

圖 5-29：張世昌　　　　　　　　圖 5-30：陳秋全

說明：引自醒靈寺文獻室典藏老照片。　說明：引自醒靈寺文獻室典藏老照片。

第三節　埔里的日本人菁英

　　過去對於日治時期的研究，常忽略日本人的部份，僅側重於研究臺灣人，事實上，臺灣人的活動也常受到日本人的影響，若不注意日本人的角色，很難掌握整個歷史發展的真貌。〔註265〕地方史研究也是一樣，埔里的日本人雖然不多，對於地方產業發展卻也扮演著重要的角色，尤其是日本人當中的菁英份子。

　　為能了解日本人菁英的身份背景與事蹟，筆者大致比照附錄表 6 的篩選標準，找出 36 位日本人菁英，整理成附錄表 7，並依其居住地、職業、身份、種別及幾項重要職銜，整理成表 5-21，藉以分析日本菁英的結構，進一步區分日本人菁英的類型，以及與臺灣人地方菁英的互動關係。

一、菁英類型與代表人物

1、居住地與職業別

　　埔里地方菁英的地域分布雖然也有集中於埔里社街的趨勢，但只是接近

───────────

〔註265〕趙祐志，《日據時期臺灣商工會的發展（1895～1937）》，頁 8。

半數（佔 45.2%），日本人菁英的集居情形更爲顯著。埔里的日本人主要集中於埔里社街與大肚城庄，應是基於生活機能（例如自來水設施）較爲方便，埔里製糖所也位於大肚城的緣故。以大正 7 年（1918）的人口統計爲例，795 名日本人當中，居住在埔里社街的有 468 人（佔 59%），居住在大肚城的有 205 人（佔 26%），兩街庄的日本人合計約佔埔里社堡日本人口 85%。〔註266〕到了昭和 5 年（1930）第五次臨時臺灣戶口調查（第三次國勢調查）統計，埔里街 913 名日本人當中，居住在埔里的有 634 人（佔 69%），居住在大肚的有 194 人（佔 21%），兩大字的日本人合計，約佔埔里街的日本人口 90%。〔註267〕表 5-21 所列舉 43 位日本人菁英當中，36 位居住在埔里，4 位居住在大肚城，兩處合計 40 位佔總人數 93%，與上述兩項統計的居住地分布大致接近，而且有更集中的傾向。居住在埔里街的日本人，原本較集中於西門街，辦公廳舍與官舍則集中於北門，後來逐漸散居市區各處。

表 5-21：埔里日本人菁英簡表

項目 / 姓名	居住地				職業									身份			種別				埔里街協議會員	賣捌人	商業團體代表人	有內緣妻
	埔里	大湳	大肚城	不詳	官吏	巡查	教職	工程業	醫師	商業	製造業	土地開發	不詳	士族	平民	不詳	一	二	三	不詳				
山下藤太郎	○									○					○			○			○		○	
山崎金太郎	○										○				○			○			○		○	
川澄惠之	○								○		○	○									○			
大久保彥右衛門	○				○										○						○			
小笠原敬太郎	○				○	○									○		○							
小笠原悅馬	○									○					○		○							
川西常吉	○									○					○						○		○	
中野虎次郎	○					○									○									
中原貞一	○					○									○									
五十嵐石松	○									○					○						○		○	

〔註266〕南投廳，《南投廳行政事務並管內概況報告書》大正 7 年分，頁 104。
〔註267〕臺灣總督官房臨時國勢調查部，《國勢調查結果表　州廳編（昭和五年）》（臺北：臺灣總督官房臨時國勢調查部，1933），頁 26。

姓名																								
四倉多吉	○				○					○		○					○			○	○	○		
平井宇太郎	○							○	○				○											
池田龜男	○					○				○							○	○						
西村繼太	○					○				○		○					○							
西村勝隆	○						○			○		○					○							
永野種伊			○				○			○				○			○							○
永井英輔			○	○								○					○	○		○				
永井春惠	○						○					○					○							
芝原太次郎	○					○				○							○	○	○	○	○			
坂元軍二	○					○				○		○					○	○						
近藤勝三郎		○				○				○		○		○										
近藤小次郎	○				○					○		○										○		
杉山昌作	○					○		○		○				○					○					
谷口清之助	○			○						○		○												
岸石藏	○						○			○			○											
林長平	○					○				○		○					○							
依田盛男	○				○		○	○		○														
長井實一	○		○							○		○												
高羽貞將	○					○	○			○			○											
荻原德太郎	○					○				○		○					○							
原田源吉	○			○		○				○	○			○										
桶谷久松	○				○	○				○														
深山要助			○				○			○							○	○						
鹿兒島輝雄	○					○				○		○					○							
渡邊誠之進	○		○	○						○			○											
植松保次	○							○		○		○					○							
黑澤元吉			○					○		○							○							
森田博文	○					○				○		○					○							
潮軍市	○				○					○							○	○						
橘修		○						○		○							○	○						
瀨戶崎市之甌	○		○							○		○					○							
藤澤靜象		○					○			○			○											
豐島倫	○							○		○							○	○	○					
小計	36	1	4	2	8	4	3	4	5	15	7	4	4	6	27	10	12	13	5	13	22	6	5	3

說明：

一、本表依據附錄表 7 整理完成。

二、「居住地」欄中，部分小地名直接歸類於所屬街庄之下，例如「茄苳腳」屬
　　於埔里社街、「蜈蚣崙」屬於大湳庄、「梅仔腳」屬於大肚城庄。

三、「職業」項目依所從事工作圈選，不限一項。

　　以職業別來區分，埔里的日本人菁英可分為下列類型（參考表 5-6、附錄
表 7）：

　　（1）官吏：街長、郵便局長、公醫等，例如埔里郵便局長大久保彥右衛
　　　　　門、瀨戶崎市之亟（1883～？，見圖 5-31），公醫西村繼太（1864
　　　　　～？）、潮軍市等。

　　（2）警察：南投廳巡查、警部等，例如川西常吉、四倉多吉、近藤小次
　　　　　郎（1870～？）、原田源吉等。

　　（3）教職：公學校校長、教諭，小學校校長、教諭等，例如小笠原敬太
　　　　　郎（1884～1930）、谷口清之助（1886～？）、渡邊誠之進（1893～？）。

　　（4）工程業：職業欄為「工程請負業」或「建築測量業者」等，例如川
　　　　　澄惠之、小笠原悅馬、芝原太次郎、桶谷久松等。

　　（5）醫師：公醫以外執業醫師，例如牙醫師池田龜男（見圖 5-32）、醫
　　　　　師林長平（1889～？）。

　　（6）商業金融：從事商業者，例如山下藤太郎、五十嵐石松（1885～？）、
　　　　　坂元軍二等，從事金融業者，例如彰化銀行埔里支店長永野種伊
　　　　　（1893～？，見圖 5-33）。

　　（7）製造業：例如菓子製造商岸石藏、製糖業藤澤靜象（1869～？）與
　　　　　深山要助，動物昆蟲剝製業高羽貞將。

　　（8）土地開發：從事土地開發者，例如川澄惠之、近藤勝三郎、高羽眞
　　　　　將（也從事標本製作）〔註268〕、杉山昌作……等。

　　由於地方官吏為官派，多因職務調動而未留下戶籍資料，附錄表 7 的「職
業」欄中有「官吏」一項，雖然其中有部份人擔任過能高郡守、埔里街長，
本文篩選標準並非針對擔任過郡守、街長的人，而是「在埔里活動的人」，曾
經擔任過能高郡守或埔里街長者，不管上任前或卸任後，居住在埔里，留下
事蹟者，皆符合篩選標準。

　　雖然表 5-6 條列出 8 項職業分類，不過，有些人物也是身兼兩種以上特
性，例如杉山昌作與永井英輔，都曾先後擔任埔里街長，也共同申請過坑蕃

〔註268〕岩崎潔治，《臺灣實業家名鑑》，頁 370。

地的土地開墾，投資 10,755 圓開鑿灌溉水圳「共榮圳」。〔註 269〕小笠原敬太郎長期擔任埔里小學校校長，後來升任能高郡守，渡邊誠之進也長期擔任小學校、公學校校長，後來升任埔里街長。

以居住地而言，與上述日本人的居住地集中於埔里社街、大肚城庄的情況相同。日本人菁英主要集中於埔里（77.8%）與大肚城（11.1%）。職業別方面，若將「官吏」、「警察」與「教職」等三項公職合算，曾擔任公職者12 人，佔所有人數 1/3。從事商業者最多，高達 13 人。從事土地開發者雖然只有 3 位，〔註 270〕卻可稱得上是拓墾的先峰，不僅將觸角延伸到蕃地，開墾面積也很大，川澄惠之從事小埔社一帶的開墾，面積逾 300 甲。〔註 271〕高羽貞將（見圖 5-34）從事埔里東南邊蕃地的開墾，開鑿高羽圳，引過坑溪做為灌溉用水，灌溉面積約 40 甲。〔註 272〕以下依日治「初期」與「中、晚期」，分別簡介較重要的日本人菁英簡歷，內容出處參閱附錄表 7。

圖 5-31：瀨戶崎市之亟　　　　　圖 5-32：池田龜男

說明：引自《南國之人士》頁 234。　　說明：引自《南國之人士》頁 234。

〔註 269〕《臺灣總督府公文類纂》第 4034 冊第 1 件，頁 3。

〔註 270〕鈴木滿男，《「漢蕃」合成家族の形成と展開：近代初期における臺灣邊疆の政治人類學的研究》，頁 309。

〔註 271〕前後申請 211.5 甲、97 甲，參考《臺灣總督府公文類纂》第 5873 冊第 13 件、第 3168 冊第 4 件。

〔註 272〕《臺灣總督府公文類纂》第 4034 冊第 1 件，頁 8。
　　　　投入金額 1,122 圓，灌溉面積 3.7 甲，工程内容詳見《臺灣總督府公文類纂》第 7170 冊第 3 件，頁 89～100。

圖 5-33：永野種伊　　　　　　圖 5-34：高羽貞將

説明：引自《南國之人士》頁 226。　説明：引自《臺灣實業家名鑑》頁 370。

2、初期菁英人物

（1）川澄惠之

　　川澄惠之是較早進入埔里的日本人之一，後來亦活躍於地方，除了從事土木建築請負業之外，也曾擔任埔里社信用組合理事，更重要的事業是開拓業，成為埔里社支廳幾位大地主的代表之一，也是埔里社製糖株式會社發起人。殖民統治初期所發生的「埔里社支廳疑獄事件」也和川澄惠之有關。當事人身兼埔里社支廳長、埔里社地方法院判官、埔里社撫墾署長的檜山鐵三郎所犯下的多件案件之一，就是官員從事商業經營牟利。檜山鐵三郎就是從明治 29 年（1896）7 月左右開始，投資數百圓資金於當時寄留在埔里社西門街的川澄惠之所經營的雜貨商兼用達商等事業。〔註 273〕事件之後川澄惠之仍繼續留在埔里發展，而且跨足開墾事業及糖業經營。

（2）近藤勝三郎

　　近藤勝三郎是日治初期較早進入埔里的日本人之一，於守城份庄從事生蕃物產交易，也擔任通譯。〔註 274〕明治 31 年（1898）9 月 28 日與伊東修吉（鳳山地方法院雇員）、倉治良輔，三人一同前往蕃界進行冒險。〔註 275〕明治

〔註 273〕大園市藏，《臺灣裏面史》（臺北：日本植民地批判社，1936），頁 143。
〔註 274〕《臺灣日日新報》，1910 年 12 月 25 日第七版，「不動尊物語（三）」。
〔註 275〕《臺灣日日新報》，1898 年 10 月 14 日第五版。「壯夫死を決して蕃界に投す」

33 年（1900）南投辨務署埔里社支署長大熊廣筠親自到「トロック」（大魯閣社）、「タウツアー」（道澤社）兩社巡視，近藤勝三郎也以蕃物品交換人的身份隨行。〔註276〕

　　由於長年來穿梭於蕃界之中，與許多蕃社皆相當熟稔，尤其是太魯閣族的頭目馬沙歐‧莫男（マッサオ‧ボラン）因帶領社眾至埔里社進行交易，與近藤勝三郎結識，成為知已，頭目甚至把他視如己子，〔註277〕近藤勝三郎也因而獲得「生蕃近藤」的別稱。〔註278〕霧社事件後，官方調查事件發生原因之一，就是日本人與與原住民的婚姻問題，拋棄莫那魯道之妹狄娃斯魯道的日本警察近藤儀三郎，就是近藤勝三郎之弟。〔註279〕

（3）杉山昌作

　　杉山昌作是埔里日本人菁英當中少數「士族」身份者之一，擔任首任的埔里街長，大正 10 年（1921）卸任街長一職後，定居埔里，從事埔里附近的土地開發事業，也投資「埔里社特產株式會社」，並擔任該社代表人。曾擔任埔里社內地人組合長、埔里信購組合理事等職，除了與其他日本人共同倡建能高寺，也曾與臺灣人陳阿貴（1880～1924）共同申請虎耳山 10.8 甲土地做為能高社週邊的遊園地，不過，尚未獲准前，陳阿貴即死亡，杉山昌作也移居蕃地。

（4）高羽貞將

　　高羽貞將於大阪府立農學校畢業後投身軍旅，擔任陸軍步兵少尉，明治 28 年（1895）8 月 24 日渡臺，後擔任憲兵分隊副隊長，明治 32 年（1899）於埔里退役之後，開始從事魚池加道坑一帶的開墾事業，〔註280〕逐漸成為埔里的「大地主」之一。閒暇時外出打獵，獵得羽毛色彩豐富的鳥類，於是著手研究動物標本製作，經營「名和昆蟲用材全島一手採集所」，後來也從事蝶業標本製作，甚至有珍奇的蝶類學名登錄為「タカバ（高羽）アゲハ」，大正 12 年（1923）皇太子（後來的裕仁天皇）訪臺期間，高羽貞將也將自己所剝製的 30 隻鳥類置於藤編的大籠中，獻給皇太子。〔註281〕

〔註276〕《臺灣總督府公文類纂》第 4627 冊第 2 件，頁 147～160。
〔註277〕《臺灣日日新報》，1929 年 08 月 23 日第五版「老頭目の物語るアピッド」。
〔註278〕《臺灣日日新報》，1931 年 01 月 12 日第五版。「眞相を開く一つの鍵!『生蕃近藤』氏の半生を物語る（四）」。
〔註279〕藤崎濟之助，《台灣の蕃族》，頁 904。
〔註280〕「むつみ」特集号編集委員會，《異鄉の街　ポーレーシア》，頁 41。
〔註281〕「むつみ」特集号編集委員會，《異鄉の街　ポーレーシア》，頁 43。

3、中晚期菁英人物

昭和 3 年（1928）出版的《臺灣の事業界と人物》一書中，提到包括坂元軍二（煙草賣捌人）、深山要助（埔里社製糖所長）、潮軍市（公醫）、林長平（醫師）、山下藤太郎（埔里實業協會常務幹事）、永井英輔（埔里街長）等 6 位當時埔里街比較有名的日本人，這 6 名也都是當時的埔里街協議會員，〔註282〕其中留下較多事蹟者為深山要助與山下藤太郎。此外，還有幾位不在名單上，在埔里比較活躍的日本人，包括芝原太次郎、四倉多吉、原田源吉與桶谷久松等人。

（1）深山要助

深山要助從大正 8 年（1919）開始擔任臺灣製糖株式會社埔里社製糖所所長，除了擔任過埔里街協議會員，也擔任過臺中州協議會員，是埔里日本人菁英當中身份、地位較高者之一。此外，也先後擔任埔里實業協會評議長、兒童保護者會會長等職。

（2）山下藤太郎

山下藤太郎從事賣藥與保險業務，也曾取得酒煙草賣捌人權利。昭和 3 年（1928）埔里街煙草小賣人組合與酒小賣人組合進行合併，由山下藤太郎擔任合併後的組合長。〔註283〕埔里街酒類賣捌人的特許原本一直由王峻槐取得，煙草賣捌人則是由芝原太次郎取得，直到昭和 9 年（1934）7 月 1 日酒煙草賣捌人更新，才改由酒類匿名組合員山下藤太郎同時取得兩項賣捌人權利。〔註284〕

曾經擔任官選街協議會員，昭和 10 年（1935）未獲指定官選街協議會員，於是投入民選街協議會員選舉，並且順利當選，充分展現在地方的影響力（見表 5-13）。山下藤太郎死後，其子山下庄之介也於昭和 18 年（1943）取得專賣局給予度量衡器販賣營業特許。〔註285〕

（3）芝原太次郎

芝原太次郎也是日本人菁英當中，少數出身「士族」的 4 人其中一位，原本從事建築測量業，據說埔里社輕鐵即是由他設計、監工，昭和 6 年（1931）

〔註282〕橋本白水，《臺灣の事業界と人物》，頁 517、544。

〔註283〕《臺灣日日新報》，1928 年 04 月 21 日第十二版「埔里だより——組合の合同」。

〔註284〕《臺灣總督府專賣局檔案》第 6681 冊第 1 件，頁 37。

〔註285〕《臺灣總督府專賣局檔案》第 11187 冊第 5 件，頁 629。

7月開始取得煙草賣捌人的特許，直到昭和9年（1934）7月1日酒煙草賣捌人更新期，才改由酒類匿名組合員的山下藤太郎取得。〔註286〕曾擔任埔里實業協會會長、埔里街協議會員，埔里信用組合理事等職，經商之外，對於埔里的歷史、人文也有很高的興趣。

（4）四倉多吉

四倉多吉原本是南投廳巡查，退休後從事商業，於霧社開設酒保四倉商店，擔任埔里專賣品小賣人組合長、埔里商工會會長等職，昭和8年（1933）4月1日獲得食鹽賣捌人特許。〔註287〕昭和10年（1935）曾出任埔里街官選協議會員，戰爭時期也擔任奉公壯年團團長。

（5）原田源吉

原田源吉也是南投廳巡查，明治35年（1902）渡臺，任職於南投廳蕃務課，退休之後，明治43年（1910）於埔里開設日月館，經營旅館業務，大正10年（1921）再買下料亭相思園，兼營飲食業，擔任過埔里商工會副會長、埔里實業協會副會長、埔里社內地人組合副組合長、埔里街協議會員等職。〔註288〕

（6）桶谷久松

桶谷久松從事多項行業，包括房屋出租、經營當舖、承攬公共工程等業務，大湳堤防工程第二期延長工程於昭和12年（1937）發包，承攬人就是當時擔任埔里街土木建築請負營業組合長的桶谷久松，工程經費高達 22,500圓。〔註289〕曾經擔任埔里社內地人組合評議員、埔里實業協會副會長等職。

二、與本地地方菁英的互動

1、婚姻與收養關係

定居於埔里的日本人是否逐漸與臺灣人通婚，或者是收養臺灣人的小孩為養子（或婿養子），日本人菁英與埔里的地方菁英是否有通婚關係，都是筆者探尋的問題之一。就現存的資料可以看出，埔里的臺灣人與日本人通婚的例子並不多，收養的例子也很少。日治初期以來，日臺之間通婚問題一直懸

〔註286〕《臺灣總督府專賣局檔案》第 6681 冊第 1 件，頁 37。
〔註287〕《臺灣總督府專賣局檔案》第 6681 冊第 1 件，頁 37。
〔註288〕泉風浪編，《臺中州大觀》，頁 225。
〔註289〕《臺灣日日新報》，1937 年 10 月 16 日第八版，「埔里——起工式」。

而未決，到了大正 7 年（1918），開始開放日臺通婚，凡年滿 25 歲以上者，只要提出正式的結婚證書，即具法律效力，未滿 25 歲者，只要再附上父母或監護人的同意書即可。〔註290〕比較早的例子是潘阿爲開山的孫女潘氏貴英，於大正 13 年（1924）嫁給任教於烏牛欄公學校的教師坂梨健孫（1898～？），埔里人娶日本女子爲妻者，有陳秋全的長男陳光明、王進發的長男王哲雄，還有洪壬寅，洪壬寅的第二任妻子永井春惠是一位牙醫師。入贅日本人家庭者僅有一例，乃鴻源（1874～1939）五男乃克昌爲日本人瀧澤セン的「婿養子」，也就是先讓瀧澤セン收養，然後再與其女兒瀧澤キヨ結婚。

埔里地方菁英與在埔里的日本人菁英之間並無通婚關係，有三位日本人有內緣妻（指與日本人同居，但沒有名份的女性），即中野虎次郎（1861～1910）、芝原太次郎與永野種伊（參閱表 5-21）。

2、團體組織

日本人在臺灣有自己的封閉組織，例如「內地人組合」，成員清一色是日本人，是以「爲組合員謀福利」爲目的所設立的組合，大正 7 年（1918）南投廳下的「內地人組合」共計有南投、埔里社、林圮埔等三個組織。〔註291〕擔任過埔里內地人組合長的人爲杉山昌作，副組合長爲原田源吉（參考附錄表 7）。

此外，「商工會」與「在鄉軍人會」也大多是屬於日本人的組織，日本人在臺灣創立商工會的原因，主要是與臺灣人在商場上競爭的失利，面對大正 9 年（1920）的經濟不景氣，爲了增加安全感，紛紛結合設立商工會，以團結力量渡過難局。〔註292〕「埔里商工會」是大正 9 年（1920）由日本人五十嵐石松、四倉多吉等人所創立〔註293〕，由四倉多吉擔任會長。〔註294〕「在鄉軍人會」是另一種日本人的組織，大正 9 年（1920）「在鄉軍人會能高郡分會」

〔註290〕竹中信子著、蔡龍保譯，《日治台灣生活史——日本女人在台灣（大正篇1912～1925）》（臺北：時報文化，2007），頁212～213。

〔註291〕南投廳，《南投廳行政事務並管內概況報告書》大正7年分，頁132～133。

〔註292〕趙祐志，《日據時期臺灣商工會的發展（1895～1937）》，頁61～69。

〔註293〕趙祐志，《日據時期臺灣商工會的發展（1895～1937）》，頁16。

〔註294〕千草默仙，《會社銀行商工業者名鑑》（昭和10年）（臺北：圖南協會，1935），頁574。
千草默仙，《會社銀行商工業者名鑑》（昭和11年）（臺北：圖南協會，1936），頁649。
千草默仙，《會社銀行商工業者名鑑》（昭和12年）（臺北：圖南協會，1937），頁551。

的會員數爲 249 人，〔註295〕絕大部份是埔里的日本人。

雖然有上述幾種封閉的日本人組織，不過，從日治初期開始，即有不少日本人與臺灣人合作的例子，埔里地區也是一樣。例如明治 43 年（1910）埔里社輕鐵即由日本人平松雅夫與臺灣人羅金水、簡榮福等三人共同取得經營權。〔註296〕埔里社製糖株式會社成立之後，資本額 200 萬圓，總股數 4 萬股當中，臺灣人、日本人各佔 2 萬股，明治 44 年（1911）8 月 14 日於臺北鐵道ホテル舉辦創立大會時，由創立委員長桂二郎指定 12 位取締役，包括 10 位日本人及 2 位臺灣人，這兩位臺灣人就是林嵩壽與羅金水。〔註297〕

埔里的日本人也與臺灣人共同成立組織，例如由「埔里商工會」改變名稱的「埔里實業協會」，〔註298〕日本人與臺灣人共同成立的組識，有時也會發生紛爭。昭和 3 年（1928）5 月由於五十嵐石松（1885～？）誹謗三名參加全島實業大會的臺灣人幹部，認爲他們不配代表協會，引發臺灣人不滿，主張該會分裂。〔註299〕雙方產生心結，到了昭和 6 年（1931），一部份日本人離該「埔里實業協會」，重新組成「埔里商工會」，直到昭和 14 年（1939）5 月兩會同意合併爲一會。〔註300〕

埔里信用組合的成立與發展，雖然以臺灣人爲主，但也算是日本人與臺灣人共創的基業，昭和 10 年（1935）埔里信用組合成立廿週年慶時，獲表彰的功勞者 21 人當中，也包括原田源吉、山下藤太郎等 2 位日本人。〔註301〕昭和 14 年（1939）4 月 4 日由埔里街與國姓庄的木材商 20 餘名共同成立的「木材商組合」，也是一個日本人與臺灣人共同成立的組織，組合長爲五十嵐石

〔註295〕臺中州，《臺中州管內概況及事務概要》（大正 10 年），頁 158。
〔註296〕《臺灣日日新報》，1910 年 06 月 12 日第三版，「南投輕鐵現狀」。
〔註297〕《臺灣日日新報》，1911 年 08 月 04 日第二版，「埔里社製糖總會」。
　　　　《臺灣日日新報》，1911 年 08 月 15 日第二版，「埔里社製糖創立總會」。
〔註298〕趙祐志，《日據時期臺灣商工會的發展（1895～1937）》，頁 18。
　　　　《臺灣日日新報》，1939 年 05 月 14 日第五版，「双方解散に決定」。
〔註299〕趙祐志，《日據時期臺灣商工會的發展（1895～1937）》，頁 100。
〔註300〕趙祐志，《日據時期臺灣商工會的發展（1895～1937）》，頁 16、351。
　　　　《臺灣日日新報》，1939 年 05 月 14 日第五版，「双方解散に決定」。
〔註301〕《臺灣日日新報》，1935 年 07 月 22 日第八版，「埔里信購組廿週年祝表彰功勞者」。
　　　　獲表彰的人包括黃萬得、辜煥章、施文彬、原田源吉、高老圍、白新癲、羅銀漢、黃如斗、許道南、陳茂德、黃連貴、李阿福、宇清祥、余定邦、山下藤太郎、施雲釵、許清標、李文秀、施高□、廖南、謝立氏。

松，副組合長爲鄭錦水。〔註302〕

3、參與活動

不只是共同參與組織，事業投資、慶賀聚會、舉辦活動與陳情活動，也常是日本人與臺灣人共同參與。「埔里社電燈株式會社」12 位股東當中，即包括 9 位臺灣人與 3 位日本人（見表 4-3）。曾經擔任埔里公學校校長 12 年的谷口清之助，〔註303〕於昭和 4 年（1929）4 月間獲得昇進奏任官待遇時，由當時擔任兒童保護者會長羅銀漢及其他幾位地方人士，於 4 月 19 日傍晚，在學校爲他舉行祝賀會，郡守以下共有一百多人參加。〔註304〕昭和 12 年（1937）能高神社建造地點決定之後，擔任土地買收委員的五個人包括後藤字而、山下藤太郎、林其祥、王峻槐、羅銀漢。擔任寄附募集委員，除了兩位地方官吏（國姓庄長彭華錦、埔里街助役施丹梯）之外，還有芝原太次郎、四倉多吉。〔註305〕昭和 15 年（1940）能高神社崇敬者總代 7 人當中，包括 5 名日本人與 2 名臺灣人。〔註306〕

霧社事件是埔里地區的重大變故，事發當時，埔里的地方菁英與日本人菁英皆不約而同聚集於能高郡守小笠原敬太郎辦公室商討因應對策，參加會商者共有 12 人，包括埔里街長林其祥、助役長井實一、深山要助、黑澤元吉、坂元軍二、芝原太次郎、山下藤太郎、原田源吉、平田榮太郎、作山泰武、施雲釵、羅銀漢等。〔註307〕

雖然共同成立組織，但有時也會出現領導人物清一色由日本人擔任的情形，例如眞宗本願寺於大正 5 年（1916）在埔里設立佈教所，到了大正 13 年（1924），由藤岡了觀等 9 名提出廢除布教所改設「能高寺」的申請案，提出申請的 9 人當中有 8 名日本人，唯一一位臺灣人是林其祥。〔註308〕昭和 10

〔註302〕《臺灣日日新報》，1939 年 4 月 10 日第五版，「木材商組合成る」。
〔註303〕從大正 10 年（1921）至昭和 7 年（1932），參考表 2-8。
〔註304〕《臺灣日日新報》，1929 年 04 月 24 日第五版，「埔里——祝宴」。
〔註305〕《臺灣日日新報》，1937 年 07 月 21 日第八版，「埔里——□□委員會」。
〔註306〕《臺灣總督府公文類纂》第 10267 冊第 8 件，頁 60。
　　　　能高神社崇敬者總代包括渡邊誠之進、平原宗太郎、小林繁、芝原太次郎、山下藤太郎、林其祥、彭富來等 7 人。
〔註307〕小池駒吉、五十嵐石松，《霧社事件實記》（臺北：臺灣經世新報社埔里支局，1931），頁 49～53。
〔註308〕《臺灣總督府公文類纂》第 3994 冊第 10 件，頁 86～102。
　　　　提出申請的 9 人當中有 8 名日本人，包括藤岡了觀、杉山昌作、芝原太次郎、

年（1935）2 月，裏南投道路開通之前，埔里成立「埔里振興會」，參加會員
162 人，目的在「實行調查教化事業、改善生活、造成基本財產」等三項，主
要領導人物全部是日本人，會長為山下藤太郎、副會長為埔里郵便局長大久
保彥右衛門，三位顧問包括能高郡守釜田喜太郎、臺灣製糖株式會社埔里製
糖所長深山要助、專賣局出張所長木原甚一。〔註309〕

　　皇民奉公會時期，埔里地區成立奉公團體雖然也是包含日本人與臺灣
人，不過，主要職務幾乎都由日本人擔任，例如昭和 16 年（1941）2 月 29 日
成立的奉公壯年團，團員約 50 名，名譽團長為當時的埔里街長渡邊誠之進，
團長為四倉多吉，副團長為刀根消一與許秋，四名幹事當中只有一名臺灣人
蕭木桂 （見圖 5-35）。〔註310〕

圖 5-35：蕭木桂

說明：引自埔里圖書館典藏老照片圖檔（何楨祥提供）

　　　山下藤太郎、朝倉喜代松、原田源吉、大嶋喜七、潮軍市等，唯一一位臺灣
　　　人是林其祥。
〔註309〕《臺灣日日新報》，1935 年 02 月 24 日第八版，「埔里街有志設振興會，一路
　　　邁進更生」。
〔註310〕《臺灣日日新報》，1941 年 12 月 31 日第四版，「埔里壯年團結成式」。

三、對於埔里發展的影響

　　日治時期埔里的地方菁英雖然主要集中於埔里街，週邊各庄也都有分布，日本人菁英絕大部份集中於埔里街，少數在大肚城庄，居住地點更為集中。此顯示日本人菁英主要是從事公職、糖業與商業。大正 9 年（1920）全臺灣日本人的人口數為 164,266 人，佔當時全島人口 3,655,308 人的 4.5%，到了昭和 15 年（1940），日本人的人口數增加為 312,386 人，佔當時全島人口 5,872,084 人的 5.3%（參考附錄表 8 之「表 11」）。大正 9 年（1920）埔里街的日本人已達 1,022 人，佔當時埔里街總人口 20,816 人的 5%，此後，日本人的人口數大致維持在 1,000 人左右，到了昭和 15 年（1940），埔里的人口已經增加到 31,793 人，日本人還是只有 1,000 人，約佔總人口 3.1%（參考附錄表 8 之「表 12」）。由此可以看出，大正 9 年（1920）以後，並無日本人口陸續移入埔里，日本人的人口數雖然沒有超過埔里總人口 1/20，日本人菁英在地方卻扮演著重要角色，以埔里街協議會員人數來看，日本人一直佔有將近 4 成的比例（見表 5-15）。由於日本人集中於埔里街，也相對促成埔里街的醫療衛生等公共設施日趨完善，埔里水道的供水區，也是以日本人居住的埔里街、大肚城一部份為範圍。

　　在埔里擔任公職（包括官吏、軍憲警、公醫、郵便局長）的日本人，有些由於在埔里任職時間很長，因而關注埔里地方事務，或擔任埔里街協議會員職務，例如埔里街長永井英輔、渡邊誠之進，埔里社公醫瀨軍市、埔里郵便局長瀨戶崎市之亟、大久保彥右衛門等。有些是退職之後定居埔里，除了從事土地開發與商業、製造業之外，也參與地方組織或擔任埔里街協議會員職務，例如杉山昌作、高羽貞將、原田源吉、四倉多吉等。也有因為長時間在埔里擔任私人工商機構職務，因而投入地方事務者，例如臺灣製糖會社埔里製糖所長深山要助。在埔里定居且從事商業事務的日本人菁英，例如山下藤太郎、川澄惠之、五十嵐石松、坂元軍二，或者是工程測量業如芝原太次郎，工程承攬業如小笠原悅馬、桶谷久松，皆與埔里地區發展有密切關係。

　　埔里的地方菁英與日本人菁英，雖然有族群的區別，偶有意見磨擦，〔註 311〕並無對立與衝突關係，雖然有互動、合作、交流，卻沒有通婚的事

〔註311〕例如林其祥擔任街長第一任任期即將於昭和 8 年（1933）4 月 9 日屆滿前，埔里街的內地人即對於林其祥繼續留任表達反對意見，理由是林其祥於霧社事件（昭和 5 年，1930）發生時的表現令人非難。

例。有的領域會彼此合作或各自發展，例如土地開發方面，例如蔡戇與久保卓爾都在大湳東方蕃地一帶從事開墾，雙方也合作開鑿水圳，王峻槐與臼井房吉共同開發福興、史港一帶土地（參考附錄表 2）。有的領域則可看出利益上的拉距更替，最明顯的例子就是專賣物品賣捌人權利的轉換，煙草賣捌人一直是由日本人擔任，食鹽與酒類賣捌人原本分別由林其忠、王峻槐擔任，到了昭和 8 年（1933）以後，陸續改由日本人擔任（見表 5-16）。

日治時期從事埔里週邊土地開發者，包括日本人與臺灣人，埔里的糖業發展，主要是由日本人推動，至於埔里對外交通，昭和 11 年（1936）裏南投道路開通之前，主要仰賴的輕便鐵路是由臺灣製糖會社埔里社製糖所經營，裏南投道路開通後，由臺中輕鐵與帝國製糖會社共同營運，都是以日本人資本為主的企業，至於臺灣人在交通上的投資，最重要的是黃萬固獨資開鑿埔里至魚池的自動車道，與同庄的黃萬得共同成立二高自動車株式會社，為埔里街民提供另一個對外交通的選擇。

雖然日本人來到異鄉埔里，卻懷抱著新故鄉的心情，在此落地生根。昭和 6 年（1931）由埔里公學校教職員利用暑假時間，編寫一本《埔里鄉土調查》，〔註312〕是日治時期留下來較詳細的埔里鄉土史料，參與撰寫者仍是臺灣人教師。原本從事土木工程測量事業的芝原太次郎，後來投入地方鄉土研究，除了依據伊能嘉矩著作編成《鄉土埔里社》之外，〔註313〕昭和 16 年（1941）於《民俗臺灣》發表一篇〈昔の埔里社〉，〔註314〕為埔里留下一篇珍貴的鄉土紀錄。

小　結

地方菁英習於擔任官方給予的職銜或任務，也樂於參與文化、宗教活動等地方事務，透過政治網絡與文化網絡以獲取有形、無形利益，建立個人與家族在地方上的聲望與影響力。對於地方菁英聲望的評等，除了可以找出埔

《臺灣日日新報》，1933 年 03 月 18 日第三版，「埔里の街長の任期」。
〔註312〕劉枝萬，《臺灣埔里鄉土志稿》卷一，頁 10～11。
〔註313〕劉枝萬，《臺灣埔里鄉土志稿》卷一，頁 10。經請教劉枝萬先生，此份手稿已不存在。
〔註314〕芝原太次郎，〈昔埔裏社（上）〉，《民俗臺灣》第一卷第四號，頁 34～36。
　　　　芝原太次郎，〈昔埔裏社（下）〉，《民俗臺灣》第一卷第五號，頁 43～45。

里地方菁英的佼佼者，也很明顯地看出地方菁英存在著世代交替的延續力
量，其中最受矚目的就是牛眠山林家，前後三代皆有成員聲望達到最高等級
「4」，下一章介紹唯一的臺灣人埔里街長林其祥，正是林家代表人物之一。
日治時期如何與日本人打交道，皇民化運動時期是否改姓名，都是時代環境
帶給地方菁英考驗與抉擇。在埔里的日本人，主要聚居於埔里和大肚城，殖
民政府也致力於改善這些地區的衛生環境與生活機能。下一章再把目標移回
一般民眾的生活面，來看埔里有哪些改善生活機能的相關措施、宗教信仰與
民俗活動等，並簡要回顧殖民統治對於舊社會、文化產生哪些影響。

第六章　埔里街政與街民生活

　　日治時期的殖民統治，不僅強化了埔里盆地從清末以來的理蕃功能，也促進埔里的產業發展。隨著時代的腳步，一些改變過去生活方式的新建設或新措施也接踵而來，對於埔里街的街民而言，科技與文明的洗禮，雖然帶來生活上的便利，也逐步改變舊有的生活步調，但也不能忽略負面的影響，例如交通的改善跟不上人口移入的速度，造成物價高漲。本章「埔里街政」一節，先從大正 9 年（1920）地方官官制改正後的能高郡歷任埔里街長來探討埔里街政，尤其關注唯一一位臺灣人擔任埔里街長的林其祥，於任內的一些政績。然後再依序介紹日治時期（尤其是中晚期）埔里街一些改善生活機能的相關措施，還有街民活動與主要活動場所，戰時體制下埔里街的一些團體與活動，最後探討日本殖民統治帶給埔里居民的影響，從臺灣在時代局勢變遷的過程，來看埔里街與時代展現怎樣的脈動關係。

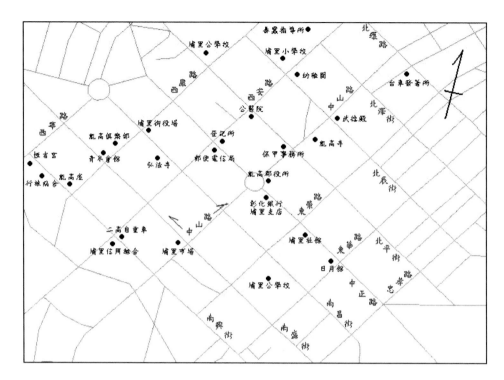

圖 6-1：日治時期埔里市區主要地點示意圖

說明：本圖的底圖引自「臺灣歷史文化地圖核心系統」的現代道路，標示的地點參考
潘樵文化工作室編輯的《舊情綿綿——埔里地區舊照片選輯（甲冊）》頁56「日
據時期埔里市街平面圖」與「むつみ」特集號編集委員會編輯的《異鄉の街　ポ
ーレーシア》所附「埔里街平面圖」（大正15年左右）兩圖整理完成。

第一節　埔里街政

一、歷任埔里街長

　　大正9年（1920）10月1日起地方官官制改正之後，郡守多由警察課長
或小學校校長升任。例如大正10年（1921）由州警視改任能高郡警察課長的
秋永長吉，於大正11年（1922）升任能高郡守（見表6-1）。[註1] 擔任埔里
小學校校長長達10年（大正10～19年）之久的小笠原敬太郎，也在昭和5
年（1930）升任能高郡守（見表6-1）。

〔註1〕《臺灣總督府公文類纂》第3196冊第43件，頁301～302。

　　街庄長的職權，對內統轄街庄一切事務，對外代表街庄，為名譽職，一屆任期 4 年，於州知事或廳長許可下，可以為有給職，或是給予津貼。〔註 2〕街長的職位大致等同於地方官官制改正之前的「區長」，不同的是擔任者由原本以當地士紳為主，逐漸改為以日本人擔任為主的傾向。以員林郡二八水庄（原彰化縣北斗支廳東螺堡二八水區）為例，地方官官制改正前的三任區長都是臺灣人，改正之後的 7 任庄長當中，前三任仍是臺灣人，後四任全部都是日本人。〔註 3〕新高郡集集庄（原南投廳集集區）於地方官官制改正後的 8 任庄長當中，只有第二任由臺灣人莊潤新擔任。〔註 4〕豐原街長除了首任街長廖西東為臺灣人外，接下來的歷任街長都是日本人。〔註 5〕埔里也是如此，依據《臺灣總督府職員名冊》，從大正 10 年（1921）至昭和 17 年（1942）共 22 年當中，共計經歷 6 任埔里街長，其中只有一位是臺灣人，即曾任埔西區長的林逢春次子林其祥，而且在任時間最長，長達 8 年之久（參考表6-1）。〔註 6〕歷任的埔里街長，有的是由公學校校長升任，例如渡邊誠之進，有的則是由助役升任，例如林其祥。其中較有建樹者為永井英輔、林其祥與渡邊誠之進，歷任能高郡守及埔里街長詳見表 6-1，以下依序簡介歷任埔里街長。

　　街庄長底下的補助機關包括助役、有給吏員、會計役、委員、總代等職務，街庄助役以一人為原則，是街庄長的職務代理人，獲州知事或廳長許可者，得為有給職，任期 4 年，由州知事或廳長任免之。有給吏員受街庄長之命執行事務，街庄長若需要聘任有給吏員，得具狀向廳長或郡守申請許可聘任之。會計役受街庄長之命，掌理街庄的會計事務，為有給職，任期 4 年，一般由街庄吏員兼任，街庄有特別需求者，經由州知事或廳長同意，得置專任之會計役。街庄長於廳長或郡守許可下，得置常設或臨時的委員，為名譽

〔註 2〕原幹洲，《臺灣地方自治法制自治要求運動》（臺灣：勤勞と富源社，1932），頁 29～32。
〔註 3〕周宗賢總編纂，《二水鄉志》（彰化：彰化縣二水鄉公所，2002），頁 245。
〔註 4〕陳哲三總編纂，《集集鎮志》，頁 367。
　　　　集集庄於昭和 15 年（1940）升格為集集街。
〔註 5〕洪秋芬，〈日治時期殖民政府和地方宗教信仰中心關係之探討——豐原慈濟宮的個案研究〉，《思與言》第 42 卷第 2 期（臺北：思與言雜誌社，2004.6），頁 15。
〔註 6〕臺灣總督府編，《臺灣總督府及所屬官署職員錄》大正 10 年~昭和 17 年（臺北：臺灣時報發行所，1921~1942）。

職，由街庄長任命之，受街庄長指揮監督，辦理受委託之事務。街庄長為處
理事務方便，得將街庄規劃為數區，分別置一總代，其組織與任期，受廳長
或郡守之認可，由街庄長訂定之。〔註7〕埔里街置有助役、會計役，施丹梯曾
擔任埔里街助役，陳如商（見圖6-2）曾擔任埔里街會計役多年。曾擔任此二
職務者詳見表6-1。

表 6-1：日治後期埔里街及上層行政機關主要官／職員簡表（1921～1942）

職 業 年份	西元	能高郡守	能高郡雇／書記（埔里籍）	埔里街長	埔里街助役	埔里街會計	埔里社公醫
大正 10 年	1921	齊藤透	游清河	杉山昌作			潮軍市
大正 11 年	1922	秋永長吉	游清河 吳鳳麟 陳水木	永井英輔			潮軍市
大正 12 年	1923	秋永長吉	潘踏宇 游清河 吳鳳麟 陳水木	永井英輔			
大正 13 年	1924	秋永長吉	潘踏宇 游清河 陳水木	永井英輔			
大正 14 年	1925	秋永長吉	游清河	永井英輔			
大正 15 年	1926	秋永長吉	游清河	兒玉達吉			
昭和 2 年	1927	古藤誠助	游清河	兒玉達吉			
昭和 3 年	1928	古藤誠助	游清河	兒玉達吉			
昭和 4 年	1929	古藤誠助	游清河	林其祥			
昭和 5 年	1930	小笠原敬太郎	游清河	林其祥			
昭和 6 年	1931	澤井益衛	游清河	林其祥			
昭和 7 年	1932	澤井益衛	游清河	林其祥	長井實一	陳如商	
昭和 8 年	1933	澤井益衛	游清河	林其祥	山口一郎	陳如商	
昭和 9 年	1934	釜田喜太郎	游清河	林其祥	片山定	陳如商	
昭和 10 年	1935	釜田喜太郎	游清河	林其祥	片山定	陳如商	
昭和 11 年	1936	釜田喜太郎	游清河	林其祥	施丹梯	陳如商	

〔註7〕原幹洲，《臺灣地方自治法制自治要求運動》，頁32～35。
　　　　佐伯迪編，《臺灣地方自治》（高雄：中垣傳四郎，1935），頁33～37。

昭和 12 年	1937	釜田喜太郎	游清河（書記）	野村正男	施丹梯	陳如商	
昭和 13 年	1938	大塚久義	游清河（書記）林有川	野村正男	施丹梯		
昭和 14 年	1939	神田利吉	游清河（書記）林有川	渡邊誠之進			
昭和 15 年	1940	神田利吉	游清河（書記）	渡邊誠之進			
昭和 16 年	1941	荒川美根太	游清河（書記）	渡邊誠之進	神村文彥	長井邦明	
昭和 17 年	1942	佐藤才幹	游清河（書記）	渡邊誠之進	神村文彥	長井邦明	

說明：

一、本表參考大正 10 年至昭和 17 年臺灣總督府編《臺灣總督府及所屬官署職員錄》（臺北：臺灣時報發行所，1921 至 1942）、《會社銀行商工業者名鑑》（昭和 9～11、13、17～18 年）、《臺灣地方自治法制自治要求運動》等資料整理完成。

二、「書記」與「雇」都是屬於公務機關的「吏員」。

三、依據《臺灣人士鑑》頁 130，陳如商自大正 9 年（1920）開始擔任埔里街會計役。

四、神村文彥即潘勝輝，長井邦明即黃流明。

圖 6-2：陳如商

說明：引自《臺灣人士鑑》頁 129。

圖 6-3：首任埔里街長杉山昌作

說明：引自「國家文化資料庫」。

1、杉山昌作

杉山昌作（見圖 6-3）具有士族身份，戶口調查簿登記的職業為「田畑作、藥種商」。〔註 8〕曾擔任埔里社內地人組合組合長、埔里社信用組合理事、埔里社特產株式會社代表者等職（參考附錄表 7）。也是大正 13 年（1924）9 位能高寺倡建者之一，〔註 9〕大正 9 年（1920）即與曾經擔任過軍吏的臺灣人陳阿貴，共同申請租用虎仔耳山附近 10.8 甲官有地，做為神社能高社的遙拜地（當時能高社位於虎耳山頂）與遊園地。〔註 10〕

首任埔里街長杉山昌作僅在任一年，任內主要政績是於大正 9 年（1920）10 月設立街營的行旅病人收容所（或稱為「行旅病舍」），〔註 11〕設有 4 間病室，一年處理的件數約有 30 件。〔註 12〕

擔任埔里街長之前，大正 7 年（1918）與野瀨氏、淺倉氏等二人集資 5 萬圓，共同設立「埔里社特產物株式會社」，從事埔里地區的昆蟲、鳥獸等特產物的採集與販賣。〔註 13〕大正 8 年（1919）也曾經與臺中的山口氏、臺北的德丸石黑等兩名日本人打算集資 60 萬圓，計畫成立一個新的輕鐵會社，申請舖設埔里至草鞋墩間 21 哩（33.6 公里）輕便鐵道的計畫，〔註 14〕可能因為施工困難度及所需經費超過預期，後來並沒有進行。卸任埔里街長之後，從事埔里附近土地開發事業，大正 15 年（1926）與第二任埔里街長永井英輔，共同申請埔里盆地東南邊過坑蕃地的土地開墾，投資 10,755 圓開鑿灌溉水圳「共榮圳」，〔註 15〕杉山昌作後來遷居蕃地。

2、永井英輔

永井英輔於大正 11 年（1922）至大正 14 年（1925）擔任 4 年的埔里街

〔註 8〕埔里戶政事務所保管《戶口調查簿——除戶簿 92》，頁 64。「田畑作」即務農，「藥種商」即賣藥材。

〔註 9〕《臺灣總督府公文類纂》第 3994 冊第 10 件，頁 86～102。

〔註 10〕《臺灣總督府公文類纂》第 6812 冊第 14 件，頁 189～203。

〔註 11〕臺中州，《臺中州管內概況及事務概要》（昭和 9 年），頁 192。

〔註 12〕埔里街役場，《臺中州能高郡埔里街街勢要覽》（南投：埔里街役場，1934），「社會事業」表「行旅病舍」欄。

〔註 13〕《臺灣日日新報》，1918 年 02 月 12 日第四版，「籌設特產物會社」。
南投廳，《南投廳行政事務並管內概況報告書》大正 7 年分（臺北：成文，1985），頁 3。

〔註 14〕《臺灣日日新報》，1919 年 07 月 10 日第二版，「輕鐵會社計畫——埔里社草鞋墩間」。

〔註 15〕《臺灣總督府公文類纂》第 4034 冊第 1 件，頁 3。

長，任內推動埔里水道的舖設，讓埔里街、枇杷城、大肚城等地居民得以享受自來水的便利（詳見「二、主要建設與措施的1、埔里水道」）。〔註16〕卸任後，與杉山昌作共同合作開發過坑蓄地，〔註17〕昭和2年（1927）成立的「埔里實業協會」，也由他擔任首任會長，〔註18〕也曾任埔里街協議會員。〔註19〕

3、兒玉達吉（1866～？）

兒玉達吉於大正15年（1926）至昭和3年（1928）擔任3年的埔里街長，由於並無相關紀錄留存，也缺乏個人背景資料，無法得知其個人事蹟以及在埔里街長任內的政績。

4、林其祥

林其祥（見圖6-4）是惟一擔任過埔里街長職務的埔里人，從明治35年（1902）擔任埔里區書記，到昭和11年（1936）埔里街長卸任，擔任公職的時間長達30餘年。〔註20〕林其祥幼時曾進入埔里社國語傳習所就讀，〔註21〕畢業之後，先後擔任過埔里社憲兵屯所、臺中縣養蠶所、南投廳街庄社事務練習所等單位的通譯工作，以及埔西區書記、埔里街助役等職務，大正14年（1925）獲頒紳章。昭和4年（1929）4月由埔里街助役升任埔里街長。〔註22〕直到昭和11年（1936）卸任，擔任埔里街長一職長達8年，是在任時間最長的埔里街長。

除了公職之外，也曾擔任臺中州協議會員（昭和3年在任），也從事產業經營，曾擔任過埔里信用購買販賣利用組合組合長（昭和7年在任）、能高自動車株式會社取締役社長（昭和6年在任）等職。對於宗教事務，林其祥也積極參與，大正13年（1924）除了擔任恒吉宮重建建設委員，也擔任恒吉宮第一屆董事長。〔註23〕眞宗本願寺於大正13年（1924）提出廢除埔里佈教所

〔註16〕《臺灣總督府公文類纂》第3738冊第1件，頁3～100。
〔註17〕《臺灣總督府公文類纂》第4034冊第1件，頁3～50。
〔註18〕永井英輔擔任四年埔里街長，大正11年（1922）至大正14年（1925），詳見表6-1。
〔註19〕橋本白水，《臺灣の事業界と人物》，頁517、544。昭和3年（1928）在任。
〔註20〕《臺灣總督府公文類纂》第10089冊第48件，頁357～358。
〔註21〕臺灣新民報社，《臺灣人士鑑》（臺北：臺灣新民報社，1934），頁211。
〔註22〕《臺灣日日新報》，1929年4月15日第五版，「埔里街長後任者」。
〔註23〕劉澤民，〈石燈照古人——醒靈寺保存的能高神社殘蹟〉，《臺灣文獻》第56卷第3期，頁313～314。

改設「能高寺」的申請案，也是提出申請的 9 人當中唯一一位臺灣人。〔註24〕昭和 12 年（1937）能高神社建造地點決定之後，也擔任 5 位土地買收委員之一。〔註25〕昭和 15 年（1940）「能高神社崇敬者總代」有 7 位，其中有 2 名臺灣人，林其祥就是其中之一。〔註26〕

　　林其祥擔任埔里街長任內的政績，首先是治街方針，依據官方的紀錄，羅列出下列 5 大項：〔註27〕

　　（1）力圖內臺融和，維持地方團結和諧。

　　（2）加強道路建設，促進交通機關的完備。

　　（3）努力振興地方產業。

　　（4）推動教育及教化工作不遺餘力。

　　（5）對於街財政進行適當調整，減少街民負擔。

　　在公共工程建設及公共設施增置方面，較重要的有「眉溪護岸工程」、「消費市場改築與魚市場新設」、「設置公設當舖」與「道路橋樑的整修」等幾項（詳見「三、林其祥街長任內的政績」及第二節「一、生活機能改善措施」）。〔註28〕

　　林其祥於街長任內，除了推動許多地方建設及便民措施，也為地方重要公共建設及公共事務努力奔走。霧社事件後，林其祥與埔里實業協會的代表山下藤太郎、坂元軍二、羅銀漢等人一同到臺北，向總督府建議早日開闢裏南投道路。〔註29〕教育方面，為了爭取在埔里設置農林學校，昭和 8 年（1933）6 月間，與能高郡守澤井益衛及埔里地區的有力者深山要助、芝原太次郎、黃敦仁等人，同赴臺中州請願，〔註30〕次月（7 月）更進一步前往總督府陳

〔註24〕《臺灣總督府公文類纂》第 3994 冊第 10 件，頁 86～102。

〔註25〕《臺灣日日新報》，1937 年 07 月 21 日第八版，「埔里──□□委員會」。

〔註26〕《臺灣總督府公文類纂》第 10267 冊第 8 件，頁 60。
　　　　能高神社崇敬者總代包括渡邊誠之進、平原宗太郎、小林繁、芝原太次郎、山下藤太郎、林其祥、彭富來等 7 人。

〔註27〕《臺灣總督府公文類纂》第 10089 冊第 48 件，頁 383～385。

〔註28〕《臺灣總督府公文類纂》第 10089 冊第 48 件，頁 391～394。

〔註29〕《臺灣日日新報》，1930 年 12 月 18 日第十一版，「埔里街代表者出北，各方面に挨拶」。
　　　　提出之三項期待包括「守備隊一個中隊分屯埔里」、「飛行場存置方法」、「促進埔里草屯間道路開鑿」。

〔註30〕《臺灣日日新報》，1933 年 06 月 25 日第三版，「農林校設置を埔里街で請

情。〔註31〕昭和 10 年（1935）的始政 40 年記念博覽會活動，當時由埔里商工會、實業協會等代表開會商討，決定成立一個「臺灣博埔里宣傳會」，會長也是由林其祥擔任。〔註32〕

昭和 5 年（1930）霧社事件正是發生於林其祥擔任埔里街長任內，林其祥因事並未出席霧社公學校運動會，雖然逃過一劫，卻也因此遭到日本人懷疑事發之前已經知情，故意避開，讓許多埔里街的日本人十分不諒解。昭和 8 年（1933）4 月，林其祥第一任街長任期即將屆滿前，埔里街的日本人即對於林其祥繼續留任表達反對意見，理由就是林其祥於霧社事件發生時的表現令人質疑。〔註33〕不過，也有人表達支持留任的意見，並且向郡守陳情挽留林街長。由於事件發生之後，林其祥全心投入善後處理工作，廢寢忘食，中途病倒，此事逐漸獲得部份日本人的諒解。〔註34〕能高郡守澤井益衛於屆滿當日還是指定由林其祥續任。〔註35〕

林其祥於埔里街長任內 8 年政績卓著，受到肯定，第八年在任時，即昭和 12 年（1937）元月，與大甲郡清水街長高橋良作共同獲得由總督府人事課提出「給予奏任官待遇」的內申案。〔註36〕日本文官官等分為「勅任官」、「奏任官」、「判任官」等三層，各層再細分為幾個等級。〔註37〕根據昭和 20 年（1945）9 月的統計，當時擔任官吏及雇傭者等公務人員身份的臺灣人 73,130 人當中，「勅任官」僅有臺灣大學教授醫學博士杜聰明一人，「奏任官」有 29 位，皆任職於州以上的機關，「奏任官待遇」有 24 位，包含 2 位任職於總督府所屬官署、22 位任職於街庄役場，〔註38〕由此任用資格的稀有性，

　　　願」。
〔註31〕《臺灣日日新報》，1933 年 07 月 20 日第二版，「督府に陳情，埔里農林學校設置問題で廿四日頃代表出府」。
〔註32〕《臺灣日日新報》，1935 年 03 月 01 日第十二版，「四十年記念博，埔里宣傳，置各係準備」。
〔註33〕《臺灣日日新報》，1933 年 03 月 18 日第三版，「埔里の街長の任期」。
〔註34〕《臺灣總督府公文類纂》第 10089 冊第 48 件，頁 387。
〔註35〕《臺灣日日新報》，1933 年 04 月 13 日第八版，「埔里──街長重任」。
〔註36〕《臺灣總督府公文類纂》第 10089 冊第 48 件，頁 352～354。
〔註37〕黃昭堂著、黃英哲譯，《臺灣總督府》（臺北：自由時代，1989），頁 214。「勅任官」分為親任官、一等、二等，由天皇下勅命命之。「奏任官」分為三～九等，由首相上奏推薦任命之。「勅任官」與「奏任官」合稱為「高等官」，「判任官」分為一～四等，由直屬長官逕行任免。
〔註38〕周憲文，《日據時代臺灣經濟史（第二冊）》（臺北：臺灣銀行，1958），頁

可想見林其祥能獲「奏任官待遇」已屬不易。

5、野村正男（1887～？）

埔里街長也有司法纏身的例子，繼林其祥之後擔任埔里街長的野村正男，由於在員林郡庶務課長任內涉及不法，昭和 14 年（1939）6 月 2 日遭臺中法院檢察官搜索官舍，並將野村正男帶回臺中檢察署留置。〔註 39〕野村正男於昭和 12 年（1937）至昭和 13 年（1938）擔任 2 年埔里街長，任內並無特別的政績。

6、渡邊誠之進

渡邊誠之進（見圖 6-5）曾經先後擔任霧社小學校、埔里小學校校長，昭和 14 年（1939）升任埔里街長，並且給予奏任官的待遇。〔註 40〕渡邊誠之進擔任街長任內，延續前任街長林其祥進行的眉溪兩岸堤防整治，執行的「烏溪上流水頭堤防工程」（即「眉溪兩岸堤防工程」），延長堤防 400 公尺，總工程費 28,000 圓。由國庫補助 16,800 圓（即 60%），州負擔 11,200 圓（40%），〔註 41〕有效減低眉溪水患的威脅，也是一項造福街民的重要建設。

昭和 14 年（1939）8 月 30 日埔里成立的「能高越花蓮港橫斷道路完成期成同盟會」，組成一個訪問團，於 9 月 10 日進行實地踏查，並到達花蓮進行拜訪，團長就是由埔里街長渡邊誠之進擔任。〔註 42〕

361。

〔註39〕《臺灣日日新報》，1939 年 06 月 05 日第五版，「野村埔里街長留置さる」。

〔註40〕大園市藏，《臺灣人事態勢と事業界》（臺北：新時代社臺灣支社，1942），頁195。

〔註41〕《臺灣總督府公文類纂》第 10887 冊第 1 件，頁 4～19。

〔註42〕《臺灣日日新報》，1939 年 09 月 10 日第五版，「能高越之實地踏查，埔里期成同盟會有志か」。

拜訪團十二人包括渡邊誠之進、森田能高郡庶務課長、大久保郵便局長、芝原太次郎、豐島倫、山下藤太郎、四倉多吉、羅銀漢、桶谷久松、□□竹太郎、五十嵐石松、管野喜太郎等，其中臺灣人只有羅銀漢一人。

圖 6-4：第四任埔里街長林其祥　　圖 6-5：第六任埔里街長渡邊誠之進

說明：引自醒靈寺文獻室典藏老照片。　　說明：引自《古早人鄉土情》頁 87（何
　　　　　　　　　　　　　　　　　　　　　　　　槙祥提供）。

二、主要建設與措施

1、埔里水道

　　水道分爲「上水道」與「下水道」，本節所述的「水道」是指「上水道」，也就是今日的自來水設施。臺灣最早的上水道設施計畫始於明治 29 年（1896）的基隆水道計畫，當時編列經費 467,000 圓，明治 30 年（1897）著手施工，明治 35 年（1902）6 月竣工。〔註43〕若以提供使用時間先後來看，淡水水道早於明治 32 年（1899）4 月即已開始供水，只是規模較基隆水道小了許多。〔註44〕明治 42 年（1909），全臺灣的水道也僅有三處，供水的人口數約 8,000人。到了大正 13 年（1924）增加爲 29 處，包括埔里水道，供水的總人口數約 458,275 人，〔註45〕包括埔里街民 1 萬人。到了昭和 16 年（1941），全臺的水道數增加爲 133 處，總工程費高達 3,428 萬餘圓，可以提供 56 萬人使用

〔註43〕持地六三郎，《台湾殖民政策》，頁 331。
〔註44〕小林英夫，《日本人の海外活動に関する歴史的調查　第八卷-2　台湾篇　3-2》，頁 68。
〔註45〕井出季和太，《臺灣治績志》，頁 204。

的給水量。〔註46〕

埔里街的水道設立於大正 12 年（1923）6 月，總工程費爲 178,584 圓，幹線長 4.8 公里，支線長 5.2 公里。給水區域以埔里街市區爲主，最遠延長至大肚城，初期給水區域爲 1,253 戶，人口 6,059 人。〔註47〕

由於埔里盆地的地勢爲由東南向西緩降的地形，流經盆地北邊的眉溪除了供應沿溪附近的灌溉、飲用外，並無法提供埔里社街及附近平原的的灌溉使用。從盆地東南邊流向西緣的南烘溪（或稱南港溪），由於地勢較盆地中央的平原高一些，而且水質清洌，成爲提供埔里社平原居民最主要的飲用及灌溉水源。〔註48〕

明治 43 年（1910）埔里社街的人口約 2,600 人，提供飲用水的水井僅有四處，〔註49〕隨著人口漸增，以衛生環境的考量，實有必要設置飲用水設施。〔註50〕明治 44 年（1911）經由土木部技師濱野彌四郎調查估算，工程費需要 7 萬圓，若採貸款方式，還需加計約 1 萬圓的利息。〔註51〕預計設置完成之後，一年也需要約 1 萬圓的維持費用，以埔里社街及附近人口 4,000 人估算，每人一年平均需負擔 2.5 圓維持費的支出，加上工程費的貸款與利息逐年分攤，金額更高，設置之初就被認爲是件困難重重的工程。〔註52〕由於就當時經濟情況來看，街民恐無法負擔，於是改採增加汲水點的方式解決，增設三處水井。〔註53〕

大正 6 年（1917）埔里大地震之後，進行復舊工程，當時雖將街道拓寬，東西南北門的街道中間原有的四口水井，由於是埔里街民主要的飲用水來源，因此仍舊被保留下來，當時有專門替人打水的人夫，形成每天從早到晚

〔註46〕 小林英夫，《日本人の海外活動に関する歴史的調査 第十卷 台湾篇 5》，頁 273。
〔註47〕 埔里街役場，《臺中州能高郡埔里街街勢要覽》，「衛生」表「上水道」欄。
〔註48〕 《臺灣總督府公文類纂》第 302 冊第 2 件，頁 45。
〔註49〕 《臺灣日日新報》，1911 年 03 月 01 日第一版，「埔里社の發展（三）──埔里社街の近況」報導中提到主要依靠兩處水井。
　　　　《臺灣日日新報》，1912 年 05 月 21 日第三版，「埔里社の水道」報導中則提到主要依靠四處水井。
〔註50〕 《臺灣總督府公文類纂》第 10556 冊第 6 件，頁 509。
〔註51〕 《臺灣日日新報》，1911 年 05 月 21 日第三版，「埔里社の水道」。
〔註52〕 《臺灣日日新報》，1911 年 11 月 02 日第二版，「埔里社水道問題」。
〔註53〕 《臺灣日日新報》，1911 年 03 月 01 日第一版，「埔里社の發展（三）──埔里社街の近況」。

取水夫車響不停，擔水人夫滿街跑的景象。〔註54〕

　　大正 10 年（1921）能高郡編列 20 萬圓預算，採取各戶負擔，但採分年償還的方式進行。〔註55〕當時埔里街的水井已經增加至 8 口，由於一般民家一個月要付的「汲水費」就超過 4 圓，日月館旅社一個月要付的「汲水費」不下 40 圓，以每戶 1 個月需付 4 圓 36 錢估算，1,146 戶給水用戶一年所需付出的汲水費就高達 59,958 圓，如果改採水道的話，每戶一個月只需付大約 3 圓的使用費，較原來所付出的水費還能節省 1 圓 36 錢。〔註56〕以此估算，用各戶負擔的方式來執行，不用幾年即可以償還，〔註57〕於是決定舉街債 19 萬來執行。大正 11 年（1922）1 月獲得許可，同年 10 月興工，大正 12 年（1923）5 月 8 日竣工，花費的工程費為 150,282 圓。〔註58〕給水範圍包括埔里街、大肚城庄、枇杷城庄，〔註59〕枇杷城庄是因位於水源地與埔里街之間，享地利之便，至於埔里街、大肚城，都是日本人主要居住地。以大正 14 年（1925）第四次臨時臺灣戶口調查統計，當時埔里街的日本人有 856 人，居住埔里（即市區）的有 583 人（佔 68.1%），居住大肚城有 176 人（佔 20.6%），兩個大字合計為 759 人（佔 88.7%）。〔註60〕

　　完工之後，經過檢測，水質也符合飲用水標準，大正 12 年（1923）6 月 28 日向總督府提水道使用許可申請，〔註61〕大正 13 年（1924）1 月 31 日才舉行落成典禮，給水能力為 1 萬人使用的給水量。〔註62〕完工初期試驗送水時，埔里社街居民共計 1,070 多戶，接裝給水設備的戶數有 900 多戶，〔註63〕到了昭和 4 年（1929），用水戶有專用給水戶 499 戶、共用給水戶 450 戶、計

〔註54〕陳春麟，《大埔城的故事——埔里鎮史》，頁 11。
〔註55〕《臺灣日日新報》，1922 年 01 月 20 日第七版，「埔里街に水道敷設，其經費約二十萬圓，齋藤能高郡守談」。
〔註56〕《臺灣總督府公文類纂》第 10529 冊第 15 件，頁 659～660。
〔註57〕《臺灣日日新報》，1922 年 01 月 21 日第六版，「埔里街水道談」。
〔註58〕《臺灣總督府公文類纂》第 10556 冊第 6 件，頁 509～510。
〔註59〕《臺灣日日新報》，1923 年 02 月 15 日第二版，「埔里水道工事設計」。
　　　　《臺灣日日新報》，1923 年 06 月 08 日第四版，「埔里水道竣工」。
〔註60〕臺灣總督官房臨時國勢調查部，《大正十四年國勢調查結果表》（臺北：臺灣總督官房臨時國勢調查部，1927），頁 78。
〔註61〕《臺灣總督府公文類纂》第 3738 冊第 1 件，頁 3～100。
〔註62〕《臺灣日日新報》，1924 年 01 月 27 日第四版，「埔里水道落成式」。
　　　　一晝夜的極度給水量為 45,000 立方尺，一人一日之給水量平均為 3 立方尺，足夠供應 1 萬人使用。
〔註63〕《臺灣總督府公文類纂》第 3738 冊第 1 件，頁 6。

量給水戶 62 戶，〔註64〕用戶增加並不多。

　　埔里水道落成的時候，除了在水源地舉行落成典禮外，也從 1 月 29 日至 31 日三天舉辦一連串的展覽表演活動，包括在埔里公學校舉辦「教育展覽會」、「學藝演習會」、「衛生展覽會」等，現場也有蓄產物、埔里特產品的銷售攤位，還有活動寫真、內地劇、臺灣戲、煙火等，全部都是免費觀賞，魚池、埔里間的輕便車也配合打八折，方便民眾前來參加。〔註65〕連續三天的活動像一場嘉年華會，造成埔里街空前的熱鬧，每天觀眾超過 4,000 人。〔註66〕還有許多生蕃不辭路遠，前來參觀。〔註67〕

　　埔里水道敷設經費是向勸業銀行貸款，年息 8 分 6 厘，從昭和 3 年（1928）開始分 6 年（即昭和 3～8 年）本息攤還。昭和 5 年（1930）3 月，埔里街役場向總督府提出申請，希望未清償本金的一部份；即 25,000 圓改向遞信省的「簡易生命保險積立金（準備金）」借款，一方面年息 6 分，比勸業銀行低，另一方面也希望將本金償還期限延長 3 年，也就是延長至昭和 11 年（1936）清償，所持的理由是因為受到日月潭水力發電工程停工的影響，導致經營困難，另一原因則是水道使用費滯納問題尚待處理。為了避免負擔金額過重，也希望繼續建造新的沈澱池。〔註68〕這也是林其祥擔任街長時所推動的政績之一。

2、消費市場改建

　　消費市場改建工程是林其祥擔任街長晚期的重要政績，埔里消費市場創設於明治 38 年（1905）10 月，大正 7 年（1918）曾因屋舍老舊進行改建，〔註69〕到了大正 10 年（1921）4 月以後改為街營。隨著市場需要逐漸增建，昭和 11 年（1936）改建之前，總坪數約 494 坪，大部份都是臨時建築。以昭和 8 年（1933）的統計數來看，市場八棟建物共計有 80 戶店舖，當年營業額為 505,751 圓。〔註70〕由於裏南投道路的開通，埔里與臺中之間的客貨往來也更加頻繁，加上臺灣電力株式會社於萬大社的第三發電工程也即將開

〔註64〕《臺灣總督府公文類纂》第 10556 冊第 6 件，頁 516。

〔註65〕《臺灣日日新報》，1924 年 01 月 27 日第四版，「埔里水道落成式」。

〔註66〕《臺灣日日新報》，1924 年 02 月 04 日第五版，「衛展やら學藝會やらで埔里街空前の賑ひ」。

〔註67〕《臺灣日日新報》，1924 年 02 月 05 日第六版，「埔里街之熱鬧」。

〔註68〕《臺灣總督府公文類纂》第 10556 冊第 6 件，頁 501～607。

〔註69〕《臺灣日日新報》，1918 年 06 月 23 日第六版，「埔社短信——市場改築」。

〔註70〕埔里街役場，《臺中州能高郡埔里街街勢要覽》，「社會事業」表「消費市場」欄。

工,將來市場交易往來者勢必日益增多,為了避免傳染病、流行病的散佈,在安全上、衛生上都有儘快改建的必要。昭和 11 年(1936)舉街債 14 萬進行多項工程,其中即包括市場改築。〔註71〕由於所需工程費用高達 27,000 圓,以一般財源恐無法於短期間內執行,林其祥街長於是在昭和 11 年(1936)7月撰寫詳細的理由書向總督府申請許可,以 24,000 圓的貸款(另外 3,000 圓由街費支出)做為消費市場改建的資金,貸款分 11 年(昭和 11~21 年)本息攤還,〔註72〕改建後的消費市場總坪數為 368 坪,店家共計 63 家。〔註73〕

3、開辦生魚市場

　縱貫鐵路於明治 41 年(1908)完成後,使得南北市場連成一氣,明治 43 年(1910)也開始試著以冷藏貨車運送鮮魚。〔註74〕不過,埔里街民無福享受這項進步,昭和 11 年(1936)裏南投道路未開通前,埔里對外交通不便,居民只能吃到從河流、池溏捕撈的淡水魚,魚類養殖的產量並不多,以明治 36 年(1903)統計,埔里社堡內養殖面積僅 1.46 甲,年產量 567 斤(約值 135 圓)。〔註75〕大正 7 年(1918)埔里街的市場有 28 家店舖,沒有一家是賣魚的。〔註76〕根據昭和 8 年(1933)的統計,埔里街管內養殖業者僅 27 位,養殖面積僅 3.35 甲,主要生產鰱魚(年獲 4,500 斤)及生蕃鯉魚(年獲 3,200 斤)。至於海魚,由於交通不便,昭和 6 年(1931)年底生魚市場開辦之前,僅有鹹魚販售。〔註77〕由此可知,開辦販賣鹹水魚的生魚市場在當時是無法想像的願望。不過,昭和 6 年(1931)這個願望果真實現了,經由基隆「蓬萊水產會社」代表拜訪當時的街長林其祥之後,認為前一夜直接從基隆的魚市場將新鮮魚貨送出,到水裡坑改用自動車運送,凌晨便可抵達埔里魚市場販賣,於是埔里街役場決定開辦生魚市場。〔註78〕經過埔里街協議會同意,再向郡、

〔註71〕《臺灣日日新報》,1936 年 01 月 16 日第四版,「埔里街政開座談會,街債十四萬元」。
〔註72〕《臺灣總督府公文類纂》第 10726 冊第 3 件,頁 339~342。
〔註73〕能高郡役所,《能高郡管內概況》昭和 11 年版,頁 36。
〔註74〕蔡龍保,《推動時代的巨輪——日治中期的臺灣國有鐵路 1910~1936》(臺北:臺灣書房,2007),頁 268。
〔註75〕《臺灣總督府公文類纂》第 4816 冊第 2 件,頁 55。
〔註76〕南投廳,《大正七年南投廳第一統計書》,頁 94。
　　　28 家當中,賣野菜 9 家、獸肉 13 家、飲食店 5 家、其他類 1 家,賣魚類、雜貨、水果的攤位一家也沒有。
〔註77〕埔里街役場,《臺中州能高郡埔里街街勢要覽》,「水產」表。
〔註78〕《臺灣日日新報》,1931 年 10 月 10 日第三版,「ピチピチした生魚を基隆か

州及總督府申請認可之後，同年（1931）12 月 20 日開辦。〔註 79〕經營一個月下來的交易量 10 萬斤以上，營業額爲 3,617 圓，光是 2 月 20 日的上元節當天的交易額即 301 圓 25 錢，所販賣的魚類非常多，販賣商也從 10 人增加到 17 人。〔註 80〕由於是新開辦的街營設施，對於魚販所徵收的使用金僅 2%，較消費市場所徵收的 8%明顯低了許多，昭和 8 年（1933）1 月 21 日召開埔里街協議會時，埔里街協議會員羅銀漢便直指此差別收費標準造成不公，建議調整較公平合理些。〔註 81〕

4、眉溪兩岸堤防工程

眉溪沿岸居民夏季常遭受洪水氾濫之苦，除了造成農田流失，有時也導致埔里街至大肚城一帶淹水的災情，昭和 5 年（1930）8 月的大洪水不僅造成耕地流失，田園受損嚴重，也導致大湳部落及大湳派出所皆沖毀流失，林其祥於街長任內，獲得國庫及臺中州政府的補助，昭和 6 年（1931）、7 年（1932）、10 年（1935）逐次加強左岸大湳及右岸牛眠山的堤防護岸工程（見圖 6-6、圖 6-7），減低眉溪水患帶來的生命財產損失。〔註 82〕

圖 6-6：牛眠山堤防工程-1

說明：引自《古早人鄉土情》頁 63（何槇祥提供）

圖 6-7：牛眠山堤防工程-2

說明：引自《古早人鄉土情》頁 70（何槇祥提供）

ら直送，街が魚市場經營の計畫，埔里街民は大喜び」。

〔註 79〕《臺灣日日新報》，1931 年 12 月 20 日第八版，「埔里街營魚卸市場二十日開辦」。

〔註 80〕《臺灣日日新報》，1932 年 02 月 25 日第三版，「大當りの埔里魚市場」。

〔註 81〕《臺灣日日新報》，1933 年 01 月 24 日第三版，「緊張した埔里街協議會」。

〔註 82〕能高郡役所，《能高郡管內概況》昭和 7 年版，頁 48。昭和 6 年度以州費 25,000 圓經費，延長 500 公尺的護岸工程，昭和 7 年度更以 27,000 圓（包含 6,000 圓街費寄付），延長西岸（靠牛眠山側）880 公尺的護岸工程。

　　臺中州政府於昭和 7 年（1932）著手興建「眉溪大湳第二號堤防牛眠山堤防工程」，總工程費 27,000 圓，由國庫補助 18,900 圓（70%），其餘 8,100 圓（30%）由州費負擔。首先興建大湳第二號堤防 500 公尺及牛眠山堤防 380 公尺。〔註 83〕由於河流受到牛眠山堤防的抵擋作用，造成對岸大湳第二號堤防受到沖刷，因此於昭和 10 年（1935）著手進行 460 公尺長的眉溪大湳第二號堤防延長工程。〔註 84〕總工程費 17,500 圓，由臺中州向總督府申請 12,250 圓（即 70%）的國庫補助，加上臺中州政府與埔里街役場各負擔 2,625 圓（即各負擔 15%）。〔註 85〕林其祥街長卸任後，第二期延長工程由新任街長渡邊誠之進繼續執行，於昭和 12 年（1937）發包，經費 22,500 圓，〔註 86〕修築長達 780 公尺的「眉溪大湳堤防延長工程」。〔註 87〕昭和 14 年（1939）也執行 710 公尺的眉溪牛眠山堤防延長工程，總工程經費 37,000 圓。〔註 88〕

三、林其祥街長任內的政績

1、減輕街財政負擔

　　市街庄為了永久的利益所開辦的事業，或為償還市街庄的舊債，或者因天災地變善後工作所需經費，得舉債辦理。〔註 89〕林其祥擔任埔里街長任內，昭和 8 年（1933）已舉的街債有二，即大正 12 年（1923）前任街長永井英輔所舉的「水道建設資金」，起債額度為 16 萬圓。預計昭和 12 年（1937）3 月末完債，也就是長達 15 年的街債。埔里水道敷設經費原本是向勸業銀行貸款，年息 8 分 6 厘，林其祥街長上任次年，昭和 5 年（1930）3 月即向總督府提出申請，未清償的一部份本金，即 25,000 圓希望能夠改向年息較低的「簡易生命保險積立金（準備金）」（年息 6 分）貸款，並且將本金償還期限

〔註 83〕《臺灣總督府公文類纂》第 10579 冊第 1 件，頁 2～53。
　　　　總工程經費為 27,800 圓，其中的 800 圓為事務費，屬於州費支出，並不計入補助的經費，因此，扣除 800 圓的事務費，總工程經費為 27,000 圓。
〔註 84〕《臺灣總督府公文類纂》第 10671 冊第 1 件，頁 432。
〔註 85〕《臺灣總督府公文類纂》第 10671 冊第 1 件，頁 425～431。
〔註 86〕《臺灣日日新報》，1937 年 10 月 16 日第八版，「埔里——起工式」。
〔註 87〕《臺灣總督府公文類纂》第 10778 冊第 1 件，頁 4～10。
〔註 88〕《臺灣總督府公文類纂》第 10859 冊第 4 件，頁 342～350。
〔註 89〕佐伯迪編，《臺灣地方自治》，頁 43。
　　　　原幹洲，《臺灣地方自治法制自治要求運動》，頁 78。

延長 3 年，以減輕街役場的財政負擔。〔註90〕

　　另一件則是昭和 7 年（1932）10 月 7 日由林其祥所舉的「公質貸出資金」，也就是街營公設當舖的運用資金，起債額度為 23,000 圓。〔註91〕向簡易生命保險局借入，年息 4 分 8 厘，分 10 年半（昭和 7 年度 2 月至昭和 17 年度 2 月）本息攤還，〔註92〕除了年息比較低廉，也讓公設當舖的收益足以攤還本息，同樣達到減輕街役場財政負擔的效益。

2、增加街財政收入──陸軍用地撥用案

　　昭和 6 年（1931）10 月 2 日埔里街協議會召開會議，對於兩件緊急案件做出決議，一件是促進「裏南投道路」早日開鑿的申請案，由街長及埔里實業協會會長署名，向臺中州政府提出請願書。另一件是借用埔里街市場前的陸軍用地建設店舖的申請案。由於埔里街市場前的陸軍用地有 3,000 餘坪，大正 14 年（1925）軍隊已撤離，在鄉軍人會能高分會以每年每坪 20 錢，租用其中 786 坪，埔里街役場則以每年每坪 30 錢租用剩餘的 2,000 餘坪，再投入 2,400 圓建設臨時屋出租供做店舖。〔註93〕

　　大正 14 年（1925）埔里分遣隊撤廢，位於埔里街市區的陸軍用地共計 11,161 坪成為荒地空屋（分布位置見圖 6-8），街役場基於衛生及街市發展的理由，開始與軍方交涉將該土地讓予埔里街役場。到了昭和 8 年（1933）略有眉目，協議以代付鹿港飛行場用地所需收購 17.4 甲民有地的費用 26,000 圓做為對價，獲得軍方無償讓與陸軍用地。其中約 7,401 坪，換算價格約值 23,302 圓，可以整理拍賣，轉換為償還財源，另外 3,760 坪，換算價格約值 7,638 圓，主要充作公學校宿舍、市場、公會堂、郵便局舍等公共用地，兩項金額總合為 30,940 圓，對埔里街而言還是有利的。〔註94〕

〔註90〕《臺灣總督府公文類纂》第 10556 冊第 6 件，頁 501～607。
〔註91〕埔里街役場，《臺中州能高郡埔里街街勢要覽》，「財政」表，「街債」欄。
〔註92〕《臺灣總督府公文類纂》第 10089 冊第 48 件，頁 408。
〔註93〕《臺灣日日新報》，1931 年 10 月 03 日第三版，「埔里繁榮のための緊急二件を決議す」。
　　　　《臺灣日日新報》，1931 年 10 月 04 日第四版，「決議緊急二繁榮策，埔里街協議會」。
〔註94〕《臺灣總督府公文類纂》第 10583 冊第 2 件，頁 201～202。

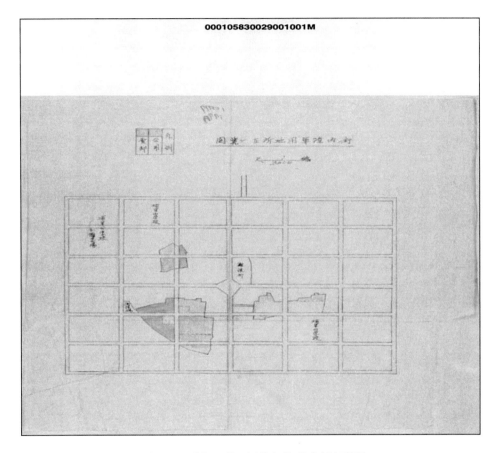

圖 6-8：埔里街內陸軍用地位置圖

説明：引自《臺灣總督府公文類纂》第 10583 冊第 2 件，附圖 1001。

　　為了籌措代付收購民地的 26,000 圓經費，加上眉溪河川堤防工程街費需負擔的 6,000 圓經費，街長林其祥於昭和 8 年（1933）向總督府提出 32,000 圓街債起債申請，向彰化銀行借款，利率 7 分 3 厘，分三年以年賦償還。〔註95〕

　　到了昭和 12 年（1937），林其祥街長再向總督府提出申請貸款 26,000 圓的許可，做為對嘉義陸軍飛行場設施的寄付金，交換條件就是獲得埔里街北門練兵場等舊陸軍用地無償讓與。〔註96〕換言之，是由埔里街先付給軍方 27,729 圓的寄付金，其中 26,000 圓採貸款方式取得，所獲得無償讓與埔里街舊陸軍用地梅仔腳 14.5 甲、大湳 18 甲，可以做為公園、綜合運動場、農村青

〔註95〕《臺灣總督府公文類纂》第 10583 冊第 2 件，頁 200～212。
〔註96〕《臺灣總督府公文類纂》第 10780 冊第 1 件，頁 2～10。

年指導所、公會堂、實習園等用途的預定地，對於埔里街未來的繁榮發展有很大助益。〔註97〕

3、促進地方產業發展

昭和8年（1933）6月19日由埔里街役場主辦的一場「埔里街更生振興懇談會」，會中討論的重點包括「埔里遊覽地化」、「特殊果樹的栽培」、「養蠶事業的振興」、「設置甲種農林學校」等項。〔註98〕昭和9年（1934）2月16日由埔里街役場主辦一場「水稻多收競作會」，同時與興農倡和會共同舉辦「小作品評會」，〔註99〕這些活動都是林其祥街長為促進地方產業發展所做的努力，更具體的做法則有下列幾項：〔註100〕

（1）改善小作（佃農）制度：勸導主佃簽訂書面契約。

（2）舉辦農村青年農事講習會：從昭和7年（1932）以來，每年舉辦一次。

（3）改善稻米品種：配合州政府的措施，獎勵農民改種優良品種的稻米。

（4）獎勵有畜農業：也就是以獎勵方式鼓勵農民及非農民飼養豬隻及家禽。

（5）獎勵農家自行堆肥及栽種綠肥。

（6）獎勵栽培如柑橘、柿等有用果樹。

（7）獎勵栽培蔬菜，力求農家能夠自給自足。

昭和10年（1935）臺灣舉辦始政四十年博覽會，街長林其祥也很積極地成立「臺博埔里宣傳會」，並且自任會長，目的是要宣傳埔里的特產，於能高郡役所前設一店舖，所需經費大約千餘圓，採取向街內各商人募集方式進行，〔註101〕能高郡役所前的物產陳列場於同年10月10日開始陳列，〔註102〕這也是林其祥於街長任內完成的政績之一。

4、地方建設與開辦新措施

林其祥街長任內也著手多項改善生活機能措施，包括埔里市區與鄉間聯

〔註97〕《臺灣總督府公文類纂》第10780冊第1件，頁174～177。
〔註98〕《臺灣日日新報》，1933年06月22日第二版，「埔里懇談會」。
〔註99〕《臺灣日日新報》，1934年02月21日第八版，「埔里兩賽會，舉授賞式」。
〔註100〕《臺灣總督府公文類纂》第10089冊第48件，頁388～391。
〔註101〕《臺灣日日新報》，1935年09月01日第四版，「埔里——陳列即賣」。
〔註102〕《臺灣日日新報》，1935年10月15日第四版，「埔里——陳列開場」。

絡道路建設、設置街營公設當舖、開辦生魚市場等。埔里街市區通往各聚落的道路由於寬度狹窄，有些橋樑連牛車通行都有困難，林其祥上任之後即逐次整修，到了昭和8年（1933），市區通往附近主要聚落的道路、橋樑全部可供自動車通行。〔註103〕改善埔里對外交通方面，林其祥除了積極爭取裏南投道路早日開鑿，〔註104〕也與王峻槐等地方人士共同創立能高自動車株式會社，爲未來營運埔里與臺中之間的客運運輸預做準備，昭和6年（1931）年8月31日舉行創立總會，社長也是由林其祥擔任。〔註105〕其他各項措施詳見下一節「生活機能改善措施」。

5、教育設施

昭和4年（1929）林其祥剛就任街長時，埔里街臺灣人學童的就學率僅29.7%，到了昭和11年（1936），就學率提高到48.1%。另一方面，林其祥又積極推動社會教育，於各聚落開辦22所2年制的國語講習所，致力於青年教育的振興。〔註106〕

大正年間埔里街已有「國語普及會」，由於並非強制性的教學，會員採取自由出席方式，因此成效不彰，自然解散。到了大正11年（1922）再次重新開辦，以埔里小學校場地做爲聚會場所。當時有教師21名，都是由小學校、公學校的職員，還有警察、官吏以及保甲書記擔任，當時有會員57名。〔註107〕昭和6年（1931）埔里街有4所國語普及會，包括牛眠山（由街役場員指導）、大湳（由警察職員指導）、大肚城（由信用組合書記指導）、史港（由學校職員指導）等。〔註108〕

昭和10年（1935）11月15日，由埔里街役場主辦一場「昭和十年度國語演習會」，地點在埔里青年會館，由埔里街23處國語講習所各選拔出優良者參加比賽。〔註109〕昭和11年（1936）10月22日同樣在埔里青年會館舉行「國語演習會」，參加者包括公民簡易國語講習所的學生22名、公私立國語

〔註103〕《臺灣總督府公文類纂》第10089冊第48件，頁391～394。

〔註104〕《臺灣日日新報》，1930年12月18日第十一版，「埔里街代表者出北各方面に挨拶」。

〔註105〕《臺灣日日新報》，1931年09月02日第二版，「埔里と臺中市に連絡自動車　能高自動車株式會社卅一日創立總會」。

〔註106〕《臺灣總督府公文類纂》第10089冊第48件，頁391。

〔註107〕泉風浪編，《臺中州大觀》（臺北：成文，1985），頁21～22。

〔註108〕埔里公學校，《埔里鄉土調查》，頁151。

〔註109〕《臺灣日日新報》，1935年11月20日第十二版，「國語演習會優良授賞」。

講習所及簡易國語講習所的學生 42 名，年紀介於 9 歲至 69 歲之間。〔註110〕

　　大正 8 年（1919）嘉義農林學校成立，是第一所中等農校，〔註111〕到了昭和 19 年（1944）各地陸續成立的農業學校包括宜蘭農林、屏東農業、臺中農業、桃園農業、花蓮港農業、臺南農業、員林農業等學校。〔註112〕昭和 8 年（1933）6 月 19 日舉辦埔里街發展懇談會中，提出多項建議之一就是爭取設立農林學校，經由能高郡守澤井益衛、埔里街長林其祥、民間有力者深山要助、芝原太次郎、黃敦仁等人同赴臺中州向上級請願。〔註113〕同年（1933）7 月 24 日再進一步向總督府陳情，獲得初步允諾，若有經費將會籌辦。〔註114〕昭和 9 年（1934）2 月 1 日再次召開街民大會，決議組成「埔里農林學校設立期成同盟會」，籌集 3,000 圓期成同盟會費做為「目的貫徹費」，〔註115〕昭和 10 年（1935）3 月再由同盟會代表植松保次、平田榮太郎、五十嵐石松等三人，先後拜會臺中州知事及總督府文教局長。〔註116〕當時申請設立農林學校的並非只有埔里，彰化也出面爭取，臺中市也希望設立於該市，〔註117〕因此未能達成目的，直到戰後，民國 42 年（1953）撥用原來能高神社之用地，才成立埔里初級農業職業學校，即今日埔里高級工業職業學校。雖然當時目的並未達成，過程中仍可看出林其祥為地方爭取更多教育設施的努力。

第二節　改善生活機能之相關措施

　　日治時期隨著時代進步的潮流，許多科技產品或新穎事物也逐漸被帶進

〔註110〕《臺灣日日新報》，1936 年 10 月 25 日第十二版，「埔里國演誌盛」。
　　　　《臺灣日日新報》，1936 年 10 月 26 日第五版，「能高郡の國語演習會，埔里街で催さる」。
〔註111〕江佩津，〈日治時代臺灣的農業教育（1895～1945）〉（桃園：國立中央大學歷史研究所碩士論文，1997），頁 49。
〔註112〕李園會，《日據時期臺灣教育史》（臺北：國立編譯館，2005），頁 509。
〔註113〕《臺灣日日新報》，1933 年 06 月 25 日第三版，「農林校設置を，埔里街で請願」。
〔註114〕《臺灣日日新報》，1933 年 07 月 20 日第八版，「埔里農林學校設置問題，代表出府陳情」。
　　　　本次陳情，除了原來向臺中州請願時的能高郡守澤井益衛、埔里街長林其祥、民間有力者深山要助、芝原太次郎、黃敦仁等人外，再加一位羅銀漢。
〔註115〕《臺灣日日新報》，1934 年 02 月 04 日第三版，「農林學校設置の街民大會を開催」。
〔註116〕《臺灣日日新報》，1935 年 03 月 26 日第七版，「農業學校設置を，督府へ陳情」。
〔註117〕《臺灣日日新報》，1935 年 04 月 12 日第八版，「爭議農校」。

埔里街，不管是第一輛腳踏車、〔註118〕掛著 4 個鐵車輪的磅秤、〔註119〕留聲機、〔註120〕電燈及生魚市場的開辦、日本馬戲團的巡迴演出、〔註121〕汽水的出現……等等，〔註122〕對街民來說都是極具新鮮感。其中一些為街民帶來日常生活便利的新措施，不僅限於街役場的新建設或開辦的新措施，也包括配合時代潮流應運而生的新行業、新組織，以下分項簡述各項生活機能改善措施設置或施行的時間與內容。

一、飲食與衛生、醫療

1、碾米業

精米業即「碾米業」，埔里街早期從事碾米業的有北門經營「土礱間」的陳進（1892～1963），〔註123〕採取的是傳統的碾米方式，其後有南門外的徐家，於南烘溪支流河邊設置稱為「水碓仔」的水車碾米工廠，〔註124〕後來又有茄苳腳的林石德（1867～1958），利用水車裝設新式的碾米機械，帶來作業快速且不會有碎米的碾米服務，等到北山坑發電所竣工後，逐漸有一些業者改採電力碾米。〔註125〕

昭和 6 年（1931）埔里有 22 家碾米業，使用的動力有電力、水力、石油發動機等多種，總計年生產額 29,071 石，價格（收費）192,754 圓。比較有名的有位於埔里公學校西南角約 150 公尺處的「日益精米公司」，還有東門的載興精米工場。〔註126〕

〔註118〕陳春麟，《大埔城的故事——埔里鎮史》，頁 31～32。埔里第一輛腳踏車是施百川之弟施肇棋從台中買回來的一輛英國製的腳踏車，施百川因騎這輛腳踏車失足受傷住院，這輛腳踏車最後成為日本巡查的公用腳踏車。
〔註119〕陳春麟，《大埔城的故事——埔里鎮史》，頁 30。指的是陳朝廣所買回來的磅秤，後來轉賣給碾米廠，原文將「廣」字誤記為「慶」。
〔註120〕陳春麟，《大埔城的故事——埔里鎮史》，頁 33。一位叫「齊藤」的日本人從台中買回來，時間不詳。
〔註121〕陳春麟，《大埔城的故事——埔里鎮史》，頁 39。前來表演的年代不詳，當時表演 10 天，場場都滿，連國姓、魚池的人和霧社、眉原的生番都前來觀賞，埔里街比迎媽祖更熱鬧，也為店家創造很大的商機。
〔註122〕陳春麟，《大埔城的故事——埔里鎮史》，頁 41。這是一位叫「淺野」的日本人在枇杷城的大楓樹腳所經營的汽水工場。
〔註123〕陳進為醫師陳石鍊之兄，曾擔任埔里興業株式會社長、埔里街協議會員。
〔註124〕即徐能錦家所經營的碾米廠。
〔註125〕陳春麟，《大埔城的故事——埔里鎮史》，頁 29。
〔註126〕埔里公學校，《埔里鄉土調查》，頁 106～107。

2、旅遊食宿

　　殖民統治初期，由於必需對付反抗的臺灣人、嚴重的熱帶傳染病和強悍的生蕃，無暇顧及觀光事業的建設，直到日治後期才逐漸有系統地發展觀光事業的建設。觀光建設的首要條件有二，一是要有方便的交通路線和交通工具，二是必須有活絡的經濟發展，才能供應旅客方便的食宿。〔註127〕

　　明治44年（1911）埔里街的旅館有兩間，料理店有5間。〔註128〕旅館即日月館（見圖6-9）與埔里館，埔里館是日治時期埔里最早的旅館，創建年代不詳，到了明治43年（1910）再增加第二間旅館日月館。〔註129〕從昭和6年（1931）祝賀「埔里日臺支局開設」的廣告中可以看到當時幾家主要的旅館，包括埔里社館、能山館、日月館等。〔註130〕

圖 6-9：日月館

說明：引自埔里圖書館典藏老照片圖檔（黃義永提供）

〔註127〕張倩容，〈日治時期臺灣的觀光旅遊活動〉，東海大學歷史研究所碩士論文，2007，頁7。
〔註128〕《臺灣日日新報》，1911年05月27日第三版，「埔里社だより」。
〔註129〕《臺灣日日新報》，1911年10月30日第二版，「蕃界一巡（四）」，晚上投宿於日月館。
　　　　《臺灣日日新報》，1912年03月01日第一版，「埔里社の發展（三）」。
　　　　《臺灣日日新報》，1913年09月28日第五版，「探險隊已到埔里社」，總督與警視總長住日月館，參謀長住埔里社館。
〔註130〕《臺灣日日新報》，1931年09月28日第三版，「祝埔里日臺支局開設」。

　　總督佐久間左馬太於大正 2 年（1913）、大正 3 年（1914）兩度前來埔里，皆投宿日月館，〔註131〕昭和 3 年（1928）以後，霧社方面登山者漸多，到埔里主要投宿於日月館與櫻旅館。〔註132〕許多長官前來視察，皆投宿日月館，可以說日月館是當時埔里最好的旅館。

　　除了提供一般遊客及官員下鄉巡視時投宿的旅店外，在東門另有一種專供商販投宿的廉價旅店，稱爲「販仔間」，日本人稱之爲「木賃宿」。〔註133〕生蕃下山來交易時，也會投宿於此，有時也會選在西門一帶民家的涼亭仔腳歇息。〔註134〕

　　昭和 12 年（1937）的《臺中州電話帖》當中登錄的主要飲食店，埔里街有日本人經營的カフエー立鷹、きらく、笹卷、滋養軒，有臺灣人經營的醉仙園（醉仙樓、醉仙閣）、日新亭、如意亭、樂花亭，另外還有茄苳腳的麗華樓。〔註135〕其中麗華樓是報紙報導中最常出現的聚會場所，〔註136〕其次則是樂花亭、〔註137〕醉仙園，〔註138〕由一些當時舉辦的活動也可以看出這些飲食店的人氣指數。昭和 10 年（1935）年底，埔里酒煙草小賣人組合舉辦爲期兩個月的「酒店美妓票選」促銷活動。票選結果，獲獎的 10 名當中，樂花亭與麗華樓各佔 4 名，樂花亭還包辦前 1、2 名，樂花亭的人氣似乎還較麗華樓來得高一些。〔註139〕半年後，昭和 11 年（1936）埔里專賣品小賣人組合（即原

〔註131〕《臺灣日日新報》，1913 年 09 月 28 日第五版，「探險隊已到埔里社」。
　　　　《臺灣日日新報》，1914 年 05 月 18 日第三版，「總督抵埔里社」。
〔註132〕《臺灣日日新報》，1928 年 08 月 07 日第八版，「埔里だより，今年の登山者」。
〔註133〕「木賃宿」是指「旅客帶米自炊的小旅店客棧」，引自王思平整理「附件 E2：職業碼編碼及分類方式」，E2～8。
〔註134〕劉枝萬口述，林美容、丁世傑、林承毅訪問紀錄，《學海悠遊・劉枝萬先生訪談錄》，頁 18。
〔註135〕臺灣總督府交通局遞信部，《臺中州電話帖》，頁 141～143。
〔註136〕《臺灣日日新報》，1937 年 07 月 05 日第九版，「埔里——轉勤」。
　　　　《臺灣日日新報》，1937 年 10 月 10 日第八版，「埔里——埔里訓練」。
　　　　《臺灣日日新報》，1938 年 02 月 07 日第十版，「埔里——新任披露宴」。
　　　　《臺灣日日新報》，1938 年 05 月 01 日第九版，「埔里信組總代會」。
〔註137〕《臺灣日日新報》，1938 年 01 月 25 日第九版，「埔里華僑大會」。
　　　　《臺灣日日新報》，1938 年 10 月 05 日第八版，「埔里——立石氏送宴」。
　　　　《臺灣日日新報》，1940 年 06 月 19 日第九版，「埔里出張所長更迭」。
〔註138〕《臺灣日日新報》，1928 年 05 月 16 日第八版，「埔里だより」。
　　　　《臺灣日日新報》，1928 年 06 月 27 日第三版，「埔里に製冰工場落成」。
　　　　《臺灣日日新報》，1932 年 10 月 23 日第三版，「埔里だより」。
〔註139〕第一名是樂花亭的梅英，第二名樂花亭的阿桂妹，第三名麗華樓的秀琴，第四

來的「酒煙草小賣人組合」）再舉辦一場「高砂麥酒賣出美人投票」，開票結果，麗華樓即包辦前兩名，第一名是阿卻，獲得 4,677 票，第二名是阿銀，獲得 2,795 票，第三名才輪到樂花亭的阿桂妹，獲得 2,113 票。〔註 140〕

3、醫療設施與疾病防治

明治 28 年（1895）日本接收臺灣初期的「征臺之役」，戰死者僅 164 人，病死者竟高達 4,642 人，〔註 141〕如此慘痛的代價也使得殖民政府關注衛生改善及醫療設施等問題。明治 29 年（1896）總督府公布「公醫規則」，陸續任命公醫，爲日治時期公醫制度之始。公醫並非官吏，但由總督任命，給與津貼，配置於必要地方，受廳長之監督，在該地開業，並執掌該區域內之公共衛生及醫療相關事務。〔註 142〕明治 30 年（1897）6 月，埔里開始開設飲水井、垃圾場、屠宰場等設施。〔註 143〕根據《臺灣總督府公文類纂》，明治 33 年（1900）4 月於埔里社開設醫院分院，公醫出田四郎派駐埔里，是日治時期埔里設置官方醫療設施的開始。〔註 144〕不過，據曾經居住於埔里的日本人回憶，早在明治 29 年（1896）4 月，民政局的台中病院已在埔里設置「埔里診斷所」，次年（1897）5 月改稱爲「台中醫院埔里社分院」，明治 31 年（1898）6 月廢止，改設公醫，將建物及器具機械等移交給公醫，於原來的衛戍病院舊址興建新宅，做爲公醫的辦公處所。〔註 145〕

大正 14 年（1925）埔里地區有醫師 5 人、醫生 1 人、產婆 5 人、藥種商 26 人。此後幾年變化不大，昭和 5 年（1930）醫師增加爲 8 人，醫生仍是 1 人，產婆增加爲 9 人，也新增兩名齒科醫師，藥種商維持不變，還是 26 人。〔註 146〕昭和 8 年（1933），埔里街的醫療人員包括醫師 8 人、醫生 1 人、齒科醫師 4 人、產婆 8 人。另有藥種商 19 人、賣藥製造 6 人。〔註 147〕4 位

名立鷹的美世子，第五名樂花亭的阿岡，第六名麗華樓的阿銀，第七名麗華樓的阿招，第八名喜樂的澄子，第九名樂花亭的阿玉，第十名麗華樓的月裡。
《臺灣日日新報》，1936 年 02 月 05 日第四版，「埔里——贈賞美人」。
〔註 140〕《臺灣日日新報》，1936 年 08 月 19 日第四版，「埔里——美人投票」。
〔註 141〕井出季和太，《台灣治績志》，頁 30。
〔註 142〕臺灣省文獻委員會編，《臺灣史》（南投：眾文，1990），頁 552。
〔註 143〕《臺灣總督府公文類纂》第 161 冊第 38 件，頁 283。
〔註 144〕《臺灣總督府公文類纂》第 4608 冊第 19 件，頁 178～199。
〔註 145〕「むつみ」特集号編集委員會，《異鄉の街　ポーレーシア》，頁 22～23。
〔註 146〕埔里公學校，《埔里鄉土調查》，頁 179～180。
齒科醫師於大正 15 年（1926）產生 1 人，到了昭和 4 年（1929）增加爲 2 人。
〔註 147〕埔里街役場，《臺中州能高郡埔里街街勢要覽》，「衛生」表「醫事機關」欄。

齒科醫師當中，包括一位昭和 7 年（1932）開業的女姓齒科醫師林沈氏香吟。
〔註 148〕

　　昭和 12 年（1937）的《臺中州電話帖》當中所列出的醫療機構或店舖，
除了公醫潮軍市以外，還有埔里街張進來的安東醫院、黃千秋（1903～1950）
的回生醫院、陳石鍊的泉成醫院、童江立的存德醫院（見圖 6-10）、李長（1912
～2001）的大安醫院、何其昌（1899～1980）的保和醫院，另外還有池田齒
科（見圖 6-11）、名越診療所、澤田政藏開設的澤田藥房（開業醫師相關簡
歷請參閱附錄表 6、7）。〔註 149〕

　　埔里的公設產婆設立於大正 14 年（1925）7 月 1 日，昭和 9 年（1934）
有公設產婆 4 名，一年大約接生 200 件。〔註 150〕昭和 11 年（1936）的公設
產婆有 3 名，該年接生數增加為 332 件。〔註 151〕

圖 6-10：存德醫院

說明：引自埔里圖書館典藏老照片圖檔（李榮雄提供）。

〔註 148〕《臺灣日日新報》，1932 年 02 月 25 日第三版，「埔里點滴」。
〔註 149〕臺灣總督府交通局遞信部，《臺中州電話帖》（臺北：臺灣總督府交通局遞信
　　　　部，1937），頁 141～143。
〔註 150〕埔里街役場，《臺中州能高郡埔里街街勢要覽》，「社會事業」表「公設產婆」欄。
　　　　昭和 7 年（1932）處置數為 174 件，昭和 8 年（1933）的處置數為 205 件。
〔註 151〕《臺灣總督府公文類纂》第 10089 冊第 48 件，頁 408。

圖 6-11：池田齒科

說明：引自埔里圖書館典藏老照片圖檔，
左前方抱小孩者即池田龜男。

　　埔里地區最主要的風土病有三種，一是マラリヤ（瘧疾），以水頭谷（即埔里盆地東南邊水頭附近山谷）的罹病者最多，病情也最嚴重。二是甲狀腺腫大，罹病者以客家人較多。三是恙蟲叮咬，主要發生在靠近蕃界的原野地。〔註152〕明治36年（1903）5月所公布埔里社支廳管內發現的8種傳染病，佔最多數的是トラホーム（Trachom，砂眼），公學校136名學生當中就有40名患者。麻剌里亞（瘧疾）患者也比較佔多數。〔註153〕

　　早期對於冰塊的需求多來自醫療方面，後來也提供生活上的需要，埔里一直到昭和年間才成立製冰會社，較具規模的製冰工場是由柯全福所設立，時間是昭和3年（1928），地點位於水源地附近，當時花費1萬數千圓所做出來的冰，不僅品質不輸給外地的冰，而且價格只有原來時價的5分之1。

<hr>

〔註152〕埔里公學校，《埔里鄉土調查》，頁177。
〔註153〕《臺灣日日新報》，1903年05月05日第二版，「埔里社」。

〔註154〕後來陳石鍊和陳□□也合資投入製冰業，成為兩家競爭的局面，冰的價格一貫（3.75 公斤）為 10 錢，後來因為二陳於經營上發生意見不合，於是暫時停業，形成柯家孤行獨市，柯全福於是將冰價上調為每貫 15 錢，造成醫療上需用者怨聲不絕。〔註155〕

　　疾病防治方面，大正 14 年（1925）臺中州衛生課對於大肚城、大湳、梅仔腳等三庄進行大腸窒扶斯保菌（チフス，傷寒）調查。〔註156〕昭和 10 年（1935）3 月間，水裡坑一帶發生流行性腦炎，為了教導民眾正確的預防措施，利用多輛自動車於市區內進行宣導工作。〔註157〕

　　昭和 9 年（1934）年初，埔里一帶發生豬疫及雞疫大流行，造成許多豬、雞死亡，也引起居民很大的恐慌。〔註158〕為能有效預防豬疫，除了於埔里街役場設置「豬疫防遏事務所」，配備防止專務的獸醫，各豬舍標名豬隻身份標示牌，清楚登記於「豬籍簿」當中。〔註159〕埔里地區歷年有關疫情的報導請參考表 6-2。

表 6-2：《臺灣日日新報》有關埔里地區疫情報導一覽表

編號	日本紀年	西元紀年	月/日	版面	標題	疫情概述	地點	人/畜疾病
1	明治 42	1909	8/20	2	埔里社の赤痢	初發以來 13 日增加到 44 名病例，可能沿著茄苳圳傳播，病例 61 件，23 人死亡。	文頭股枇杷城	人
	明治 42	1909	9/15	2			茄苳腳房里	
2	明治 45	1912	3/1	1	埔里社の發展（三）	麻剌利亞極少發生，傳染病幾乎沒有，只有喉上腺（甲狀腺腫大）的地方病。	未述明	人
3	大正 5	1916	2/10	1	埔里社隨行（三）	衛生狀況極良好，麻剌利亞極少，去年各地流行天狗熱（即登革熱），此地僅 2、3	未述明	人

〔註154〕《臺灣日日新報》，1928 年 06 月 27 日第三版，「埔里に製冰工場落成」。
〔註155〕《臺灣日日新報》，1933 年 05 月 17 日第四版，「埔里——冰價大起」。
〔註156〕《臺灣日日新報》，1925 年 06 月 03 日第四版，「埔里保菌調查」。
〔註157〕《臺灣日日新報》，1935 年 03 月 29 日第七版，「流腦防止宣傳」。
〔註158〕《臺灣日日新報》，1934 年 01 月 26 日第三版，「豚コレラ襲來に，大恐慌の埔里街」。
〔註159〕《臺灣日日新報》，1934 年 07 月 04 日第三版，「豚疫豫防の完璧を期す，能高郡の豫防陣」。

						名患者，唯甲狀腺腫的奇病，某一村庄 60 戶有半數染有此病，應是與飲用水有關。		
4	大正 7	1918	10/27	5	埔社短訊——流行感冒	流行性感冒頻襲各庄，支廳員、軍隊分遣所員、學校職員等，罹病者 10 分之 3，居民亦多有患者。	埔里社街及各庄	人
5	昭和 7	1932	8/21	7	埔里に腦炎發生	患者爲 13 歲少女，於 23 日死亡。	埔里街	人
	昭和 7	1932	8/22	3	埔里腦脊髓膜炎眞性と決定			
	昭和 7	1932	8/24	3	埔里の腦炎患者廿三日朝死亡す			
6	昭和 8	1933	3/29	8	埔里林子城民多腺腫症，懇延長水道	由於林子城庄民多罹甲狀腺腫症，希望將自來水供給延長至該庄，以解決飲水不良的問題。	林子城	人
7	昭和 8	1933	4/2	3	埔里に腦炎發生	埔里街三個月女嬰發病，家屬有 2 名帶原者。	埔里街	人
	昭和 8	1933	4/7	8	埔里腦炎，發現保菌二名			
8	昭和 8	1933	5/12	3	チフス患者，續發の埔里街，街民も脅えてゐる	埔里地區傷寒流行，染病者大多是在蕃地勤務者及家屬，約有十餘名，多數皆死亡，已設置隔離病房，收容 4 名病患。	埔里街	人
	昭和 8	1933	5/13	8	埔里街腸疫甚形猖獗，多蕃地勤務者			
9	昭和 9	1934	1/26	3	豬コレラ襲來に，大恐慌の埔里街	埔里一帶豬霍亂流行，持續蔓延，雞疫也同時流行，死亡之豬、雞數量頗大。	埔里街一帶	畜
	昭和 9	1934	1/27	8	埔里一帶發生豬疾，斃死甚多			

10	昭和9	1934	3/5	8	埔里街假痘，眞僞尚未明	日本5歲女童罹病。	埔里街	人
11	昭和10	1935	4/7	3	病勢激烈な豬コレラ流行	中部發生嚴重豬霍亂，地點包括彰化市一帶、豐原郡內埔庄、彰化郡秀水庄、新高郡魚池庄、能高郡埔里街等五處，病死豬達180餘頭。	埔里街等共五處	畜
	昭和10	1935	4/9	8	臺中州下豬疫猖獗，斃死百餘頭			
12	昭和10	1935	4/14	3	埔里に流腦發生	大湳庄42歲婦女於蕃地腦寮工作時染病，回家休養，爲避免傳染，警察課已將患者隔離，並在其住家附近進行消毒。	大湳	人
13	昭和10	1935	4/16	3	女兒の流腦	水頭庄日本人2歲女嬰罹病死亡。	水頭	人
14	昭和10	1935	4/21	3	埔里	自從流腦發生以來，爲了防止蔓延，所有埔里開業醫師總動員，爲全部小、公學校兒童進行預防注射，並且對於一名蕃人、茄苳腳2歲女童等疑似患者進行隔離。	蕃地、茄苳腳	人
	昭和10	1935	4/24	8	埔里——豫防腦炎			
15	昭和10	1935	6/20	7	埔里	梅仔腳2名日本兒童罹患腸疫（即傷寒），後來患者增加至5名，警察課召集保甲會議研商預防方法，並由公醫對於附近住戶約百名進行預防注射。	梅仔腳	人
	昭和10	1935	6/29	4	埔里街腸疫豫防注射			

說明：本表依據《臺灣日日新報》的報導整理完成，依時間先後排列。

4、上水道與下水道

　　上水道（又稱爲「水道」，即今天的自來水設施）是改善飲食衛生的重要設施，供應埔里市區、大肚城一帶的埔里水道，大正13年（1924）完工，原本預估提供給6,000人使用的供水量，到了昭和16年（1941），給水戶數已高達1,259戶，給水人口數爲8,575人。〔註160〕昭和16年（1941）埔里地區除了埔里水道外，另有一處小規模水道，即牛眠山水道，供水量足以提供牛眠

〔註160〕臺中州，《昭和十六年臺中州統計書》，頁436。

山庄 185 戶、1,212 人使用。〔註161〕

　　臺灣的下水道工程，早在明治 29 年（1896）進行臺北市街都市計畫事業時，已經著手施工。〔註162〕埔里市區的下水溝工程，早在明治 43 年（1910）南投廳公告了預訂的市區改正區域，已包含下水道工程的規劃，但一直到大正 6 年（1917）埔里大地震之後，南投廳才編列衛生費，分三年（1917～1919）進行主要下水道的施工及修改。大正 12 年（1923）為了防治瘧疾，獲得州費的補助，加上街費，再進行施工。到了昭和 2 年（1927），已完成的下水道總長 5,905.5 公尺，若再加上大正 12 年（1923）以前施工完成的下水溝長度，總長達 7,729.7 公尺。不過，仍有大約 1,200 公尺的下水道尚待興修。〔註163〕為了杜絕傳染病，昭和 6 年（1931）再花費 2,580 圓進行青年會館至專賣局出張所的下水道工程。〔註164〕

5、公共環境衛生

　　由於當時市街道路還不是柏油路，每逢乾燥期往往因為刮風或車輛經過，造成塵土飛揚，影響居民健康。昭和 3 年（1928）埔里街役場購置一輛手動的撒水車，當時還計畫日後財政許可時，再購買自動撒水車。〔註165〕

　　依據大正 11 年（1922）臺中州令第 36 號〈清潔法施行規則〉，警察官吏每年分春、秋兩回，訂定日期進行清潔打掃。對於市區改正區域內的公共下水道，也常僱人夫進行清除。〔註166〕為了市街公共衛生的維護，於埔里市街東、西、南、北方各設置一處公共廁所，不過在設備上仍嫌粗糙。〔註167〕

6、社會救濟工作

　　「方面委員制度」的實施始於昭和 8 年（1933），負責社會救濟的工作，昭和 9 年（1934）埔里街劃為 10 個方面數，委員數為 11 名，各類案件處理件數 1,103 件。〔註168〕昭和 11 年（1936）的方面委員維持 11 名（日本人 2 名、臺灣人 9 名），處理的救濟件數 805 件、窮民救助 13 件。〔註169〕曾擔任

〔註161〕臺中州，《昭和十六年臺中州統計書》，頁 436。
〔註162〕井出季和太，《臺灣治績志》，頁 204。
〔註163〕埔里公學校，《埔里鄉土調查》，頁 183。
〔註164〕《臺灣日日新報》，1931 年 09 月 26 日第三版，「埔里點滴」。
〔註165〕埔里公學校，《埔里鄉土調查》，頁 185。
〔註166〕埔里公學校，《埔里鄉土調查》，頁 186。
〔註167〕埔里公學校，《埔里鄉土調查》，頁 187。
〔註168〕臺中州，《臺中州管內概況及事務概要》（昭和 9 年），頁 185。
〔註169〕《臺灣總督府公文類纂》第 10089 冊第 48 件，頁 405、409。

方面委員者，包括李萬福、余定邦、巫俊、林宇義、施文彬、許清河、陳秋全、游清河、鍾阿在、蘇逢時等人（參考附錄表6）。

　　明治 29 年（1896）總督府公布「行旅病人及死亡處理規則」，救濟項目包括遣送還鄉、醫療救護和死亡埋葬，所需經費由各地方政府支付，這是日治時期開辦行旅救濟之始。〔註 170〕埔里的行旅病人收容所（或稱爲「行旅病舍」）爲街營的救護所，〔註 171〕設立於大正 9 年（1920）10 月 1 日，設有 4 間病室，一年處理件數約 30 件。〔註 172〕昭和 11 年（1936）行旅病人收容件數爲 8 件。〔註 173〕

二、金融機構

1、銀　行

　　明治 28 年（1895）9 月，大阪中立銀行已在基隆設置出張所，明治 32 年（1899）臺灣銀行設置後，逐漸有日本銀行在臺灣設置支店及出張所，還有新設的銀行，包括明治 38 年（1905）成立的彰化銀行。〔註 174〕彰化銀行於大正 8 年（1919）5 月 1 日設置埔里社出張所，〔註 175〕昭和 6 年（1931）的存款額約 40 萬左右，貸款額爲 35 萬圓左右。〔註 176〕

　　昭和 8 年（1933）埔里的金融組織有三，包括一家銀行支店及兩個信用組合，支店爲彰化銀行埔里支店，信用組合爲埔里信用購買販賣利用組合（以下簡稱「埔里信購組合」，見圖 6-12）與烏牛欄信用組合（見圖 6-13）。〔註 177〕

〔註 170〕李國祁總纂，《臺灣近代史　社會篇》，頁 324。
〔註 171〕臺中州，《臺中州管內概況及事務概要》（昭和 9 年），頁 192。
〔註 172〕埔里街役場，《臺中州能高郡埔里街街勢要覽》，「社會事業」表「行旅病舍」欄。
〔註 173〕《臺灣總督府公文類纂》第 10089 冊第 48 件，頁 409。
〔註 174〕井出季和太，《台湾治績志》，頁 137。
〔註 175〕《臺灣日日新報》，1919 年 05 月 01 日第四版，「彰銀開店披露」。
〔註 176〕《臺灣日日新報》，1931 年 09 月 28 日第三版，「埔里街の金融機關」。
〔註 177〕埔里街役場，《臺中州能高郡埔里街街勢要覽》，「金融」表。

圖6-12：埔里信用組合代表者合影

說明：引自醒靈寺文獻室典藏老照片。

圖6-13：烏牛欄信用組合代表者合影

說明：引自醒靈寺文獻室典藏老照片。前排左四為組合長黃敦仁，立於正後方
者為當時擔任保甲書記的三男黃穀額，右一為許清和，右二為潘玉山。

2、信用組合

（1）產業組合的類別與特點

產業組合的種類包括信用（提供組合員資金借貸）、購買（組合員共同從生產者或其他生產機關購買日用品或產業用品）、販賣（組合員委託組合共同販賣生產物或加工物）、利用（限提供組合員利用的倉庫、工場、農耕地、設備等）等，〔註178〕以「目的」來區分，可分爲單營組合（只經營上述四項其中一項）、兼營組合（上述四項其中兩項以上）兩大類，臺灣的產業組合大部份都屬於兼營組合。〔註179〕大正2年（1913）「產業組合規則」施行當時的金融環境，市場上流動的資金極少，加上錢莊利息過高，爲了產業發展上的資金調度方便，有必要開設產業組合，尤其是信用組合，信用組合的貸款利息介於銀行與一般民間借貸之間。〔註180〕

產業組合的功能主要是做爲中小資產家、小營業者、農民的金融機關，其特質在於它是介於營利法人與非營利法人之間，與一般的商事會社性質完全不同，具備以下特點：〔註181〕

（a）非以營利爲目的，是專屬於組合員可以利用的機關。

（b）是公開的團體，沒有組合員人數的限制，也沒有出資總額的限制。

（c）屬於「任意的團體」，組合員隨時可以加入及退出。

（d）表決權採一組合員一票的平等主義，而非以出資口數決定。

（e）組合員個人出資額有上限，最多僅能出資30口，每一口出資金介於5～100圓之間，以10～20圓佔多數。

（f）有區域限制，組合精神就是希望區域內的戶主全部加入組合。

〔註178〕佐佐英彥，《臺灣之產業と其取引》（臺北：臺南新報社臺北印刷所，1928），頁594～595、605～608。

〔註179〕松田吉郎，〈台湾總督府の產業組合について〉，《台湾史研究》14号，頁46～47。
所謂「單營組合」就是只經營單一功能的組合，包括信用、購買、販売、利用等四種組合。所謂「兼營組合」就是前述四種功能當中兼營兩項以上功能的組合。臺灣的信用組合大部份都屬於「兼營組合」，以昭和16年（1941）末全島499組合爲例，「單營組合」僅56個。

〔註180〕松田吉郎，〈台湾總督府の產業組合について〉，《台湾史研究》14号，頁47～48。

〔註181〕松田吉郎，〈台湾總督府の產業組合について〉，《台湾史研究》14号，頁51～53。

（g）除了特定法人以外，禁止一般法人加入成爲組合員。

（h）設立的要素是需要有 7 人以上的組合員，異於商事會社以「資本」
　　爲主的團體，而是以「組合員」爲主的團體。

信用組合是產業組合中的一種，大正 2 年（1913）2 月「產業組合法」
施行以來，臺灣各地開始設立各類的產業組合，到了大正 5 年（1916），全
臺已經有 18 家產業組合，〔註182〕其中即包括埔里社信用組合與烏牛欄信用
組合。大正 6 年（1917）增加爲 42 家，到了大正 9 年（1920），組合數已高
達 246 家，到了昭和 16 年（1941）末，全島共有 499 家組合。〔註183〕埔里
地區雖位居交通不便的山區，相較之下，埔里地區兩個信用組合成立的時間
比其他大部份的產業組合來得早。

（2）埔里信用組合

埔里信用組合於大正 4 年（1915）3 月 28 日召開創立總會，加入者共 957
名，出資一口金額 20 圓。首任組合長爲蘇朝金，設立區域以埔東區爲主，扣
除大肚城庄一部份，再加上埔西區的大湳庄、牛眠山庄，與埔里社公學校設
置區域相同（見圖 2-1），同年 4 月 16 日向總督府提出設立申請。〔註184〕大
正 9 年（1920）3 月以物價騰貴、電力工事開工導致資金需求增加等理由，提
出「定款變更」申請，將出資金額提高爲 1 口 25 圓。〔註185〕昭和 6 年（1931）
的組合員有 1,063 人，出資口數爲 1,938 口，出資金 50,206 圓。〔註186〕原本
爲單營的產業組合，昭和 8 年（1933）以後改爲兼營的產業組合，全稱爲「有
限責任埔里信用購買販賣利用組合」（以下仍簡稱「埔里信用組合」）。〔註187〕
昭和 11 年（1936）再改爲「保證責任埔里信用購買販賣利用組合」。〔註188〕

埔里信用組合也兼營米穀倉庫。〔註189〕設置農業倉庫的目的，是爲了解

〔註182〕松田吉郎，〈台湾總督府の產業組合について〉，《台湾史研究》14 号（東京：
　　　台湾史研究會，1997.10），頁 43～45。
〔註183〕松田吉郎，〈台湾總督府の產業組合について〉，《台湾史研究》14 号，頁 45、
　　　47。
〔註184〕《臺灣總督府公文類纂》第 2417 冊第 2 件，頁 108～258。
〔註185〕《臺灣總督府公文類纂》第 6899 冊第 20 件，頁 340～353。
〔註186〕《臺灣日日新報》，1931 年 09 月 28 日第三版，「埔里街の金融機關」。
〔註187〕臺灣總督府，《第二十一次臺灣產業組合要覽》昭和 8 年度（臺北：臺灣總督
　　　府，1934），頁 42。
〔註188〕千草默仙，《會社銀行商工業者名鑑》昭和 11 年（臺北：圖南協會，1936），
　　　頁 594。
〔註189〕梁志忠，〈日、台、原住民三民族的融合地──能高郡〉，《南投文獻叢輯》第

決農產物的貯藏運銷問題，增進生產者的利益，使農產物的市場買賣關係正常化。臺灣農家原本習慣將稻穀賣給土礱間，土礱間也兼具農村金融與稻米交易機關的功能，形成碾米業、經紀業及金融業三項功能合一的機關。不過，由於碾米技術與及儲藏的乾燥技術不佳，對米穀商品化非常不利，於是，總督府開始推廣農會農倉。〔註190〕隨著電力的運用，碾米業逐漸走向專門化，加上農會與產業組合陸續設置農倉，以及提供資金融通，使得土礱間的功能受到影響。〔註191〕大正9年（1920）以前，臺灣的農業倉庫數量還很少，到了昭和12年（1937），臺灣已有100多家產業組合附設有農業倉庫。由於農會倉庫原本就不是營利目的，加上營運成本太高，無法與土礱間、產業組合的倉庫競爭，昭和9年以後就不再增設農倉，昭和14年（1939）全臺灣的農業倉庫共123所，其中屬於農會的僅剩3所。〔註192〕

　　劉翠溶指出，日治後半期（1922～1944）產業組合所經營的合作農倉，與改善臺灣米輸出到日本有關。〔註193〕埔里信用組合為辦理農業倉庫業務，投入14,000餘圓於茄苳腳興建一棟洋式二層事務所，以及數棟農倉，還有製米工場，昭和8年（1933）6月完工，〔註194〕25日舉辦落成典禮。〔註195〕當時倉庫僅12棟，大約可儲存1萬石，兩年後（1935）就覺得不敷使用，於是再興建一棟臨時倉庫應急。〔註196〕次年（1936）2月召開臨時總代會時，再決定投入5,500圓加蓋一棟倉庫。〔註197〕

　　（3）烏牛欄信用組合

　　烏牛欄信用組合於大正4年（1915）3月27日召開創立總會，加入者

42輯，頁8。

〔註190〕李力庸，《日治時期臺中地區的農會與米作（1902～1945）》，頁175～176。「土礱」本意是指土製的碾米臼，「間」就是「室」的意思，「土礱間」就是指碾米場，後來轉稱一般的糧摺業（碾米業）。

〔註191〕林繼文，《日本據臺末期（1930～1945）戰爭動員體係之研究》（臺北：稻鄉，1996），頁163。

〔註192〕李力庸，《日治時期臺中地區的農會與米作（1902～1945）》，頁177～201。

〔註193〕劉翠溶，〈日治後期臺灣合作農倉功能試探〉，《臺灣史研究》第7卷第1期（臺北：中央研究院臺灣史研究所籌備處，2001.4），頁136～137。

〔註194〕《臺灣日日新報》，1933年06月15日第四版，「埔里信購組，按十七日喬遷」。

〔註195〕《臺灣日日新報》，1933年06月28日第三版，「埔里信組落成祝」。

〔註196〕《臺灣日日新報》，1935年12月04日第八版，「埔里——臨時倉庫」。

〔註197〕《臺灣日日新報》，1936年02月15日第四版，「埔里——開總代會」。

632 名，出資一口金額 20 圓，首任組合長爲林其忠，設立區域以埔西區爲主，扣除大湳庄、牛眠山庄，再加上埔東區的大肚城庄一部份，與埔里公學校烏牛欄分校的學區相同（見圖 2-1）。與埔里信用組合同日（4 月 16 日）向總督府提出設立申請，〔註198〕同年 6 月 3 日獲得許可。〔註199〕大正 9 年（1920）3 月同樣以物價騰貴、電力工事開工導致資金需求增加等理由，提出「定款變更」申請，將出資金額提高爲 1 口 25 圓。〔註200〕昭和 6 年（1931）時的組合員爲 666 人，出資口數爲 781 口，出資金爲 19,525 圓。〔註201〕設立之初，也是單營的產業組合，稱爲「有限責任烏牛欄信用組合」，到了昭和 16 年（1941）才改爲兼營組合，稱爲「有限責任烏牛欄信用購買販賣利用組合」。〔註202〕

戰爭時期，總督府爲了強化臺灣島內產業組合的統制，昭和 17 年（1942）設立臺灣產業組合聯合會。〔註203〕到了昭和 19 年（1944），依照「臺灣農業會令」第 68 條之規定，將各街庄內信用利用購買產業組合、畜產振興會等產業組合解散，統併爲各街庄農業會，「埔里社信用購買販賣利用組合」與「烏牛欄信用購買販賣利用組合」於是合併爲「埔里街農業會」，昭和 19 年（1944）2 月 5 日舉辦埔里農業會設立總會。〔註204〕

3、公設當舖

爲了避免民眾遭受高利的剝削，大正 8 年（1919）總督府即以勅令第 485 號，認可地方政府可以用州費、市費、街費，於各州、市、街設置公營的質舖（即「當舖」），〔註205〕次年（1920）公布「公設質舖取締規則」，總督府並且補助 15 萬圓，於臺北市開設第一家公設當舖，〔註206〕不過，後續

〔註198〕《臺灣總督府公文類纂》第 2417 冊第 1 件，頁 1～105。
〔註199〕臺灣總督府民政部財務局，《臺灣產業組合要覽》（第三次）（臺北：臺灣總督府民政部財務局，1916），頁 54。
〔註200〕《臺灣總督府公文類纂》第 6899 冊第 19 件，頁 323～338。
〔註201〕《臺灣日日新報》，1931 年 09 月 28 日第三版，「埔里街の金融機關」。
〔註202〕千草默仙，《會社銀行商工業者名鑑》昭和 17 年（臺北：圖南協會，1942），頁 401。
〔註203〕松田吉郎，〈台湾總督府の產業組合について〉，《台湾史研究》14 号，頁 54～55。
〔註204〕《臺灣日日新報》，1944 年 02 月 08 日第四版，「埔里農業會設立總會」。
〔註205〕井出季和太，《台湾治績志》，頁 140～141。
〔註206〕李國祁總纂，《臺灣近史　社會篇》，頁 297。
　　　　井出季和太，《台湾治績志》，頁 141。

設立者並不多，大正 13 年（1924）設立 4 家，〔註207〕昭和 3 年（1928）增加至 6 家，〔註208〕即使到了昭和 17 年（1942），全臺亦僅有 16 家。〔註209〕臺中州的公設當舖有 4 家，包括埔里街設立於昭和 7 年（1932）10 月 1 日的公設當舖，〔註210〕貸出資本金爲 23,000 圓。〔註211〕

由於埔里地區的金融機關較外地缺乏，昭和 7 年（1932）開辦公設當舖之前，民營當舖有 6 家，臺灣人經營與日本人經營各 3 家。〔註212〕雖然還有彰化銀行埔里支店與埔里信購組合、烏牛欄信用組合，由於可供貸款資金有限，有時要辦貸款比較困難。昭和 7 年（1932）日月潭發電工程重新開工，許多外地勞動者移入埔里，爲提供一般民眾金融上的便利，於是開設街營公設當舖。〔註213〕昭和 7 年（1932）5 月 26 日埔里街協議會召開第 24 回臨時會議時，同意開辦公設當舖，地點設於埔里街役場內，向遞信省簡易生命保險積立金（準備金）借入 23,000 圓的貸出資金，年息 4 分 8 厘，期限至昭和 18 年（1943）返還完畢，其他設備費約 4,000 圓，由總督府補助的街費支應。〔註214〕同年（1932）10 月 1 日舉行開業式，〔註215〕昭和 9 年（1934）質借件數爲 1,965 件，金額總計 21,986.5 圓，回贖件數爲 1,485 件，金額總計 17,551.5 圓，流當件數爲 499 件（約佔質借件數 25.4%），金額總計 3,899 圓（約佔質借總金額 17.7%）。〔註216〕

開設之初，利用者並不多，後來逐漸增加，一個月平均約 300 件。〔註217〕昭和 8 年（1933）的收入爲 2,425 圓，昭和 9 年（1934）提高爲 3,500 圓，昭

〔註207〕井出季和太，《台湾治績志》，頁 141。

〔註208〕常夏之臺灣社，《常夏之臺灣》，頁 36。包括臺北、基隆、新竹、臺中、嘉義、臺南等 6 處。

〔註209〕李國祁總纂，《臺灣近史　社會篇》，頁 298。

〔註210〕小林英夫，《日本人の海外活動に関する歴史的調査 第十卷 台湾篇 5》，頁 77。

〔註211〕埔里街役場，《臺中州能高郡埔里街街勢要覽》，「社會事業」表「公設當舖」欄。

〔註212〕埔里公學校，《埔里鄉土調查》，頁 124～125。

〔註213〕《臺灣總督府公文類纂》第 10089 冊第 48 件，頁 391～394。

〔註214〕《臺灣日日新報》，1932 年 05 月 27 日第三版，「公質貸出基金，借入を滿場一致可決，埔里街協議會臨時會で」。

〔註215〕《臺灣日日新報》，1932 年 10 月 02 日第三版，「細民への福音！埔里公質開業，一日落成式を舉行」。

〔註216〕臺中州，《臺中州管內概況及事務概要》（昭和 9 年），頁 194。

〔註217〕《臺灣總督府公文類纂》第 10089 冊第 48 件，頁 408。

和 10 年（1935）增加至 4,000 圓，每年固定支出約 1,600 圓。〔註218〕

三、電力與電信設施

1、埔里社電燈株式會社

明治 35 年（1902）臺北第一家以水力發電的電氣會社「臺北電氣株式會社」申請設立，雖然未能成功，也成為臺灣電力事業的開端。明治 36 年（1903）總督府買下「臺北電氣株式會社」，成為官有的「臺北電氣作業所」，完成龜山水力發電廠，首創臺灣的民生用電。〔註219〕由於無法於短期間內達成官營電氣設施的普及目標，總督府於是開放較偏遠地區民營電氣會社的經營。〔註220〕明治 44 年（1911）臺灣第一家民營電燈株式會社「嘉義電燈株式會社」設立之後，各地陸續成立民營電燈會社，〔註221〕包括埔里電燈會社在內。

埔里地區的電燈事業開始於大正 3 年（1914）8 月，當時擬集資 30 萬圓申請設立「埔里社電燈株式會社」，申請的理由是「對於蕃界的開發及地方的發展很有助益」，擬採用的發電方法是利用埔里附近一條溪流來發電，以供應埔里街的電燈用電，將來如果行有餘力，還可以設立苧蔴布的製造所，將餘電利用於苧蔴生產。〔註222〕股東全部是埔里街的日本人與臺灣人（股東名單見表 6-3）。〔註223〕臺灣西部投資於電力事業的臺灣人，多數為富甲一方的地域性大家族地主，〔註224〕從表 6-3 可以看出，埔里也不例外。

同年（1914）11 月即向總督府提出申請「官有地開墾豫約貸付」（承租官有地），做為水力發電使用地，地點是水頭庄接續蕃地的官有原野，面積約 4.2

〔註218〕《臺灣總督府公文類纂》第 10583 冊第 2 件，頁 218、226。
昭和 8 年（1933）為 1,627 圓，昭和 9 年（1934）為 1,665 圓，昭和 10 年（1935）為 1,687 圓。
〔註219〕鄧相揚，《臺灣心電圖》，頁 10。
〔註220〕王麗夙，〈日治時期臺灣電力設施之研究〉（桃園：中原大學建築學系碩士論文，2004），頁 2～16。
〔註221〕林蘭芳，〈工業化的推手──日治時期臺灣的電力事業〉，頁 185。
東鄉實、佐藤四郎共著，《台灣植民發達史》，頁 216。
〔註222〕《臺灣日日新報》，1914 年 08 月 30 日第一版，「中部通信──埔里社電燈計畫」。
〔註223〕《臺灣日日新報》，1914 年 10 月 27 日第二版，「中部通信──埔里社電燈の進行」。
〔註224〕林蘭芳，〈工業化的推手──日治時期臺灣的電力事業〉，頁 467。

甲，租用時間為 20 年，投入 1,000 圓經費，獲得開墾許可後，須於半年內開墾完成，向官方提出「開墾成功」的申請，這段開墾期間不必給付「貸付料」（租金），核定開墾成功之後，每年每甲給付租金 10 圓。〔註 225〕次年（1915）1 月著手籌備召開創立總會，對於未來的發展不僅著眼於供給市街電燈用電，進一步擬兼營精米業、飲用水供應及苧麻原料製造等擴展計畫，並且到東京採購相關機械。〔註 226〕9 月時已召開成立總會，資本額縮減為 10 萬圓，所採買的機械也陸續運達。大正 5 年（1916）1 月 11 日發電工程竣工，14 日所有供電線路也完成，當時發電所的發電量為 100 馬力，其中 75 馬力採水力發電，另輔助以 25 馬力的火力發電，水力發電不足時，再以火力發電補足。預計除了可以供應 700 盞電燈使用外，尚有 7 馬力可供精米動力使用。〔註 227〕23 日開始進行電燈試點，效果良好，點燈費用為 16 燭光每月 1 圓 30 錢、10 燭光 1 圓 10 錢、8 燭光 90 錢，戶外用燈的話，10 燭光 90 錢、8 燭光 70 錢，總工程費為 55,000 圓。〔註 228〕同年（1916）3 月 13 日開始送電，每年 10 月至次年 4 月枯水期則採用瓦斯發動機進行發電。〔註 229〕據陳春麟的回憶，當時街民每天太陽下山後，等待送電來，對於這種不必點火就會亮的設施都感到十分新奇。〔註 230〕

表 6-3：埔里社電燈株式會社股東簡表（1914）

姓　名	族群別	街庄別	姓　名	族群別	街庄別
潘玉山	熟	房里庄	荻原德太郎	內	埔里社
蘇朝金	福	埔里社	天野益藏	內	埔里社
羅金水	福	埔里社	陳阿貴	福	埔里社
蔡戀	福	埔里社	游禮堂	福	埔里社
施百川	福	埔里社	黃敦仁	漢	烏牛欄
巫俊	福	埔里社	大谷源吉	內	不詳

〔註 225〕《臺灣總督府公文類纂》第 2325 冊第 5 件，頁 102～122。
〔註 226〕《臺灣日日新報》，1915 年 01 月 10 日第二版，「中部通信——埔里社電燈進捗」。
〔註 227〕《臺灣日日新報》，1916 年 01 月 11 日第二版，「南投通信——埔里社電燈竣工」。
〔註 228〕《臺灣日日新報》，1916 年 01 月 27 日第二版，「埔里社市燈試點」。
〔註 229〕能高郡役所，《能高郡管內概況》昭和 7 年版，頁 39。
〔註 230〕陳春麟，《大埔城的故事——埔里鎮史》，頁 20。

說明：本表名單引自《臺灣總督府公文類纂》第 2325 冊第 5 件，頁 107～108，參考
　　　《戶口調查簿》整理完成，「族群別」欄依據《戶口調查簿》中的「種族」欄
　　　登錄，「熟」指平埔族，「福」指閩南人，「內」指日本人，「漢」指臺灣人當中
　　　的「非屬閩、客的其他漢人」，黃敦仁爲湖南籍黃利用之長男。

　　大正 6 年（1917）1 月發生埔里大地震，5 日、7 日前後兩次主震皆發生
於半夜，事後埔里街市區居民多感謝電燈帶來的好處，由於地震發生之際，
電燈線路皆仍正常運作，被地震驚醒的市區居民利用電燈的照明避難非常便
利，因此，街民僅有幾人受傷而已。〔註 231〕

　　大正 6 年（1917）10 月 22 日埔里社電燈株式會社舉辦股東大會，報告上
半年的損益情形，收入 1,500 圓，支出 1,450 圓，純益才 50 圓，〔註 232〕獲利
似乎未如預期。不過，次年（1918）11 月 2 日再開股東大會時，獲利就提昇
爲 4,085 圓 75 錢，以半年爲一期，也就是營業以來第三期的獲利，當時已繳
納的股金爲 55,000 圓，另外貸款 45,000 圓。〔註 233〕以 10 萬圓資本額與臺灣
其他地區的電燈會社相較，規模相對比較小一些。〔註 234〕

　　經營 4 年來營業成績愈來愈順利，大正 8 年（1919）的年收入已提高到
9,717 圓。〔註 235〕大正 9 年（1920）的點燈數也增加到 1,500 盞，有必要擴張
規模，因此，又採購新的發電機。〔註 236〕但是，同年 7 月便傳出臺灣電力株
式會社擬併購埔里社電燈株式會社的消息。〔註 237〕埔里社電燈株式會社被併
購之後，臺灣電力株式會社於西門附近設置一處「電力散宿所」（即事務所），
當時在電力散宿所服務的埔里人是謝清藤和尤思聰兩人，他們是負責從北山
坑發電所牽電線至埔里時所訓練出來的技術員。當時一般商店並沒有賣電燈

〔註 231〕《臺灣日日新報》，1917 年 01 月 15 日第五版，「慘澹なる埔里社街──災後
　　　　の慘と善後策」。
〔註 232〕《臺灣日日新報》，1917 年 10 月 24 日第三版，「南投──埔里社電燈總會」。
〔註 233〕《臺灣日日新報》，1918 年 11 月 04 日第六版，「埔里社の電燈」。
　　　　《臺灣日日新報》，1918 年 11 月 06 日第六版，「埔社短訊──電燈業況」。
〔註 234〕《臺灣日日新報》，1918 年 12 月 03 日第二版，「電燈資金狀勢」。
　　　　當時臺灣各地電燈會社的資本額，嘉義電燈爲 15 萬圓，新竹電燈爲 20 萬圓，
　　　　桃園電燈爲 15 萬圓，宜蘭電燈爲 15 萬圓，澎湖電燈爲 25 萬圓，花蓮港電燈
　　　　爲 25 圓，皆比埔里社電燈的 10 萬圓來得高，僅有樸仔腳電燈的資本額 5 萬
　　　　圓較埔里低。
〔註 235〕臺中州，《臺中州管內概況及事務概要》（大正 10 年），頁 263。
〔註 236〕《臺灣日日新報》，1920 年 02 月 05 日第五版，「埔里社の電燈」。
〔註 237〕《臺灣日日新報》，1920 年 07 月 21 日第五版，「電力承辦埔里社電燈」。
　　　　《臺灣日日新報》，1920 年 07 月 26 日第四版，「取消一則」，此則報導是應
　　　　臺灣電力株式會社之請，取消前一則的報導的聲明。

泡，燈泡壞了都要到散宿所來購買，一個燈炮 2 毛錢。〔註238〕

2、電　話

　　埔里地區的電信業務開辦於明治 29 年（1896）4 月 20 日，當時只是做為地方政府對外聯絡的工具。〔註239〕日軍進入埔里之初，即著手架設埔里與臺中之間的電信線路，當時是沿著烏溪沿線架設，由於此處蕃害頻傳，明治 29 年（1896）也曾經發生埔里至龜仔頭之間三名電信工人遭生蕃殺害的意外。〔註240〕同年（1896）7 月抗日軍興起時，也是先截斷埔里與臺中之間的電信線路。〔註241〕

　　臺灣的電話事業開始於明治 33 年（1900）4 月，臺灣總督府發布「臺灣總督府電話交換局官制」，同年度中，全臺申請加入電話交換機業務者僅 443 件而已，到了明治 40 年（1907）將電話事務交由各郵便局兼掌後，申請者才逐漸普及。〔註242〕

　　大正元年（1912）全臺申請電話者僅 3,758 人，到了大正 15 年（1926）增加到 11,147 人。〔註243〕即使到了昭和 18 年（1943），全臺申請電話者也只有 25,206 人。〔註244〕

　　埔里地區電話交換事務開始於明治 44 年（1911）4 月 1 日。〔註245〕當時使用電話者幾乎都是行政機關及學校，不過，郵便電信局也開辦公眾電話申請，明治 45 年（1912）1～2 月申請加入者就有 20 餘名。〔註246〕昭和 6 年（1931）埔里街有申辦電話的機關行號及個人僅 114 件，〔註247〕到了昭和 8 年（1933）增加 2 件，亦只有 116 件。〔註248〕

〔註238〕陳春麟，《大埔城的故事──埔里鎮史》，頁 36。
〔註239〕埔里郵局，《埔里地區郵政服務百年回顧與展望（1896～1995）》，頁 17。
〔註240〕王學新譯，《埔里社退城日誌暨總督府公文類纂等相關史料彙編》，頁 329。
〔註241〕王學新譯，《埔里社退城日誌暨總督府公文類纂等相關史料彙編》，頁 339。
〔註242〕東鄉實、佐藤四郎共著，《台灣植民發達史》，頁 323。
〔註243〕常夏之臺灣社，《常夏之臺灣》，頁 76。
　　　　統計之單位是「人」，指的是「有申請電話交換者」，但不確定是否包含所有機關、學校。
〔註244〕小林英夫，《日本人の海外活動に関する歴史的調查 第十卷 台湾篇 5》，頁 233。
〔註245〕《臺灣日日新報》，1911 年 03 月 30 日第二版，「電話交換事務開始」。
〔註246〕《臺灣日日新報》，1912 年 03 月 01 日第一版，「埔里街の發展（三）」。
〔註247〕埔里公學校，《埔里鄉土調查》，頁 133。
〔註248〕埔里街役場，《臺中州能高郡埔里街街勢要覽》，「通信」表「電信電話」欄。

四、物價與市街商況

1、交通不便的影響

　　埔里位於臺灣的地理中心位置，由於地處內山之中，交通不便導致商業不振，輸入物品需要運費，使得物價上揚，加上貨幣缺乏，造成交易的不便。〔註249〕埔里許多物品需仰賴西部平原供給，一般商店多從彰化採辦貨物。因此，物價較西部平原大約貴 2 成，大正 6 年（1917）埔里大地震當年的情況仍是如此。不過，由於開墾土地的風潮仍相當旺盛，當時對於未來的商業發展仍寄予厚望。〔註250〕

　　明治 29 年（1896）發生的「埔里退城事件」也造成埔里地區的物價大漲，當年 12 月下旬的米價，與事件發生前的 2、3 月價格相比，幾乎漲到二倍半，缺米嚴重，需要仰賴臺中地方供給。〔註251〕依據同年（1896）10、11 月臺中縣管內各支廳地方行政事務報告，10 月份的日用品已經較前 1 個月下跌 1 成，但與退城事件發生前的物價相較，還是貴了大約 3 成。〔註252〕

　　明治 32 年（1899）《臺灣日日新報》報導一則有關埔里米價騰貴的新聞，內容提到埔里過去一直是饒富之地，米價相當低廉，十餘年前一圓銀可以買得 1 石 6 斗或 1 石 8 斗的米，六、七年前一圓銀尚能買 1 石或 8 斗的米。如今米價昂貴，與過去相差極大，一圓銀只能夠買 1 斗 5、6 升而已，由於埔里用的是八升斗，因此，買到的米其實更少，米價之所以如此昂貴，歸結原因在於本地的富戶不願意把米放出來賣。〔註253〕如果對外交通便利，本地商人屯積居奇的情形也會相對降低。

　　埔里地區由於交通運輸不便，以致一般物價較西部平原來得貴。〔註254〕埔里社輕鐵開通之後，方便貨物運送，埔里百年來的商況產生一大變革，在商品的供需上，打破過去的埔里地區物價水準較外地高的情形，物價逐漸與其他地方保持相近的水準。〔註255〕昭和 10 年（1935）裏南投道路開通以後，縮短埔里與西部平原的距離，加上日月潭第二發電工程的影響，地方經濟也

〔註249〕《臺灣總督府公文類纂》第 302 冊第 2 件，頁 64。
〔註250〕《臺灣日日新報》，1917 年 09 月 11 日第六版，「埔里社近況」。
〔註251〕王學新譯，《埔里社退城日誌暨總督府公文類纂等相關史料彙編》，頁 231。
〔註252〕《臺灣總督府公文類纂》第 161 冊第 12 件，頁 94。
〔註253〕《臺灣日日新報》，1899 年 09 月 01 日第三版，「埔社米貴」。
〔註254〕梁志忠，〈日、台、原住民三民族的融合地——能高郡〉，《南投文獻叢輯》第 42 輯，頁 8。
〔註255〕《臺灣日日新報》，1912 年 03 月 02 日第一版，「埔里社の發展（四）」。

有日漸活絡的跡象。

2、市街商況

　　大埔城內四方區塊居民的分布略有區別，南門由於有南門市場（即第一市場）的緣故，商家大多集中於此，屬於商業活動繁盛之區，西門主要是日本人集中的地區，〔註256〕東門是日本人、臺灣人混居的地區，北門主要是辦公廳舍、宿舍、學校。早期的市集位於西門外，因為該處正是通往烏牛欄、大肚城等聚落的要道，早上會聚集許多攤販，後來由於官方在南門河溝內計畫興建新市場（即「第一市場」，今之山王大飯店），埔里大地震隔年（1918）興建完成後，西門外的市集就消失。〔註257〕

　　明治40年（1907）埔里社街居住於大埔城內的居民僅144戶，其中日本人僅11戶，明治45年（1912）2月，埔里社製糖株式會社的工場落成，遷入埔里的日本人逐漸增加，到了大正3年（1914）進行太魯閣討伐行動時，為埔里帶來前所未有的好景氣。大正6年（1917）大地震之後，埔里的日本人也有增加的傾向，一直持續到日月潭水力發電工程興工，更帶來另一波的人口增長，最明顯的就是埔里小學校的學童數大量增長。〔註258〕

　　明治44年（1911）的時候，埔里有兩間旅館、五間料理店，每逢5月雨季豪雨不停時，旅館留宿的人就增加，料理店的生意也特別興隆，物價的變動也比較大。〔註259〕

3、勞動力薪資水準

　　明治45年（1912）中部的日傭（領日薪的工人）薪資，每日約0.4圓，日傭稼（農作的日傭）每日約0.5圓。〔註260〕大正2年（1913）的勞工薪資水準，苦力每日工資高者為0.5圓，低者為0.3圓，平均為0.4圓。轎夫每日工資高者為0.7圓，低者為0.5圓，平均為0.6圓。臺車後押（輕便車的押車夫）每日工資高者為0.7圓，低者為0.4圓，平均為0.55圓。此一工資水準與10年前（約明治36年，1903）相比，大約提高兩成以上。當時的薪資與生活費相比，本島人一日薪資約0.4圓，一日生活費則需0.232圓。內地人一日薪

〔註256〕「むつみ」特集号編集委員會，《異鄉の街　ポーレーシア》，（日本：台湾埔里尋常高等小學校睦会，1982）頁37。
〔註257〕陳春麟，《大埔城的故事——埔里鎮史》，頁10～11、14。
〔註258〕「むつみ」特集号編集委員會，《異鄉の街　ポーレーシア》，頁25～26。
〔註259〕《臺灣日日新報》，1911年05月27日第三版，「埔里社だより」。
〔註260〕東鄉實、佐藤四郎共著，《台湾植民發達史》，頁238。

資約 0.833 圓，一日生活費則需 0.42 圓。〔註 261〕

　　大正 7 年（1918）左右，埔里地區由於埔里製糖所及日月潭水力發電工程的人力需求，產生勞動力不足的情況，可說是埔里地區經濟盛況時期，埔里製糖所的苦力工資也有飆高趨勢。大正 7 年（1918）獲得許可雇用蕃人之後，開闢木屐囒開墾農場，雇用 379 人次，工資每人每日僅 31 錢。〔註 262〕同年（1918）的每日工資僅 47 錢，大正 8 年（1919）就提高到 85 錢，增加將近一倍，大正 9 年（1920）更高達 1 圓 30 錢。〔註 263〕大正 10 年（1921）日月潭的苦力，每日薪資也高達 1 圓 60 錢至 70 錢左右，〔註 264〕這都是拜日月潭水力發電工程之賜。不過，日月潭工事中止之後，馬上陷入勞動力過剩的不景氣環境，即使到了昭和 6 年（1931）日月潭工事復工，埔里地區的經濟仍舊不振，當時的勞動工資大約是 1 日 1 圓，但在製糖會社工場工作的工資更低，男性約 1 日 50 錢，女性約 1 日 40 錢。〔註 265〕

　　以昭和 4 年（1929）至昭和 15 年（1940）全臺灣的薪資平均值而言，臺灣人日傭每日工資約維持在 0.65～0.9 圓之間，臺灣人僕人月薪大約在 11～18 圓之間，臺灣人婢女月薪大約在 5～13 圓之間。製糖工人的薪資相對較高一些，臺灣人製糖工每日薪資約 1.28～1.76 圓之間。〔註 266〕

　　大正 12 年（1923）中部的勞動力每日工資，日傭稼（農作的日傭）男性 60 錢、女性 35 錢，日傭 70 錢，輕鐵後押夫 70 錢。〔註 267〕昭和 2 年（1927）臺中州的薪資水準，日傭一天的薪資約 0.8 圓，本島人的僕人每月薪資約 7 圓，婢女約 5 圓。〔註 268〕昭和 6 年（1931）埔里的日傭每日工資最高約為

〔註 261〕小林小太郎，《臺灣開發誌》（臺北：臺北印刷株式會社，1915），頁 54。

〔註 262〕《臺灣日日新報》，1918 年 07 月 13 日第二版，「蕃人と開墾」。

〔註 263〕吉川精馬，《臺灣經濟年鑑》，頁 115。

〔註 264〕吉川精馬，《臺灣經濟年鑑》，頁 119。

〔註 265〕埔里公學校，《埔里鄉土調查》，頁 69。

〔註 266〕小林英夫，《日本人の海外活動に関する歷史的調查 第八卷-2 台湾篇 3-2》，頁 230、231。

〔註 267〕吉川精馬，《臺灣經濟年鑑》，頁 120。
　　　　依據大正 11 年（1922）出版的《臺中州大觀》，日傭的日薪爲 80 錢，輕鐵後押夫則爲 1 圓。詳見泉風浪編，《臺中州大觀》，頁 18。

〔註 268〕常夏之臺灣社，《常夏之臺灣》，頁 77～78。
　　　　以地區而言，內地所產的白米，新竹所賣的價格最貴，一斗約 5.32 圓，最便宜的則是臺北，僅 4.43 圓。本島所產的白米，臺中所賣的價格最貴，一石約 24.04 圓，最便宜的是高雄，僅 22.17 圓。

男性 65 錢、女性 45 錢。〔註 269〕

4、物價水準

　　埔里的物價，一般而言，較西部平原大約貴 2 成左右。不過，由於鄰近山林，日常生活所需之薪、炭價格就明顯較都會地區來得便宜。以明治 29 年（1896）年初總督府殖產部派遣八戶道雄於〈巡回復命書〉當中所做的「薪炭價格表」為例，薪的價格，臺北每百斤 0.4 圓，埔里只需 0.22 圓，炭的價格差別更大，臺北每百斤 3 圓，埔里只需 0.85 圓。〔註 270〕

　　第一次世界大戰後，產生一波經濟不景氣，大正 9 年（1920）下半年，物價下跌，產業低落，大正 11 年（1922）的時候，物價水準可說是近幾年的谷底，以白米為例，大正 10 年（1921）臺北的白米一石還有 22 圓 46 錢的價格，大正 11 年（1922）僅剩 17 圓 42 錢。以臺中市而言，大正 10 年（1921）的白米一石價格為 17 圓 4 錢，豬肉每百斤 40 圓，薪每百斤 1 圓 76 錢，木炭每百斤 3 圓 30 錢。到了大正 13 年（1924）臺灣各地的商人紛紛組織實業團體，以對抗經濟不景氣。〔註 271〕大正 15 年（1926）臺灣的物價水準，內地所生產的白米一斗大約 5 圓，本島所產白米一石大約 24 圓。〔註 272〕昭和 5 年（1930）左右，埔里的木炭每百斤約 1.3 圓。薪的價格，每百斤約 0.25 圓。〔註 273〕

　　日治時期埔里地區的勞動力薪資水準、物價水準，都留下一些可供參考的數據，不過，有關土地的買賣價格，可供參考的資料極為有限，日治初期的地價，有水利設施的原野，每甲 60 圓，沒有水利設施的原野僅值 20 圓。〔註 274〕昭和 6 年（1931）埔里公學校所編纂的《埔里鄉土調查》，記載了大正 8、9 年（1919、1920）的土地買賣最高價格，以及昭和 6 年（1931）的土地買賣最低價格，〔註 275〕茲將此二表格合併為表 6-4。

〔註 269〕埔里公學校，《埔里鄉土調查》，頁 157。
〔註 270〕《臺灣總督府公文類纂》第 4506 冊第 18 件，頁 307。
〔註 271〕吉川精馬，《臺灣經濟年鑑》，頁 109～111。
〔註 272〕常夏之臺灣社，《常夏之臺灣》，頁 77～78。
　　　　　以地區而言，內地所產的白米，新竹所賣的價格最貴，一斗約 5.32 圓，最便宜的則是臺北，僅 4.43 圓。本島所產的白米，臺中所賣的價格最貴，一石約 24.04 圓，最便宜的是高雄，僅 22.17 圓。
〔註 273〕埔里公學校，《埔里鄉土調查》，頁 111。
〔註 274〕《臺灣總督府公文類纂》第 302 冊第 2 件，頁 61。
〔註 275〕埔里公學校，《埔里鄉土調查》，頁 63。

表6-4：埔里地區土地買賣價格參考表

田、旱地別	等級	大正8、9年 最高價格（圓／甲）	昭和6年 最低價格（圓／甲）	區　域
水田	上	9,000	3,000	茄苳腳、會社方面
	中	5,000	2,000	水頭、大湳方面
	下	3,000	1,000	梅子腳方面
旱田	上	1,000	400	內大林、水頭方面
	中	500	200	內大林、水頭方面
	下	200	100	內大林、水頭方面

說明：本表引自埔里公學校，《埔里鄉土調查》（南投：埔里公學校，1931），頁63所
列的兩表格內容整理完成。

　　雖然這兩個表格後面的「備考」也說明無法求得土地買賣價格正確的數
字，因此僅記概要的推估數字。不過，仍可提供了解當時大概的買賣價格區
間介於哪個範圍。從表中所示的區域正可說明埔里盆地的土地良莠分布概
況，水田方面，上則田所列的「茄苳腳、會社方面」，茄苳腳位於埔里街的
南邊，靠近南烘溪，灌溉較易。會社指的是臺灣製糖株式會社埔里製糖所，
位於埔里街西側，都是地勢相對較低的地區。中則田所列的「水頭、大湳方
面」，都是位於地勢較高的地區，雖屬於比較新開發的地區，不過仍然靠近
水源。下則田所列的「梅子腳方面」，位於埔里街的北邊，是盆地當中地勢
相對較高，而且距離灌溉水源較遠的區域。至於旱田所列的「內大林、水頭
方面」，內大林又稱為「內底林」，位於埔里盆地的東南方，在水頭的更上游
地區，是開發較晚的原野地，水頭一帶也因為地勢相對較高，灌溉較為不便，
因此仍有一些旱田存在。

　　這些粗略的買賣價格估算數字，除了反映出當時資訊傳播不發達的因素
外，似乎也顯示當時土地交易並不頻繁，價格更因土地座落地點的差異與其
他因素影響，難以掌握可公認的土地買賣成交水準。

第三節　公眾生活與地方文化

　　臺灣本土宗教有一個特質，即宗教信仰是臺灣人的生活中重要的一環。
在外的是公共祭祀的廟宇，在內的是家中正廳神桌上供奉的神明。〔註276〕本

〔註276〕蔡錦堂，《日本帝國主義下台湾の宗教政策》（東京都，同成社，1994），頁39。

節先敘述日治時期埔里的宗教信仰類別與重要聖地（包括寺廟、教堂與神社），再介紹官方辦理的公眾與娛樂活動，以及民間辦理的娛樂活動。

一、宗教信仰與儀式活動

1、傳統寺廟

　　日本明治維新以來，爲了推動神道國教化政策，進行神佛分離、廢佛毀釋等強硬政策。不過，殖民統治初期對於臺灣傳統的宗教信仰，則改採放任的宗教政策。採取此政策的原因，主要是基於初期面對抗日活動，爲了維持臺灣民心的安定，以及節減統治經費的考量下，民政長官後藤新平設立臺灣舊慣調查會，著手研究整理臺灣的風俗習慣舊法等，其本質並非對於臺灣舊慣宗教表達尊重，而是以日本本國的利益爲最優先考量，這樣的政策也爲臺灣的風俗、習慣、宗教的存續保留了餘地。〔註277〕整個殖民統治時期，除了總督小林躋造進行「寺廟整理」有比較大的影響外，日本國家神道與臺灣傳統宗教幾乎都是並存的。〔註278〕埔里街的廟宇於日治初期全部遭軍隊或行政機關佔用。首任總督樺山資紀於明治29年（1896）1月18日發出諭告，軍方暫時借用廟宇，不得破壞廟中神像、器物。〔註279〕根據日治初期的調查，埔里地區的傳統寺廟有4所，包括昭忠祠（成爲埔里社護鄉兵調查事務所）、王爺廟（成爲臺中衛戍病院埔里社分院）、文昌祠（成爲埔里社護鄉兵調查事務所）、城隍廟（成爲第九憲兵隊第五分隊主力部隊營地），〔註280〕其中只有城隍廟的神祇由施百川迎奉至家中「懷善堂」奉祀而保留下來。〔註281〕

　　清末大埔城興建之後，城內便設立城隍廟，早期設置於操兵場處（今之西安路與北平街交叉口附近），〔註282〕日治初期遭軍方佔用後，神像移至施百川宅中奉祀（圖 6-14），另有說法認爲該廟於日治初期毀於火災，〔註283〕或

〔註277〕蔡錦堂，《日本帝國主義下台灣の宗教政策》，頁15～19。
〔註278〕陳玲蓉，《日據時期神道統制下的臺灣宗教政策》（臺北：自立晚報，1992），頁292。
〔註279〕蔡錦堂，《日本帝國主義下台湾の宗教政策》，頁40。
〔註280〕江燦騰，〈日本在臺殖民統治初期的宗教政策與法制化的確立（上）〉，《臺北文獻》直字第134期（臺北：臺北文獻委員會，2000.12），頁275。
〔註281〕潘祈賢編，《埔里瀛海城隍廟沿革》（南投：埔里城隍廟管理委員會，1996），頁9。
〔註282〕潘祈賢編，《埔里瀛海城隍廟沿革》，頁9、18。地號爲埔里小段26234。
〔註283〕潘祈賢編，《埔里瀛海城隍廟沿革》，頁9。

者是因爲當時廟地沒登記做廟產，被退休的憲兵隊長高羽貞將登記爲其私有地，因而被迫遷離。〔註284〕戰後初期，信徒劉萬通以接收的日產弘法寺移做城隍廟地，才將城隍爺從施家遷移至今址（見圖6-15）。〔註285〕

圖 6-14：懷善堂舊址（施雲釵宅正廳）

說明：施家典藏老照片（施儀東提供）

圖 6-15：懷善堂今址（弘法寺舊貌）

說明：引自埔里圖書館典藏老照片圖檔（羅剛清提供）。

〔註284〕陳春麟，《大埔城的故事——埔里鎮史》，頁35。
〔註285〕陳春麟，《大埔城的故事——埔里鎮史》，頁35。

大正 4 年（1915）西來庵事件發生後，總督府馬上進行全臺寺廟調查，
當時對於埔里地區的寺廟調查是採取「學區」的範圍進行普查，也就是以埔
里社公學校、烏牛欄公學校的學區，分別進行調查區域內的廟宇沿革、祀神、
廟產等資料。大正 5 年（1916）1 月 16 日完成的「調查概況」，埔里社公學
校區域內有 6 所，烏牛欄公學校區域內有 5 所，合計爲 11 所（詳見表 6-5）。
〔註286〕昭和 16 年（1941）臺中州的齋堂有 56 所，傳統寺廟則有 809 所。
〔註287〕昭和 8 年（1933）的統計，埔里街的傳統寺廟有 2 所，齋堂有 5 所，
另有神明會或其他宗教組織 4 個。〔註288〕

上述兩項有關埔里寺廟的統計（大正 5 年與昭和 8 年）顯然都有不少遺
漏，以傳統寺廟爲例，依據劉枝萬的《南投縣志稿（八）》〈南投縣風俗志宗
教篇稿〉附錄「南投縣現存寺廟教堂一覽表」，日治時期埔里地區的傳統寺廟
計有 23 所，包括鸞堂 5 所、齋堂 5 所、福德廟 4 所、有應公廟 3 所、媽祖廟
2 所、慚愧祖師廟 1 所、義女廟 1 所、義民廟 1 所、楊大人祠 1 所（詳見表
6-6、圖 6-18）。〔註289〕比對表 6-5 與表 6-6，便可看出大正 5 年（1916）所做
的寺廟調查統計並不完整。遺漏的原因主要有三種，第一是沒有將仍具「私
設宮堂」性質的廟宇納入，包括懷善堂、通天堂、醒化堂等鸞堂，第二是未
能納入位置較偏遠的廟宇，包括小埔社的覺靈堂與水尾的楊大人祠，第三是
未將有應公廟之類的小祠納入，包括靈應祠與義女廟。此外，也有一些是當
時並未設立的廟宇，例如天德堂、茄苳腳福德祠以及梅仔腳、生蕃空的有應
公廟等。「埔里區寺廟弘道協會」的紀念特刊也簡述其中大部份廟宇的沿革，
可與《南投縣志稿（八）》比對參考。〔註290〕不過，尚有一些較偏僻聚落的廟
宇被《南投縣志稿》所遺漏，例如大正 5 年（1916）設立於大湳庄的湳興宮
（見圖 6-18）、〔註291〕昭和 10 年（1935）設立於東埔的鸞堂文華堂（見圖 6-18）

〔註286〕不撰著人，《寺廟調查書 南投廳》，中央研究院民族所圖書館典藏手稿影本，
　　　　1915，無頁數。
〔註287〕小林英夫，《日本人の海外活動に関する歴史的調查 第八卷-2 台湾篇
　　　　3-2》，頁 44。
〔註288〕埔里街役場，《臺中州能高郡埔里街街勢要覽》，「社寺宗教」表「舊慣寺廟」欄。
〔註289〕劉枝萬、石璋如等纂，《南投縣志稿（八）》（台北：成文，1983），頁 242～
　　　　244。
〔註290〕鄧鏗揚、賴敏修主編，《埔里區寺廟弘道協會紀念特刊》（南投：埔里區寺廟
　　　　弘道協會，2006）。
〔註291〕鄧鏗揚、賴敏修主編，《埔里區寺廟弘道協會紀念特刊》，頁 32。

等。〔註292〕以下僅概要介紹恒吉宮媽祖廟、鸞堂及齋堂的沿革。

表 6-5：寺廟調查書概要表（南投廳埔里社堡，1915）

學區	編號	街庄別／地址	名稱（另稱）	主祀（同祀）	成立年代／西元	倡建者／管理人	活動日期（原因）	信徒人數	廟產／備註
埔里公學校	1	埔里街170番地	福德廟	福德正神	光緒4年（1878）		2/2（頭牙）8/15（土地公生）	2,000	無廟產。 *指南門土地公，另一說為建於光緒14年（1888）。
	2	枇杷城水頭庄4番地	福德廟	福德正神	大正4年（1915）		2/2（頭牙）8/15（土地公生）	200	無廟產。 *另一說為建於光緒10年（1884）。
	3	挑米坑庄□番地	祖師公廟	祖師公	不明，大正3年（1914）整修完成	謝月黃萬得	3/3 元帝上帝（玄天上帝）誕生 2/16 祖師公誕生	200	無廟產。 防蕃功能。 *即福同宮
	4	茄苳腳□番地	德華堂	釋迦及祖先靈位	從埔里社街市場附近遷來	吳朝宗	1/6 6/3 觀音誕生 8/15 11/17 釋迦誕生	男33 女40	無廟產。 *大正元年（1912）遷來。
	5	珠仔山240番地	善天堂	釋迦	從五城堡司馬鞍庄德成堂分家而來。	蔡火生蔡乞	2/19 9/19 4/8 釋迦誕生 12/8	10多人	無廟產。
	6	生番空庄134番地	興安宮	媽祖	道光11年（1831）由彰化迎來		3/23 媽祖誕生		無廟產。原本安奉在爐主家。每年迎彰化南瑤宮媽祖遶境。 *大正6年（1917）地震後未重建，已不存在。
烏牛欄公學校	7	牛相觸庄17番地	義民爺祠	義民爺	光緒13年（1887）迎來	林福喜陳軍徐海清	春分、秋分		無廟產。
	8	烏牛欄13番地	福德會			莫善慶	2/2（頭牙）8/15（土地公生）	20	廟產2.6分地，年收6石（約24圓）。乞求息災豐年，建於莫家之前的小祠。

〔註292〕文華堂管理委員會撰編，《文華堂沿革》，無頁數。

9	大肚城 891、918 番地	恒吉宮	媽祖	約50年前 （1865年 左右）	都阿托 張大生 余圖 潘進生	3/23（媽祖 聖誕）	*「張大生」指的 是張世昌之父「張 大陞」，另一說倡 建者爲張世昌。
10	水尾庄	觀音廟			黃阿金	2/19、3/19 6/19、7/29 9/29	無廟產。 *即久靈堂。
11	刣牛坑 800、801 番地	關帝廟	關聖帝 君 義民爺 文昌	明治36年 （1903）	余阿財 何阿陛	4/14、5/13 6/24、8/3 義民爺： 春分、秋 分	關帝：水田4.5分 義民爺：水田多筆 年收糧10石 *即參贊堂。

說明：

一、表中有「□」者，指無法辨讀之字。

二、「活動日期（原因）」欄中（　）者爲筆者加註，「備註」欄中文字之前加「*」
號者，爲援引其他資料所做的補充，皆非資料本身的說明。

（1）恒吉宮媽祖廟

　　恒吉宮（見圖 6-16）的源起有兩種說法，劉枝萬於《南投縣志稿》當中所述的建廟源起，是同治 10 年（1871）由大肚城庄都阿托（生卒年不詳）、房里庄張世昌、枇杷城庄余清源（生卒年不詳）、牛眠山庄潘進生等平埔族頭人共同倡建，地點位於大肚城庄的恒吉城。〔註293〕根據廟方沿革，是由漢人陳瑞芬從鹿港迎入媽祖神像，安奉於大肚城「恒吉行」店舖之正廳，光緒 13 年（1887）陳瑞芬移居鹿港，將店舖提供做爲公用，將「恒吉行」改爲「恒吉宮」，到了日治初期，由地方耆老謝仕開（生卒年不詳）、施百川、李嘉謨等人倡議遷移至現址（見圖6-18），明治33年（1900）農曆 3 月 22 日落成安座。〔註294〕大正 6 年（1917）因遭遇埔里大地震而震倒，大正 7 年（1918）由地方紳商及廟方董事等進行募捐，先著手興建前殿屋宇，於 9 月時竣工，大約花費 8,000 圓。〔註295〕大正 13 年（1924）由林其祥擔任恒吉宮重建建設委員，也由林其祥擔任恒吉宮第一屆董事長。〔註296〕

　　恒吉宮是日治初期埔里街唯一的媽祖廟，也是埔里街民的信仰中心，除

〔註293〕劉枝萬、石璋如等纂，《南投縣志稿（八）》，頁98。

〔註294〕埔里鎮恒吉宮管理委員會，〈埔里鎮恒吉宮湄洲天上聖母大媽廟沿革〉，單頁簡介。

〔註295〕《臺灣日日新報》，1918 年 09 月 15 日第六版，「埔社近訊──築媽祖宮」。

〔註296〕劉澤民，〈石燈照古人──醒靈寺保存的能高神社殘蹟〉，《臺灣文獻》第 56卷第 3 期，頁 313～314。

了每年農曆 9 月有媽祖遶境活動外，12 年一度的建醮活動也是以恒吉宮為籌備中心。

圖 6-16：恒吉宮媽祖廟舊貌

說明：本相片由鄧相揚提供。

（2）鸞　堂

今日埔里的民間信仰廟宇當中，鸞堂的數量特別多，其中有多所鸞堂都是創建於日治時期。埔里的鸞堂研究，有沈雅禮（Gary Seaman）的博士論文〈中國鄉村中的寺廟組織——醒覺堂與珠仔山（Temple Organization in a Chinese Village）〉，完成於民國 67 年（1978），內容是探討鸞堂醒覺堂與當地珠仔山庄的關係。〔註 297〕醒覺堂的主神原本是日治時期奉祀於民家的恩主公，戰後初期才改為地方公廟。另一篇由康豹（Paul R. Katz）所撰寫有關埔里第二家鸞堂參贊堂的文章 "Spirit-writing and Hakka Migration in Taiwan–A Case Study of the Canzan Tang 參贊堂 in Puli 埔里, Nantou 南投 County"，從參贊堂（見圖 6-17）的設立及發展過程，探討客家移民的信仰及組織，是一篇詳實的鸞堂個案研究。〔註 298〕筆者與康豹合撰的〈鸞務再興——戰後初期埔

〔註 297〕Gary Seaman, Temple Organization in a Chinese Village （Taipei: Chinese Association for Folklore, Orient Cultural Service, 1978）.

〔註 298〕Paul R. Katz, "Spirit-writing and Hakka Migration in Taiwan – A Case Study of the Canzan Tang 參贊堂 in Puli 埔里, Nantou 南投 County", paper presented at the International Conference on Comparative Study of Ritual in Chinese Local Society （「中國地方社會儀式比較研究」國際學術研討會）, Hong Kong, May 5-7, 2008.

里地區鸞堂練乩、著書活動〉一文，也簡要介紹日治時期埔里地區鸞堂的興起與發展過程，〔註299〕以下簡述日治時期埔里鸞堂分布與發展。

圖 6-17：參贊堂（1954 年）

說明：釋傳育師父提供。

表 6-6：日治時期埔里地區傳統寺廟一覽表

類別	名　稱	別　稱	地點	主祀神	創建年代	創（倡）建者	備　　註
鸞堂	懷善堂	城隍廟	埔里社	三恩主城隍	明治 33（1900）	施百川	城隍廟設立於光緒 14 年（1888），日治時期移至懷善堂奉祀，懷善堂設置於施百川宅正廳。
	參贊堂	刣牛坑帝君廟	水尾刣牛坑	三恩主	明治 35（1902）	游朝安、張世昌、蔡堃祥等	
	通天堂		枇杷城	三恩主	明治 42（1909）	巫阿昌	
	昭平宮育化堂	孔子廟	埔里社	關聖帝君孔子	明治 44（1911）	林其祥、謝仕開	
	醒化堂		房里	三恩主	大正 6（1917）	林李金水	

<hr>

〔註299〕康豹（Paul R. Katz）、邱正略，〈鸞務再興——戰後初期埔里地區鸞堂練乩、著書活動〉，發表於 2008 年 10 月 18-19 日暨南國際大學人類學研究所主辦「水沙連區域研究學術研討會：劉枝萬先生與水沙連區域研究」。

齋堂	善天堂	珠仔山茶堂	珠仔山	釋迦牟尼	光緒 14（1888）	蔡火生	龍華派復信堂。
	久靈堂		水尾	釋迦牟尼	明治 37（1904）	黃阿金	龍華派復信堂。
	覺靈堂		小埔社	釋迦牟尼	明治 38（1905）	范阿煌	龍華派，日本佛寺能高寺住持佐藤孝顯也曾於此佈教。
	德華堂	茄苳腳茶堂	埔里社	釋迦牟尼	明治 42（1909）	孔雲卿	龍華派壹是堂。臺中街曹洞宗臺中寺住持大野鳳洲曾設臨時說教所於此。
	天德堂		枇杷城	釋迦牟尼	大正 7（1918）	廖炎	龍華派復信堂。曾做爲臨濟宗臺北圓山之護國禪寺的佈教所。
土地公廟	福德爺廟		烏牛欄	福德正神	同治 7（1868）	莫武葛	由平埔族倡建。
	福德廟		枇杷城	福德正神	光緒 10（1884）	余清源	由平埔族倡建。
	彩靈堂	南門土地公	埔里社	福德正神	光緒 14（1888）	林福喜	
	福德祠		茄苳腳	福德正神	日治中葉年代不詳	不詳	設於頂茄苳腳的茄苳巨樹下。
有應公廟	靈應祠		埔里社	百姓公	清末年代不詳	不詳	位於東門外
	有應公廟		梅仔腳	有應公	日治中葉年代不詳	不詳	
	有應公廟		生蕃空	有應公	日治中葉年代不詳	不詳	普定山腳
媽祖廟	興安宮		生蕃空	天上聖母	同治 8（1869）	巫清福	神像由巫清福之父巫阿新賀己從大肚社原鄉攜入。
	恒吉宮		埔里社	天上聖母	同治 10（1871）	都阿托、張世昌、余清源、潘進生等	創建時，位於大肚城庄的恒吉城，明治 33 年（1900）始遷建於今址。
其他	福同宮		挑米坑	慚愧祖師	同治 10（1871）	黃發、謝某	
	義女廟	天賜嬸祠	茄苳腳	天水夫人	清末年代不詳	羅金水、王明誥	
	義民爺廟		牛相觸	義民爺	光緒 5（1879）	林福喜	
	楊大人祠		水尾	楊慶章	大正 4（1915）	彭阿協	

說明：

一、本表參考《南投縣志稿（八）》〈南投縣風俗志宗教篇稿〉附錄「南投縣現
　　存寺廟教堂一覽表」、《埔里區寺廟弘道協會紀念特刊》及各廟沿革資料整
　　理完成，先依廟宇類別區分，各類別再依創建年代先後排列。

二、年代有不同說法者，採較值得採信之年代，無法確認者，採廟方沿革所記
　　之年代。

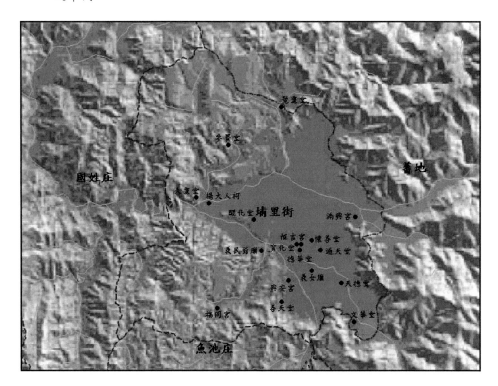

圖 6-18：日治時期埔里地區主要寺廟位置圖

說明：

一、本圖以「臺灣歷史文化地圖核心應用系統」繪製而成。

二、圖上標示之主要寺廟是以表 6-6 所列之寺廟，將其中「土地公廟」4 所、「有
　　應公廟」3 所暫略，另加上漏列的滿興宮、文華堂，共標示 18 處寺廟地點。

　　懷善堂是埔里地區第一所鸞堂，依據《埔里瀛海城隍廟沿革》記載，
〔註300〕懷善堂於明治 33 年（1900）由本地善士赴阿罩霧大里杙迎請三恩主
劍令駐駕史港里，翌年（1901）5 月 5 日迎遷於大埔城南門施百川宅舉行鎮座，

─────────────────────

〔註300〕潘祈賢編，《埔里瀛海城隍廟沿革》（南投：埔里城隍廟管理委員會，1996），
　　　　頁 1～26。

並立堂號爲懷善，朝夕誦經，施方濟世。當時由於吸食鴉片者眾多，於是借助神力，幫居民戒除煙癮。〔註301〕次年（1902）承奉恩主賜冠號爲「彩鳳閣」，並且降筆著書，編成《懷心警世金編》、〔註302〕《醒悟金編》，〔註303〕當時的正乩爲李春生（生卒年不詳）。〔註304〕

明治34年（1901）10月，懷善堂恩主指示刮牛坑永興莊有一處吉地，可供建廟之用，於是由正鸞生李春生前往主持創設，即今之參贊堂（見圖6-18），地點屬於當時的水尾庄。〔註305〕

枇杷城庄通天堂的創設，可以追溯至明治42年（1909）3月，巫阿昌（生卒年不詳）於家宅正廳設堂，奉祀關聖帝君爲主神，兼奉玄天上帝、孚佑帝君、司命眞君、保生大帝等屬神，扶鸞闡道。〔註306〕到了昭和17年（1942）遷移至枇杷城鹽土的現址（見圖6-18），此廟地原本是埔里首富羅金水（1850～1922）的舊宅，由地方人士捐資購買建廟。

位於房里庄的醒化堂（見圖6-18），前身是明治40年（1907）於林李金水（生卒年不詳）自宅所設之「解化堂」，由於林李金水母親染患煙癮，於是在家中設置香案，將煙具排放在桌案上，焚香祝告，叩求三恩主幫忙戒除煙癮，發誓戒毒，然後將煙具當場燒化，毒癮復發時，只祈求香灰沖茶飲之，其母煙癮果然戒除。立堂當時就鍛鍊文、武兩組乩筆。大正6年（1917）埔里大地震之後重建，改堂號爲「醒化堂」，繼續揮鸞闡教，戰後初期遷移至烏牛欄臺地，即今之醒靈寺。

茄苳腳的育化堂，主神三恩主是原本安奉於附近民家的神明，早期由當地居民集資，於王國財（生卒年不詳）耕作的園圃簡單創設茅廬，由林有定（生卒年不詳）從臺中大墩迎來武聖關公金像及香爐，取號爲「修化堂」，於明治44年（1911）舉行安座，大正5年（1916）移至童阿里（生卒年不詳）家宅正廳奉祀，日治時期由埔里街長林其祥、地方望族謝仕開出面，邀集地方人士磋

〔註301〕王世慶，〈日據初期台灣之降筆會與戒煙運動〉，《台灣文獻》，第34卷，第4期（南投：臺灣省文獻會，1986），頁111～151。

〔註302〕陳靜庵編，《懷善》（南投：懷善堂，1972），〈第一輯　懷心警世金編〉，頁1～179。內容包括匏、土、革、木、石、金、絲、竹等8卷。

〔註303〕陳靜庵編，《懷善》，〈第二輯　醒悟金編〉，頁1～238。內容包括孝、弟、忠、信、禮、義、廉、恥等8卷。

〔註304〕潘祈賢編，《埔里瀛海城隍廟沿革》，頁21。

〔註305〕潘祈賢編，《埔里瀛海城隍廟沿革》，頁21～22。

〔註306〕鄧鏗揚、賴敏修主編，《埔里區寺廟弘道協會紀念特刊》，頁36。

商創建武廟事宜，於大正 15 年（1926）擇定今日廟址（見圖 6-18）創建文廟兼祀武聖，同年底落成，易號為「育化堂」。〔註 307〕原根據育化堂董事長蔡茂亮所言，育化堂於日治時期即練乩生，當時由於殖民政府禁止扶鸞降筆活動，因此，降筆活動一直是在蘇樹木宅中進行，〔註 308〕戰後一陣子才改回到育化堂進行。

　　位於埔里盆地東南端土名東埔的文華堂（見圖 6-18）創建於昭和 10 年（1935），依據該堂沿革，文華堂是從魚池庄水社的「益化堂」分香而來，水社因日月潭水力發電工程緣故進行遷村，將益化堂的三恩主移奉於文武廟，昭和 10 年（1935）由黃佛緣與 10 餘戶村民帶著香火遷移至東埔，於是建廟，惟訓練乩生未成，因此並無降筆活動。〔註 309〕

　　由以上簡介可知，埔里地區最早的鸞堂是日治初期設於施百川家宅的懷善堂，懷善堂也被其他幾處鸞堂當作是母堂，包括醒化堂、參贊堂等。日治時期先後共創設上述六間鸞堂，但仍有一些私人家中奉祀的神祇，戰後也陸續創建公廟，並且開乩練筆與著書，例如枇杷城的地母廟、〔註 310〕梅仔腳的導化堂〔註 311〕等皆是。珠仔山的醒覺堂則是由戰後初期（民國 34 年農曆 9月）奉祀於辜添泉家宅的呂恩主分靈創設的地方公廟。〔註 312〕

　　鸞書《破迷針》有一段「臺中縣城隍尊神」臨堂時的話：「昔年三相臨凡勸世。因你埔中街民一點信心，請駕臨埔，亦曾一番振起神威。初到埔中，

〔註 307〕育化堂編輯委員會，《昭平宮育化堂簡史》（南投：財團法人昭平宮育化堂董事會，2001），頁 12～14。

〔註 308〕蘇樹木為米商，父為蘇新伙，是東埔地區主要拓墾者之一，弟蘇樹發為辯護士。日治末期育化堂的降筆活動於其家中進行，戰後初期回到堂中進行，當時擔任堂主職務，恩主賜名為「蘇瞳鶴」。引自邱正略訪問，〈蔡茂亮口述紀錄〉，2008 年 8 月 4 日。

〔註 309〕文華堂管理委員會撰編，《文華堂沿革》，無頁數，出版年代不詳。

〔註 310〕鄧鏗揚、賴敏修主編，《埔里區寺廟弘道協會紀念特刊》，頁 62。
地母廟的主祀神地母尊神於日治時期原本奉祀於溪南梁傳興家中，昭和 12年（1937）遷移至今址，民國 36 年（1947）重建，命名為「寶湖宮天地堂」，民國 40 年（1951）請旨嘏乩。

〔註 311〕曾保明主編，《麒麟閣導化堂簡史》（南投：麒麟閣導化堂管理委員會，2006），頁 7～10。
導化堂的主神觀世音菩薩，原本是福興庄龍空一位佛堂住持葉金蓮居士所奉祀，到了民國 35 年（1946）才迎奉至梅仔腳今廟址，民國 40 年（1951）以後曾暫借其他宮堂的乩生降筆，直到民國 54 年（1965）才正式開練正乩。

〔註 312〕陳松明主編，《宣平宮醒覺堂誌》（南投：宣平宮醒覺堂管理委員會，2004），頁 29。

那時並未建立鸞堂，無奈暫借施家，立為懷善堂。斯時眾仙神甚然勞力，顯出神通，煉丹解煙，造書勸世，度多少鸞徒。自煉丹及造書完竣之後，鸞門暫暫冷淡，而鸞生亦暫暫離散。故斯後各聖神亦不常到斯堂也。」〔註313〕這段話提到埔里地區鸞堂興起與戒鴉片煙有關，衰微的原因固然是由於信徒「戒鴉片」的需求功能減退，殖民統治後期的皇民化運動對於降筆活動的管制也是另一個可能因素。不過，由於鸞堂依舊延續，有些鸞堂的降筆活動仍隱密進行，因此，戰後初期因應時局的變化，得以興起一波興盛的鸞務風潮。〔註314〕

日治時期形成全臺詩社林立的特殊現象，早期「徵詩」的主題多以「中秋」、「落花」等寫意的制式題目，後來逐漸改為「新屋落成」、「祝壽」、「結婚」等生活議題，舊詩成為日常生活中人際往來的最佳應酬文字，將詩帶入日常生活中，形成一種「社會文學化，文學社會化」的現象，據黃美娥的估計，高達370社以上。〔註315〕埔里也成立「櫻社」，雖然未留下社員名單，已知的參與者多為鸞堂人士，包括施雲釵、王梓性（1914～1997）、林再添（1913～1987）等人，除了於《詩報》發表詩句，也會捐款贊助詩報。〔註316〕黃美娥雖然已列舉出全臺詩社林立的原因，包括日本人的推波助瀾、社會的安定、報紙的傳播等外在因素，以及風雅唱和、提昇身份博取美名、敦睦情誼等內在因素。〔註317〕更值得注意的是鸞堂活動的延續，扶鸞降筆的詩文也是以舊詩型態為主，上述幾位埔里的鸞生、乩生都是櫻社的主要成員。臺中州詩人大會也曾經在埔里舉行（見圖6-19）

〔註313〕埔里育化堂，《破迷針》（南投：埔里育化堂，1947），頁37～38。

〔註314〕康豹（Paul R. Katz）、邱正略，〈鸞務再興——戰後初期埔里地區鸞堂練乩、著書活動〉，9～17。

〔註315〕黃美娥，《古典臺灣：文學史、詩社、作家論》（臺北：國立編譯館，2007），頁184～203。

〔註316〕《詩報》第301號（一）（昭和19年2月11日）。「入金報告」中有施雲釵捐20圓、林再添捐10圓，另外，魚池的王語聖捐金10圓，應即是王梓聖，本名王梓性，後來遷居埔里，為育化堂的正乩生。

〔註317〕黃美娥，《古典臺灣：文學史、詩社、作家論》，頁204～223。

圖 6-19：臺中州詩人大會

說明：地點位於青年會館，引自《古早人 鄉土情》頁 120（何楨祥提供）。

（3）齋　堂

　　清代以後在浙江發展的齋教，是明代中期流傳於華北的羅教衍化出來的，其中信徒最多的是姚文宇所創辦的教團，流傳到臺灣稱爲龍華派。〔註318〕由於信徒並不出家、削髮，平日不穿袈裟，與一般人一樣工作維持生活，有些派別並准許婚娶生子，因此有所謂「在家佛教」的稱呼。〔註319〕明治 34年（1901）所進行的「臺灣舊慣調查」，以「齋教」一詞來涵括龍華教、金幢教和先天教等三個民間教派，〔註320〕其中龍華派是三派當中持戒較緩，不禁婚娶，素食亦有一定之時日，稱爲持「花齋」，故易爲一般民眾所接受，齋友在三派中也最多，〔註321〕埔里的齋堂主要有善天堂、久靈堂、天德堂、覺靈堂、德華堂等五所，全部屬於龍華派，德華堂屬於龍華派的壹是堂派（見表6-6），〔註322〕善天堂、久靈堂、天德堂則屬於龍華派的復信堂派（見表 6-6），

〔註318〕武内房司，〈臺灣齋教龍華派的源流問題——清末浙江的靈山正派與覺性正宗派〉，《臺灣齋教的歷史觀察與展望——首屆臺灣齋教學術研討會論文集》（臺北：新文豐，1994），頁 5～24。

〔註319〕林美容、祖運輝，〈臺灣地區齋堂的調查與研究〉，《臺灣文獻》第 51 卷第 3期（南投：臺灣省文獻委員會，2000.9），頁 204。

〔註320〕王見川，〈略論日治時期「齋教」的全島性聯合組織：臺灣佛教龍華會〉，《臺灣齋教的歷史觀察與展望——首屆臺灣齋教學術研討會論文集》，頁 149。

〔註321〕林美容、祖運輝，〈在家佛教：臺灣彰化朝天堂所傳的龍華派齋教現況〉，《臺灣齋教的歷史觀察與展望——首屆臺灣齋教學術研討會論文集》，頁 201。

〔註322〕林美容、祖運輝，〈臺灣地區齋堂的調查與研究〉，頁 229。

是彰化朝天堂派下所屬的齋堂，由於朝天堂的祖堂稱爲復信堂，因此，稱爲「復信堂派」。〔註323〕

　　大正9年（1920）於斗南的龍虎堂成立的「臺灣佛教龍華會」，是一個全島性的齋教組織，其後陸續於全臺各地成立支會，到了大正 12 年（1923），全臺已經成立22個支會，其中並無埔里支部，埔里的齋堂可能因交通不便之故，並未積極參與該會。〔註324〕埔里的齋堂座落地點見圖6-18，昭和年間各齋堂信徒人數見表6-7，表6-7的「信徒數」是指登記爲該廟信徒名冊的信徒，並非指前來廟宇參拜的一般民眾。從信徒數來看，人數最少的善天堂應是由於地點在南港溪以南，主要信徒是珠仔山與生蕃空的居民。信徒人數較多的久靈堂，因爲信徒分布範圍擴及房里、大肚城與烏牛欄庄，〔註325〕至於天德堂的信徒人數較多，原因尚待追查，以下簡述各堂創建源起及發展過程。

表6-7：埔里地區齋堂位置與信徒簡表

名　　稱	善天堂	久靈堂	天德堂	覺靈堂	德華堂
座落地點	珠仔山	水尾	枇杷城	小埔社	埔里茄苳腳
信徒數	61	140	140	85	86

說明：本表參考埔里公學校，《埔里鄉土調查》，頁 174 整理完成。

　　埔里最早的齋堂設立於珠仔山庄，原本爲該庄居民蔡火生捐資建堂，與魚池司馬按庄金天堂關係密切，光緒14年（1888）由其子蔡乞（1858〜1914）向埔里社、五城堡信徒募款建成，稱爲德生堂，供奉釋迦佛與觀音菩薩，日治時期由蔡乞、巫光輝（1876〜1947）、王彩（生卒年不詳）等人倡議重修，大正2年（1913）完工，改稱善天堂（又稱爲珠仔山荣堂，見圖6-20），信徒

〔註323〕林美容、祖運輝，〈在家佛教：臺灣彰化朝天堂所傳的龍華派齋教現況〉，頁196〜197。
　　　　埔里地區屬於朝天堂派下的齋堂共計6堂，包括水尾庄的久靈堂、牛眠庄的性天堂、珠仔山的善天堂、北山坑的協天堂、史港坑的紹德堂、枇杷城的天德堂，其中的性天堂、協天堂、天德堂皆已不存在，紹德堂可能轉變爲今日的鸞堂昭德堂。至於本文另提到的番仔田金天堂、湖水坑福天堂，應爲魚池鄉的齋堂。
〔註324〕王見川，〈略論日治時期「齋教」的全島性聯合組織：臺灣佛教龍華會〉，頁150〜163。
〔註325〕從參與廟務的地方菁英居住地分布，可以做爲信徒分布的一個旁證，水尾庄的大地主張世昌、大肚城大地主李嘉謨、八股吞霄社（即房里）社長莫善慶在久靈堂皆有長生祿位。

約 50 名，擁有田園約 2 甲。〔註 326〕

久靈堂又稱為水尾茶堂或觀音廟（見圖 6-18），明治 37 年（1904）由客家人黃阿金（生卒年不詳）從揀東上堡石壁坑庄（今東勢鎮的石壁坑）的觀音廟帶回令旗供奉。大正 3 年（1914）由居民劉阿月（生卒年不詳）、張世昌、陳旺（生卒年不詳）等人提議擴建，大正 6 年（1917）埔里大地震之後再次重建，初期信徒只有少數水尾庄民，後來信徒逐漸擴及烏牛欄庄、埔里社街、小埔社庄、北山坑庄等鄰近地區，極盛時的信徒約 400 餘名，齋友約 30 名。〔註 327〕

位於小埔社庄的覺靈堂（見圖 6-18），是明治 38 年（1905）小埔社庄民范阿隉（生卒年不詳）於家中所供奉的齋堂，因年久失修，大正 2 年（1913）由蔡堃祥（1862～1931）、張世昌、張九緣（生卒年不詳）、徐岸（生卒年不詳）、徐石（生卒年不詳）等人倡議重修，日本佛寺能高寺住持佐藤孝顯也曾於此佈教。〔註 328〕

位於埔里市區邊緣的德華堂（圖 6-21）又稱為茄苳腳茶堂，是市區唯一的齋堂，明治 42 年（1909）由當地居民孔雲卿（生卒年不詳）接受鹿港齋堂莊德堂住持林普海提議，先於埔里街市場邊設立齋堂，明治 45 年（1912）因風災導致堂宇毀壞，乃由吳金水（1882～1929）、吳朝宗（1875～1942，見圖 6-22）、吳龍福（生卒年不詳）等人捐資遷建於茄苳腳現址（見圖 6-18）。遷建前後，即明治 44 年（1911）至大正 2 年（1913）間，臺中街曹洞宗臺中寺住持大野鳳洲曾設臨時說教所於此。信徒主要是埔里市區及附近居民，以婦女居多，約 6、70 名。〔註 329〕

〔註 326〕劉枝萬、石璋如等纂，《南投縣志稿（八）》，頁 61～62。
〔註 327〕劉枝萬、石璋如等纂，《南投縣志稿（八）》，頁 63～64。
〔註 328〕劉枝萬、石璋如等纂，《南投縣志稿（八）》，頁 64。
〔註 329〕劉枝萬、石璋如等纂，《南投縣志稿（八）》，頁 64～65。

圖 6-20：善天堂舊貌（日治末期）

說明：引自善天寺典藏老照片（釋傳育住持提供）。

圖 6-21：德華堂舊貌（日治末期）

說明：引自德華寺典藏老照片（法敘師父提供）。

圖 6-22：吳朝宗

說明：引自德華寺典藏老照片（法敘師父提供）

　　位於枇杷城庄的天德堂（見圖 6-18），又稱爲枇杷城荣堂，大正 7 年（1918）由庄民廖炎以自宅闢爲齋堂，初期信徒僅該庄庄民 10 餘名，曾經依附臨濟宗臺北圓山之護國禪寺，做爲該禪寺的佈教所。〔註 330〕

　　戰後齋堂有逐漸「空門化」的現象，所謂「空門化」，就是「佛教化」意思，戰後通常將齋教歸類爲「在家佛教」，佛教寺院與齋堂的分界、差異逐漸模糊，加上齋堂聘請出家師父前來主持堂務，大多數的齋堂轉變成佛寺、私廟、民宅，有的甚至消失。〔註 331〕至於「空門化」的原因，學者提出不同解釋，依據江燦騰的說法，民國 42 年（1953）以後每年一次傳戒活動，開始由「中國佛教會」長期壟斷，由於規定會員要受戒才能任住持，以致大批齋姑或齋友紛紛落髮受戒，成了出家的僧尼，於是大幅度地改變臺灣齋堂的面貌。〔註 332〕

〔註 330〕劉枝萬、石璋如等纂，《南投縣志稿（八）》，頁 67。
〔註 331〕張崑振，《台灣的老齋堂》（臺北：遠足文化，2003），頁 25。
　　　　　「空門化」指的是佛教化的現象，即改「堂」名爲「寺」，由剃度出家的齋友主持寺務，或者是聘請他寺的出家師父來主持寺務。
〔註 332〕江燦騰，〈戰後臺灣齋教發展的困境問題〉，《臺灣齋教的歷史觀察與展望：首屆臺灣齋教學術研討會論文集》（臺北：新文豐，1994），頁 268。

上述 5 所齋堂，戰後天德堂已拆毀不存，覺靈堂改稱為覺靈寺，但寺中並無出家眾，僅由當地居民管理，其餘三所皆已空門化，善天堂改稱為善天寺，久靈堂改稱為久靈寺，德華堂改稱為德華寺。除了這 5 所之外，根據林美容的研究，埔里尚有牛眠山的性天堂、湖水坑的福天堂、史港坑水蛙堀的紹德堂等三處，〔註333〕除了紹德堂後來改為鸞堂昭德堂外，其餘兩處皆已不存在。此外，北山坑庄尚屬埔里社堡管內期間，大正 5 年（1916）即由齋友李普芳（生卒年不詳，可能即為李石蘭）於北山坑庄自宅創設齋堂協天堂，供奉觀音佛祖，當時信徒僅庄內居民若干人，平時香火不盛，維持堂務的經費除了信徒喜捨外，並於堂前兼營雜貨舖，以其收益充作油香之資。〔註334〕

雖然埔里的齋堂大部分都屬於彰化朝天堂派下所屬的齋堂，包括久靈堂、性天堂、善天堂、協天堂、福天堂、紹德堂、天德堂等，〔註335〕不過，各齋堂之間並沒有密切往來關係，形成各自發展的情況，日治時期也分別依附不同派別的日本佛教，戰後的轉型也各有不同。

埔里有些地方菁英與齋堂有密切關係，有的是齋堂創建者，有的是寺廟的功勞者（主要管理人或捐助者），於齋堂供奉的長生祿位中可以找到他們的姓名，例如張世昌、莫善慶、蔡堃祥與水尾的久靈堂皆有地緣關係，李嘉謨原居住於大肚城，離久靈堂不遠，清代武秀才潘鎮安也因為開發北山坑一帶土地，五人皆供奉於久靈堂的長生祿位中（見圖 6-23、圖 6-24、圖 6-25）。「善天堂開山道場各姓功德主長生祿位」中，可以找到陳石鍊、鄭火炎、劉阿梧、蘇逢時、李萬福、徐雲騰、王峻槐等地方菁英的姓名（見圖 6-26）。

〔註333〕林美容、祖運輝，〈在家佛教：台灣彰化朝天堂所傳的龍華派齋教現況〉，《台灣齋教的歷史觀察與展望——首屆台灣齋教學術研討會論文集》（臺北：新文豐，1994），頁 197。

〔註334〕劉枝萬、石璋如等纂，《南投縣志稿（八）》，頁 66。

〔註335〕林美容、祖運輝，〈在家佛教：台灣彰化朝天堂所傳的龍華派齋教現況〉，《台灣齋教的歷史觀察與展望——首屆台灣齋教學術研討會論文集》，頁 197。朝天堂屬於齋教龍華派復信堂派。

圖 6-23：久靈堂長生祿位-1

說明：拍攝於久靈堂右殿

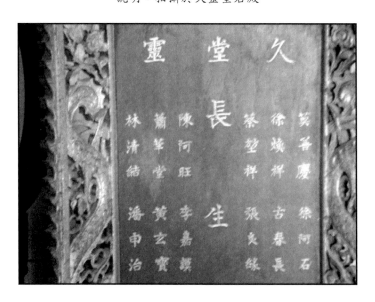

圖 6-24：久靈堂長生祿位-2

說明：拍攝於久靈堂右殿

圖 6-25：久靈堂長生祿位-3

說明：拍攝於久靈堂右殿，牌面左下方左起第二位為莫善慶，右側中排
右起第六位為潘鎮安。

圖 6-26：善天堂開山道場各姓功德主長生祿位

說明：

一、本長生祿位共計 176 位，名字其中含有「普」字者有 54 位。由於加「普」字即非本名，因此不確定建廟者蔡乞、蔡火生是哪一位。

二、牌面右側由上而下，第一排右起第 2 位為陳石鍊，第 11 位為鄭火炎，第五排右起第 10 位為劉阿梧。左側由上而下，第二排右起第 5 位為蘇逢時，第 7 位為李萬福，第三排右起第 11 位為徐雲騰，第四排右起第 4 位為王峻槐。

2、基督教

廣義的基督教包括舊教的天主教與新教的基督教，天主教直到戰後初期，民國 42 年（1953）才在埔里市區建立教堂，日治時期埔里的教會全部都是基督教長老教會。〔註336〕第一位讓外界認識到埔里平埔族的外國人是必麒麟（W. A. Pickering），第一位到埔里宣教的傳教士則是李麻（Hugh Ritchie，或譯為李豹）。〔註337〕基督教在埔里的傳播，相傳始於同治 10 年（1871），烏

〔註336〕劉枝萬、石璋如等纂，《南投縣志稿（八）》（台北：成文，1983），頁 189～213。

〔註337〕甘為霖（William Campbell）著、許雅琦/陳珮馨譯，《福爾摩莎素描》，頁 201。

牛欄社番潘開山於上山打獵時，腿部意外受傷，前往臺南接受治療過程，接受基督教信仰，痊癒之後返鄉，乃將基督教福音帶回烏牛欄，其後，包括李庥、甘爲霖（William Campbell）、馬偕（George Leslie Mackay）等傳教士皆先後來過埔里佈道。〔註338〕也陸續於烏牛欄、牛眠山、大湳等地興建教堂，烏牛欄禮拜堂創建於同治10年（1871），同治12年（1873）落成，成爲埔里地區傳教之策源地，同治11年（1872）陸續創建牛眠山禮拜堂、大湳禮拜堂，皆於次年（1873）完成。〔註339〕清末時期埔里地區已經建立了多達6座的教堂，當時埔里的人口大約6,000人，除了平埔族接受基督教之外，一些士兵與漢移民也開始接觸基督教。〔註340〕光緒12年（1886）於大埔城內創建埔里社禮拜堂，嘗試傳教於漢人，不過，效果不彰。〔註341〕

　　日治初期烏牛欄教會只有設置「傳道」（比牧師較低一級的神職人員），並無牧師，當時擔任過「傳道」一職的有潘德成、高長、潘文明等，傳道工作陷入停頓多年。到了明治37年（1904）4月曾持衡牧師到任後，情況才開始好轉，〔註342〕傳教的觸角逐漸嘗試往鄰近聚落、市區及山地發展。明治43年（1910）由埔里社支廳蕃語通事蜈蚣崙庄潘ラワイ（潘打歪）之妻テミー‧ルルン協助，前往山地物色兩名霧社蕃女，送往淡水基督教女學堂接受教育。〔註343〕

　　日治初期，以客家人爲主的北山坑庄逐漸形成，因接近烏牛欄庄，明治39年（1906）曾持衡牧師創設北山坑教會，開始對北山坑庄的客家人傳教。〔註344〕牧師傳道時，由烏牛欄黃阿敦（生卒年不詳）負責翻譯爲客家語，

〔註338〕馬偕，《馬偕博士日記》（臺南：人光出版社，1996），頁41、118。馬偕分別於同治11（1872）3月25日、光緒5年（1879）11月1日等多次前來埔里。甘爲霖（William Campbell）著、許雅琦/陳珮馨譯，《福爾摩莎素描》，頁32～33、46～54、93～94。甘爲霖除了曾經與馬偕一同前來埔里，另有多次前來埔里的紀錄。

〔註339〕劉枝萬、石璋如等纂，《南投縣志稿（八）》，頁191～192。

〔註340〕甘爲霖（William Campbell）著、許雅琦/陳珮馨譯，《福爾摩莎素描》，頁30、87。

〔註341〕劉枝萬、石璋如等纂，《南投縣志稿（八）》，頁194、197～198。

〔註342〕甘爲霖（William Campbell）著、許雅琦/陳珮馨譯，《福爾摩莎素描》，頁202。日治時期烏牛欄庄歷任的傳道有8位，牧師只有曾持衡、吳天賜兩位，在任最久的曾持衡牧師，任期自明治37年（1904）至大正8年（1919），正文所列傳道、牧師姓名皆引自愛蘭教會牆上所掛歷任傳道、牧師照片的說明。

〔註343〕臺灣總督府警務局，《理蕃誌稿》二卷，頁51。

〔註344〕劉枝萬、石璋如等纂，《南投縣志稿（八）》，頁196。

初期傳道情況非常好，信徒不斷增加至大約 60 人左右，導致教堂不敷使用，雖然興建新的教堂，卻又接連遭遇火災、風災而毀壞，日後傳道情況漸差，原本約有信徒 60 人，到了昭和 6 年（1931）僅剩 10 餘人參加禮拜，戰後更發生教堂用地遭侵占並興建房舍，導致民國 56 年（1967）的土地訴訟糾紛。〔註 345〕由於教會公報當中並無成功追回土地的報導，加上烏牛欄教會與北山坑的客家人亦無後續往來的事蹟，推測該土地並未順利索回。

　　日治晚期埔里街基督教教堂共計 4 處，包括烏牛欄教會、牛眠山教會、大湳教會及埔里教會（見圖 6-27）。〔註 346〕昭和 8 年（1933）時擁有信徒 1,016 人，全部為臺灣人，〔註 347〕由於烏牛欄庄、牛眠山庄、大湳庄都是以平埔族的人口佔多數，教會也是由平埔族人倡建，埔里的基督徒大部份都是平埔族的巴宰族。依據日治末期陳維林的說法，烏牛欄的巴宰族全部都是基督徒，至於大湳、牛眠山、守城份，大約一半的巴宰族為基督徒。〔註 348〕

3、神社與日本佛寺

（1）能高神社

　　日治時期臺灣的神社共分為官幣社、國幣社、縣社、鄉社、無格社等五位階。〔註 349〕臺灣唯一的官幣大社台灣神社於明治 34 年（1901）10 月 27 日舉行鎮座祭，次日舉行第一次的例祭，〔註 350〕這是臺灣神社設置的開端。到了昭和 20 年（1945），全臺灣的神社計有 68 處，其中無格社就佔 30 處。〔註 351〕

〔註 345〕賴貫一，《臺灣土龍傳奇》（南投：臺灣打里摺文化協會，2003），頁 47、54、66。

〔註 346〕劉枝萬、石璋如等纂，《南投縣志稿（八）》，頁 244～245。
　　　　　大正 9 年（1920）地方官官制改正後，北山坑庄改隸屬國姓庄，因此不列為埔里街管內的教堂。

〔註 347〕埔里街役場，《臺中州能高郡埔里街街勢要覽》，「社寺宗教」表「基督教」欄。

〔註 348〕陳維林，〈埔里の平埔族〉，《民俗臺灣》第 3 卷第 3 號（臺北：古亭書屋，1943.3）頁 37。

〔註 349〕劉澤民，〈石燈照古人——醒靈寺保存的能高神社殘蹟〉，《臺灣文獻》第 56 卷第 3 期，頁 302。

〔註 350〕菅浩二，《日本統治下の海外神社——朝鮮神宮・台湾神社と祭神》，頁 296。

〔註 351〕小林英夫，《日本人の海外活動に関する歴史的調査　第十卷　台湾篇 5》，頁 45。
　　　　　68 處神社包括官幣社 2 處、國幣社 3 處、縣社 11 處、建功神社及護國神社各 1 處、鄉社 20 處、無格社 30 處。

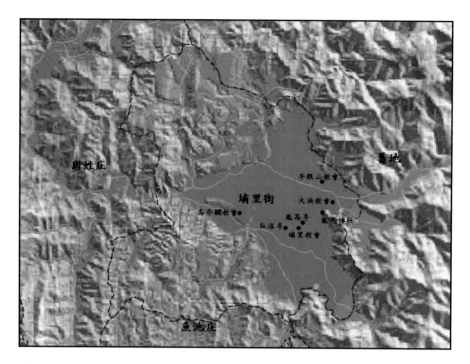

圖 6-27：日治時期埔里地區教堂、神社與日本佛寺位置圖

說明：本圖以「臺灣歷史文化地圖核心應用系統」繪製而成。

昭和 6 年（1931）日本進入準戰爭時期之前，臺中州管內鄉社以上的神社僅有臺中神社（縣社，1912）、彰化神社（鄉社，1927）、員林神社（鄉社，1931）等三座神社，〔註352〕當時埔里的能高社屬於無格社。大正 9 年（1920）由杉山昌作與陳阿貴（1880～1924）聯名申請 10.6 甲官有地無償貸下（即無對價撥用），做為一般民眾參拜能高社的周邊設施與遊園地，後來杉山昌作移居蕃地，陳阿貴死亡，大正 15（1926）改由當時的埔里街長兒玉達吉向總督府提出申請官有地無償貸下，成為能高社的用地，〔註353〕也就是今天的虎頭山一帶（見圖 6-28）。

虎仔耳山頂的能高社（見圖 6-27）設立於昭和 2 年（1927）3 月 17 日，祭神包括大國魂命、大己貴命、少彥名命、能久親王，〔註354〕能高社建立之初，沒有官方介入的情形下，臺灣人對神社參拜並不熱衷，昭和 3 年（1928）

〔註352〕蔡欣雁，〈日治後期臺中州國家神道之傳播及影響（1931～1945）〉，東海大學歷史研究所碩士論文，2004，頁 63、69。

〔註353〕《臺灣總督府公文類纂》第 4103 冊第 15 件，頁 213～229。

〔註354〕埔里街役場，《臺中州能高郡埔里街街勢要覽》，「社寺宗教」表「神社」欄。

參拜能高社的日本人有 400 人，臺灣人只有 184 人，昭和 4 年（1929）參拜
的日本人有 521 人，臺灣人有 287 人。〔註 355〕

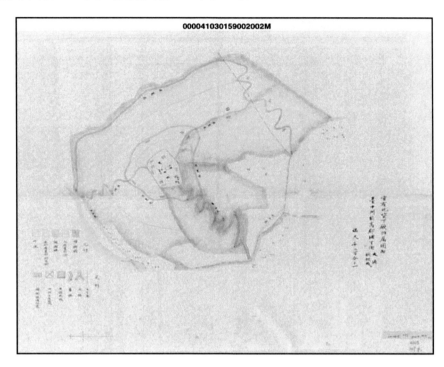

圖 6-28：虎仔耳山能高社遊園地平面圖

說明：本圖引自《臺灣總督府公文類纂》第 4103 冊第 15 件附圖 2002。

　　與日本內地的「神社整理」所進行削減政策相較，臺灣正好反其道而行，
昭和 9 年（1934）總督府文教局發佈「一街庄一社」的設立方針，此時全臺
灣僅有 25 座神社，欲達成此目標，尚需設置 300 社。〔註 356〕為了達成這樣
的目標，各地紛紛發起募集「神社造營費寄附金」的活動，不過，此目標不
僅不易達成，就連「一郡一社」的目標都很難達成。〔註 357〕到了昭和 20
年（1945）終戰時，全臺灣的神社僅有 68 座，即使加上社、祠、遙拜所等
也僅有 204 座，和總督府原本擬興建 300 餘座神社的目標仍有一大段距離。

〔註 355〕台中市役所，昭和 4 年版《台中州管內概況及事務概要》（臺北：成文，1985），
　　　　頁 61。
〔註 356〕菅浩二，《日本統治下の海外神社──朝鮮神宮・台湾神社と祭神》，頁 316
　　　　～317。
〔註 357〕蔡錦堂，《日本帝國主義下台湾の宗教政策》，頁 133、311～312。

〔註 358〕

臺中州原本擬推動一街庄一社的計畫，考量實施上有其困難，退而求其次，以「一郡一社」做爲目標，於管內各郡著手推動神社設立計劃，到了昭和 18 年（1943）共建造了 11 座神社，包括昭和 15 年（1940）從山頂改遷建於山腳下的能高神社（見圖 6-29）。〔註 359〕

戰爭末期殖民政府逐漸推動神社昇格，尤其是昭和 18 年（1943）至昭和 20 年（1945）終戰期間，共計有縣社 3 社、鄉社 14 社昇格。〔註 360〕昭和 17 年（1942）至 20 年（1945）臺中州有 8 座神社昇格，包括昭和 19 年（1944）能高神社以鄉社列格，這些神社昇格之後，擴大了神社的影響區域，成爲當地的中心神社，以及地區宣揚敬神教化的中心。〔註 361〕

能高神社建造地點決定之後，昭和 12 年（1937）7 月 18 日於能高郡役所召開會議，由能高郡守釜田喜太郎主持協議，由後藤學而（生卒年不詳，曾任國姓庄協議會員）、酒煙草賣捌人山下藤太郎、埔里街長林其祥、埔里街協議會員王峻槐、埔里街協議會員羅銀漢等五人擔任土地買收委員，由國姓庄長彭華錦（生卒年不詳）、埔里街助役施丹梯、埔里街協議會員芝原太次郎、埔里街協議會員四倉多吉等四人擔任寄附募集委員，打算向住在郡外的大地主募集資金。〔註 362〕同年（1937）10 月 11 日於郡役所會議室召集各相關單位討論神社建造事宜。〔註 363〕

〔註 358〕黃士娟，〈日治時期臺灣宗教政策下之神社建築〉（桃園：中原大學建築學系碩士論文，1998），頁 146。

〔註 359〕蔡欣雁，〈日治後期臺中州國家神道之傳播及影響（1931～1945）〉，頁 67、69、97。

〔註 360〕蔡錦堂，《日本帝國主義下台湾の宗教政策》，頁 153～154。

〔註 361〕蔡欣雁，〈日治後期臺中州國家神道之傳播及影響（1931～1945）〉，頁 73。《臺灣總督府公文類纂》第 11197 冊第 1 件，頁 8、133。

〔註 362〕《臺灣日日新報》，1937 年 07 月 21 日第八版，「埔里——□□委員會」。

〔註 363〕《臺灣日日新報》，1937 年 10 月 13 日第八版，「埔里——神社造營」。

圖 6-29：能高神社

說明：引自埔里圖書館典藏老照片圖檔。

　　昭和 15 年（1940）9 月 3 日，臺中州已經內定由當時擔任日本長崎市十人町村社住江神社社掌的神奴彥三（生卒年不詳）擔任能高神社社掌。〔註 364〕惟因 10 月 6 日即將舉行鎮座祭，時間上趕不及到任，於是 10 月 4 日先由原來擔任豐原神社社掌的種子田千春（生卒年不詳）兼任能高神社社掌，負責執行 10 月 6 日的鎮座祭。〔註 365〕10 月 6 日當天發佈的能高神社總代（即信徒代表）包括埔里街長渡邊誠之進、平原宗太郎、小林繁、芝原太次郎、山下藤太郎、林其祥、彭富來等 6 位。〔註 366〕同年 11 月神奴彥三即抵達埔里接任能高神社社掌。

　　能高神社兩旁有一些奉獻的石燈，這些石燈都是能高郡管內一些地方上有財力、有名望者，或是事業組織所奉獻，石燈上也會刻有奉獻者的姓名或團體（例如「埔里消防組」）、組織（例如「烏牛欄信用組合」）名稱。〔註 367〕

〔註 364〕《臺灣總督府公文類纂》第 10267 冊第 43 件，頁 299～312。
〔註 365〕《臺灣總督府公文類纂》第 10267 冊第 8 件，頁 55～60。
〔註 366〕劉澤民，〈石燈照古人——醒靈寺保存的能高神社殘蹟〉，《臺灣文獻》第 56
　　　　卷第 3 期（南投：國史館臺灣文獻館，2005.9），頁 309。
〔註 367〕劉澤民，〈石燈照古人——醒靈寺保存的能高神社殘蹟〉，《臺灣文獻》第 56

戰後，醒靈寺籌建董事長許清和將十幾個石燈及一對石獅（含底座）從虎頭山下移到醒靈寺前安置。﹝註368﹞能高神社所屬地於戰後改設「埔里農業職業學校」，原神社建築物鳥居上方也被改爲「中山紀念堂」，此鳥居可能於民國43年（1954）之後被拆除。﹝註369﹞

（2）日本佛寺

日治初期日本佛教也派遣佈教師隨著軍隊腳步進入臺灣，積極向臺灣人進行佈教。﹝註370﹞眞宗本派本願寺派是日本佛教傳入臺灣宗派當中信仰人數最多的一派，也是在臺灣影響較大的宗派之一。﹝註371﹞明治43年（1910）開始著重於向高山族佈教，當時所派出專門向高山族佈教的10名佈教使當中，也包括一名向霧社佈教的安倍道溟（生卒年不詳）。﹝註372﹞昭和16年（1941）眞宗本願寺於臺灣已設有寺院16處、佈教所30處，﹝註373﹞包括埔里佈教所。

日治時期在埔里街設立的日本佛寺佈教所只有能高寺與弘法寺兩所（見圖6-27），眞宗本願寺於大正5年（1916）所設立的佈教所，先於大正2年（1913）修繕埔里街262番地的城隍廟做爲臨時處所，大正5年（1916）2月獲地方廳認可之後，將佈教所設於埔里街埔里字埔里16番地。同年9月佈教使回日本之後，沒有後繼的佈教使，大正6年（1917）元月發生大地震，佈教所全毀，到了大正9年（1920）2月弘中佈教使到任後，再開始佈教。﹝註374﹞大正13年（1924），由佈教使藤岡了觀（生卒年不詳）與另8名信徒總代，9人聯名提出廢除佈教所改設「能高寺」的申請案，大正14年（1925）興建完成，改稱爲能高寺（今之信愛幼稚園）。大正13年（1924）寺院建立之前所擁有的信徒人數包括「壇徒」350名（包含日本人105戶300人、臺灣人15戶50人）、「信徒」760名（包含日本人260名、臺灣人500名）。﹝註375﹞

卷第3期，頁312。

﹝註368﹞劉澤民，〈石燈照古人──醒靈寺保存的能高神社殘蹟〉，《臺灣文獻》第56卷第3期，頁299～300。

﹝註369﹞劉澤民，〈石燈照古人──醒靈寺保存的能高神社殘蹟〉，《臺灣文獻》第56卷第3期，頁311。

﹝註370﹞蔡錦堂，《日本帝國主義下台灣の宗教政策》，頁28～30。

﹝註371﹞吳敏霞，《日據時期的臺灣佛教》（臺中：太平慈光寺，2007），頁105。

﹝註372﹞吳敏霞，《日據時期的臺灣佛教》，頁116。

﹝註373﹞小林英夫，《日本人の海外活動に關する歷史的調查 第十卷 台灣篇5》，頁46。

﹝註374﹞《臺灣總督府公文類纂》第3994冊第10件，頁98。

﹝註375﹞《臺灣總督府公文類纂》第3994冊第10件，頁86～102。
提出申請的9人當中有8名日本人，包括藤岡了觀、杉山昌作、芝原太次郎、

依昭和 3 年（1928）的統計，該寺信徒有日本人 218 人、臺灣人 250 人，共計 468 人。〔註376〕不過，依昭和 8 年（1933）的統計，信徒卻增加到 750 人，而且全部是日本人，〔註377〕三次的統計時間相差不遠，顯示統計方式可能不同，也可能資料有誤。能高寺並未從事社會事業，有兩個附屬團體，一是佛教婦人會，擁有會員約 170 名，另一個是佛教青年會，擁有會員 75 名。〔註378〕

　　另一所為古義眞言宗的佈教所，遲至昭和 8 年（1933）才設立，由海野慶幸擔任佈教使，與埔里的日本人黑澤元吉共同籌備傳教事宜，〔註379〕初期租用能高俱樂部對面店舖充作佈教所，信徒有日本人 635 位、臺灣人 41 位，〔註380〕於是遷移至新址，興建弘法寺，為日式木造平房（見圖 6-15），興建年代不詳，戰後先由埔里鎮公所接管，民國 35 年（1946）略做修繕後，移撥為城隍廟地使用。〔註381〕

　　日本佛教舉辦的活動，參加的臺灣人也未必都是日本佛教的信徒，有些齋堂的堂主、齋友、道士也會參與。例如昭和 13 年（1938）4 月 9 日由能高寺舉辦的佛教講習會，能高郡管內寺廟的堂主及齋友、道士等有 38 名參加。〔註382〕

4、九月迎媽祖

　　九月迎媽祖（見圖 6-30、圖 6-31）是埔里重要民間信仰活動之一，每年農曆 8 月 29 日，迎接彰化南瑤宮與鹿港天后宮的媽祖前來，30 日進行「下馬戲」，從 9 月 1 日開始，媽祖輪流至各庄接受信徒祭拜。巫永福 11 歲時（1922）即曾經陪伴祖母坐轎子，到水尾迎接彰化媽祖、鹿港湄州媽，〔註383〕並且跟

　　　　山下藤太郎、朝倉喜代松、原田源吉、大嶋喜七、潮軍一等，唯一一位臺灣
　　　　人是林其祥。
〔註376〕埔里街役場，《臺中州能高郡埔里街街政一班》（南投：埔里街役場，1929），
　　　　「社寺宗教」表「寺院」欄。
〔註377〕埔里街役場，《臺中州能高郡埔里街街勢要覽》，「社寺宗教」表「寺院」欄。
〔註378〕《臺灣總督府公文類纂》第 3994 冊第 10 件，頁 100。
〔註379〕黑澤元吉於昭和 10 年（1935）擔任埔里街官選街協議會員。《臺灣日日新報》，
　　　　1935 年 11 月 10 日第四版。
〔註380〕埔里街役場，《臺中州能高郡埔里街街勢要覽》，「社寺宗教」表「寺院」欄。
〔註381〕劉枝萬、石璋如等纂，《南投縣志稿（八）》，頁 234～235。
〔註382〕《臺灣日日新報》，1938 年 04 月 11 日第七版，「佛教講習會，堂主、齋友、
　　　　道士等男女三十八名參會」。
〔註383〕巫永福，《巫永福全集》6「評論卷 I」，頁 155。

隨媽祖在埔里街遶境。〔註 384〕埔里迎媽祖的時間長達近一個月，依日期輪流到各聚落接受居民祭拜，迎接的順序詳見表 6-8。

圖 6-30：埔里街迎媽祖活動（約 1930 年）

說明：本相片由鄧相揚提供。

巫永福，《巫永福全集》9「小說卷 I」，頁 150。

〔註 384〕巫永福，《巫永福全集》22「台語俳句」，頁 87。

圖 6-31：戰後初期埔里媽祖遶境活動（約 1960 年）

說明：引自醒靈寺典藏老照片。

表 6-8：媽祖遶境各街庄輪流日期表

日 期	街　庄	日 期	街　庄	日 期	街　庄
8/29	迎媽祖	9/9	水頭	9/19	烏牛欄
8/30	下馬戲	9/10	大馬麟	9/20	牛相觸
9/1	牛眠山	9/11	水尾	9/21	觀音山
9/2	牛眠山	9/12	刣牛坑	9/22	車仔頭
9/3	福興	9/13	史港坑	9/23	北寮（會社）
9/4	虎仔耳	9/14	林仔城	9/24	小埔社
9/5	守城份	9/15	紅瓦厝	9/25	大坪頂
9/6	枇杷	9/16	生蕃空	9/26	茄苳腳（下保）
9/7	蜈蚣崙	9/17	茄苳腳（上保）	9/27	埔里
9/8	大肚城	9/18	恒吉城	9/28	上馬戲

說明：本表參考埔里公學校，《埔里鄉土調查》，頁 167～169 整理完成。

　　雖然農曆 8 月底奉迎彰化、鹿港媽祖遶境是埔里行之有年的特有習俗，不過昭和 10 年（1935）適逢國勢調查，也只得延後至 10 月 3 日（即農曆 9 月 6 日）舉行。〔註385〕

　　媽祖廟有時也會舉辦進香活動，例如昭和 11 年（1936）4 月 8 日舉辦前往彰化及鹿港進香的活動，隨香的信眾超過 600 人，往返行程 6 天 5 夜，採取徒步方式，第一天於龜仔頭過夜，第二天在彰化，第三天到達鹿港，第四天回到彰化，第五天回到龜仔頭，第六天回宮。〔註386〕也就是說，埔里也曾經有徒步的進香習俗。

5、埔里建醮活動

　　埔里目前有十二年舉辦兩次建醮的傳統習俗，於鼠年（子年）舉辦「祈安清醮」，三年後的兔年（卯年）再舉辦一次「三獻清醮」。依據恒吉宮所保存的建醮資料，埔里首次舉辦「三獻清醮」的年代是民國 40 年（1951），日治時期並未舉辦過「三獻清醮」。〔註387〕筆者認為埔里的「三獻清醮」是戰後才形成的新習俗，原因極可能是戰後首次舉辦「祈安清醮」的年代民國 37 年（1948），正值戰後初期經濟比較不穩定的環境，因此，舉辦的「祈安清醮」可能比較不夠盛大，為了彌補「普不夠」（即未能使所有孤魂野鬼普遍接受到普渡的饗宴）的缺憾，於是在三年後補辦一次「三獻清醮」，從此沿襲成俗。

　　埔里建醮這樣循環習俗的形成時間及原因眾說紛云，潘樵於《埔里祈安清醮一百年》一書中認為「相傳埔里地區的醮祭開始於西元 1900 年」〔註388〕不過，該書也忠實地記載：「惟自民國二十五年（丙子年）開始才存有舉醮資料。」〔註389〕埔里醮祭的源起，潘樵於同書中認為「埔里地區的醮祭是源自於恒吉宮媽祖廟的落成，因此一開始的醮應該是屬於『慶成醮』，後來才慢慢轉變為平安清醮，」〔註390〕此一說法值得商榷，雖然恒吉宮確實於明治 33

〔註385〕《臺灣日日新報》，1935 年 10 月 06 日第四版，「埔里──彰媽遶境」。
〔註386〕《臺灣日日新報》，1936 年 04 月 12 日第四版，「埔里恒吉宮媽祖進香」。
〔註387〕恒吉宮所保存的建醮資料是由恒吉宮副董事長高錦祥整理保存，內容部分手稿資料即高副董事長親筆整理。日治時期雖然可推測曾於 1900 年、1912 年、1924 年、1936 年舉辦過建醮，但只有 1936 年留下較詳細的資料，包括總理、副總理、四角大柱的姓名。
〔註388〕潘樵，《埔里祈安清醮一百年》（南投：潘樵文化工作室，2001），自序，頁 7。
〔註389〕潘樵，《埔里祈安清醮一百年》（南投：潘樵文化工作室，2001），頁 14。
〔註390〕潘樵，《埔里祈安清醮一百年》（南投：潘樵文化工作室，2001），頁 29。

年（1900）遷移至現址，遷入的日期為農曆 3 月 22 日子時，〔註391〕與後來歷次建醮多選在農曆 11 月前後舉辦的時機並不符合，當時是否有舉辦慶成醮，也缺乏紀錄可查。恒吉宮於大正 10 年（1921）開始重建，大正 13 年（1924）年農曆 2 月 21 日子時舉行落成安座。〔註392〕雖然也正巧遇到埔里建醮之年，不過，據《臺灣日日新報》的報導，該年建醮是從 12 月 23 至 25 日（即農曆 11 月 27 至 29 日）舉辦清醮三日，〔註393〕以此推斷，埔里建醮應非恒吉宮的「慶成醮」演變而來。

也有傳說認為是起源於光緒 7 年（1881）因籃城庄眉溪地漏導致缺水，村民迎彰化南瑤宮的媽祖來巡境，有人提議建醮酬神，這就成為埔里建醮的起源，〔註394〕此一說法同樣缺乏佐證，可能與「九月媽祖遶境」混為一談。

埔里地區於何時舉辦首次的建醮雖已不易追查，不過，目前可以找到的紀錄提到最早的建醮時間是大正元年（1912），雖然有關埔里建醮的書籍、史料都沒有這一年的建醮紀錄，但有一項司法紀錄留下一條線索。這一年發生了史稱「南投事件」的抗日事件，隘勇沈阿榮（1885～1914）受到國民革命成功的鼓舞，於初冬開始在南投、埔里、東勢角等地招募黨員，募得隘勇徐香（林圮埔街民，1886～？）等 80 餘名，組織革命黨，後來因遭檢舉而紛紛被捕。從臺中地方法院檢察官呈送覆審法院檢察官長的「陰謀案件報告」中提到，主要參加者徐香因被探知可能趁 12 月 19 日（農曆 11 月 11 日）「埔里社大祭」之際來埔，而進行搜查，同月 22（農曆 11 月 14 日）於挑米坑庄黃輪（生卒年不詳）家中被捕。〔註395〕雖然可以把它當作目前所發現埔里最早建醮年代的紀錄，由於僅提到「埔里社大祭」，其規模與舉辦方式皆不得而知。

十二年後的建醮，即大正 13 年（1924）甲子年，從 12 月 23 至 25 日（即農曆 11 月 27 至 29 日）舉辦清醮三日（見圖 6-32、圖 6-33）。〔註396〕臺灣文學作家巫永福當年僅 13 歲，由於父親巫俊擔任東門及枇杷城大柱（即東角大柱），於是巫永福被送到恒吉宮一週，與總理、副總理、東西南北角各大柱及

〔註391〕鄧鏗揚、賴敏修主編，《埔里區寺廟弘道協會紀念特刊》，頁 22。

〔註392〕鄧鏗揚、賴敏修主編，《埔里區寺廟弘道協會紀念特刊》，頁 22。

〔註393〕《臺灣日日新報》，1924 年 12 月 09 日第四版，「埔里建醮豫聞」。

〔註394〕王灝，《南壇采風》（南投：埔里鎮庚辰年祈安三獻清醮南壇醮務委員會，2001），頁 8。

〔註395〕程大學編譯，《臺灣前期武裝抗日運動有關檔案》（南投：臺灣省文獻委員會，1977），頁 438。

〔註396〕《臺灣日日新報》，1924 年 12 月 09 日第四版，「埔里建醮豫聞」。

副柱之子弟共 12 人隨香獻禮。〔註397〕

圖 6-32：1924 年埔里建醮北壇　　　　圖 6-33：1924 年埔里建醮南壇

說明：引自醒靈寺文獻室典藏老照片。　　說明：引自醒靈寺文獻室典藏老照片。

　　雖然傳說明治 33 年（1900）可能曾經舉辦建醮，大正元年（1912）的「埔里社大祭」是有明確記載的第一次建醮，也可能是 12 年後建醮傳統的延續。到了大正 13 年（1924）再舉辦一次建醮，三次醮祭似乎形成 12 年舉辦一次的建醮活動循環規律，是否就此沿襲爲慣例仍難確定。

　　筆者以爲，埔里目前的建醮習俗或許起源於昭和 10 年（1935）的一項提議。該年 8 月（即農曆 7 月）於媽祖廟前辦理普渡後，於 8 月 28 日招待諸贊助者及新舊爐主頭家的場合，由陳秋全提議，自甲子年（1924）建醮以來已經過了 11 年，建議明年（即 1936）再建醮祈安，獲得出席者一致贊成。於是推舉食鹽賣捌人林其忠爲總理，雜貨商許道南爲副總理，〔註 398〕昭和 11 年（1936）12 月 25 日（農曆 11 月 12 日）起，開始豎燈篙。〔註 399〕由此過程可見，在此之前街民未必已形成「每逢子年就舉辦建醮」的慣例。

　　昭和 11 年（1936）的建醮也是日治時期埔里最後一次建醮，同樣是三朝清醮，從 12 月 25 日至 27 日（農曆 11 月 12 至 14 日），曾擔任保正的豐原人張麗俊接受埔里友人的邀請，前來參觀建醮活動，日記中也記下當時曾舉辦

〔註397〕巫永福，《巫永福全集》9「小說卷 I」，頁 154～155。
　　　　巫永福將建醮年誤記爲大正 14 年（1925），不過，他還是記明舉辦時機於 12 月。
〔註398〕《臺灣日日新報》，1935 年 09 月 01 日第四版，「埔里——議建醮事」。
〔註399〕《臺灣日日新報》，1936 年 12 月 16 日第十二版，「埔里街清醮，廿五日起先豎起燈篙」。

四大醮壇的裝飾比賽，獎金總額 4,000 圓做為各壇裝飾工程費的補助，第一名的賞金 1,300 圓，第二名 1,050 圓，第三名 850 圓，第四名 800 圓。經公正人士評比結果，第一名是西角主壇（見圖 6-34），第二名是南角（見圖 6-35），第三名是北角（見圖 6-36），第四名是東角（見圖 6-37）。〔註400〕

圖 6-34：1936 年埔里建醮西壇

說明：引自醒靈寺文獻室典藏老照片。

圖 6-35：1936 年埔里建醮南壇

說明：引自醒靈寺文獻室典藏老照片。

圖 6-36：1936 年埔里建醮北壇

說明：引自醒靈寺文獻室典藏老照片。

圖 6-37：1936 年埔里建醮東壇

說明：引自醒靈寺文獻室典藏老照片。

〔註400〕 張麗俊著，許雪姬、洪秋芬、李毓嵐編纂解讀，《水竹居主人日記》（十），頁 300、302。

張麗俊於日治初期明治 32 年（1899）開始擔任下南坑第一保保正，一直到大正 7 年（1918）因官司纏身才辭去保正一職，前後擔任保正約 20 年，詳見洪秋芬，〈日治時期殖民政府和地方宗教信仰中心關係之探討——豐原慈濟宮的個案研究〉，頁 8。

二、官方舉辦之活動

　　為了強化臺灣人的敬神愛國之心，神社參拜成為推動的工作之一，電影的播放不僅是一項流行的娛樂，也成為官方宣傳的工具。從公眾活動的舉辦，可以看到殖民統治的觸角逐漸增廣，街民也逐漸關心公共事務，受到部分日本習俗的影響。

1、神社參拜

　　國家神道是國家權力與宗教結合的產物，殖民政府藉著國家神道敬神觀念的提倡，培養民眾忠誠愛國的精神，以強化天皇制政權的權威性。〔註401〕為擴展國家神道，昭和 9 年（1934）推動「一街庄一社」的神社建置計畫，於全臺各街庄普遍設置神社。要讓神社成為地方的教化中心，必需透過與民眾的交流互動，養成敬神觀念，主要方式包括神社參拜、神前結婚以及神社奉仕。〔註402〕根據昭和 13 年（1938）與昭和 16 年（1941）的神社參拜者數調查，臺中州的參拜人數僅次於臺南州。〔註403〕

　　被要求進行神社參拜的人，不僅限於學生與青年團，也包括各種團體組識，參拜的日期也不限於神社例祭日。〔註404〕昭和 13 年（1938）3 月 6 日能高郡產業組合聯合會主辦產業組合紀念日活動，包括前往能高神社參拜，目的標榜為了「祈求組合事業之繁榮、出征皇軍武運長久」。〔註405〕全臺各神社皆實施神社奉仕，〔註406〕能高神社也不例外，例如昭和 13 年（1938）2 月 13 日於北門練兵場舉辦能高郡壯丁團查閱，藉此機會，參加的 9 團壯丁團於查閱活動結束後，一同至能高神社進行參道修繕工程，做為奉仕作業。〔註407〕

　　神社的祭日大致可分為三類，即每年祭典、例行祭典及臨時參祭。殖民政府為了使臺灣民眾儘快融入日本式的生活，以期對殖民政府產生向心力，於是鼓勵甚至強迫民眾必須到神社參拜祈願。除了祭典儀式（圖6-38）之外，還有慶祝活動，包括抬神轎等活動（見圖6-39、圖6-40）。〔註408〕

〔註401〕蔡欣雁，〈日治後期臺中州國家神道之傳播及影響（1931～1945）〉，頁 2～4。
〔註402〕蔡欣雁，〈日治後期臺中州國家神道之傳播及影響（1931～1945）〉，頁 79。
〔註403〕蔡欣雁，〈日治後期臺中州國家神道之傳播及影響（1931～1945）〉，頁 86～87。
〔註404〕蔡錦堂，《日本帝國主義下台灣の宗教政策》，頁 158。
〔註405〕《臺灣日日新報》，1938 年 03 月 08 日第九版，「紀念日に參拜」。
〔註406〕蔡錦堂，《日本帝國主義下台灣の宗教政策》，頁 160～163。
〔註407〕《臺灣日日新報》，1938 年 02 月 15 日第九版，「埔里團優勝，能高郡壯丁團查閱」。
〔註408〕蔡欣雁，〈日治後期臺中州國家神道之傳播及影響（1931～1945）〉，頁 80～81。

圖 6-38：能高神社祭典

說明：引自《思往事覓舊情》頁 11（何楨祥提供）。

圖 6-39：能高神社前抬神轎活動

說明：引自《古早人鄉土情》頁 13
（何楨祥提供）。

圖 6-40：能高神社前活動合影

說明：引自《古早人鄉土情》頁 140
（何楨祥提供）。

　　皇民化運動以後，神社逐漸成為地方教化的中心，為推廣神社崇拜，除了普及神宮大麻的齋奉外，〔註409〕團體參拜活動最頻繁的莫過於學生們，只要有戰事捷報傳回來，就會發動學生遊行遶街，再前往神社祈求日軍戰事順利，皇軍武運長久。有些團體也會在慶祝成立或會議召開之後，特地前往神社參拜，並在神社前拍照留念（見圖6-41、圖6-42）。〔註410〕

圖6-41：烏牛欄信用組合員於能
　　　　高神社前合影

說明：引自醒靈寺文獻室典藏老照片，昭
　　　和15年（1940）。

圖6-42：埔里酒煙草食鹽小賣人
　　　　組合於神社前合影

說明：引自埔里圖書館典藏老照片圖檔
　　　（潘石頭提供）。

2、政令宣傳

　　電影不一定用於娛樂，有時也做為官方宣傳的工具，例如昭和13年（1938）1月18日專賣局埔里出張所於埔里青年會館舉辦「職員家族慰安映畫會」，當晚播放的內容包括3卷「支那事變ニュース」、11卷現代劇、8卷時代劇，〔註411〕同月22日在能高座播放「事變映畫」。〔註412〕電影也可以做為慰勞軍

〔註409〕陳大元，〈日治時期臺灣教化輔助團體之研究〉，頁63。
〔註410〕蔡欣雁，〈日治後期臺中州國家神道之傳播及影響（1931～1945）〉，頁82～83。
〔註411〕《臺灣日日新報》，1938年01月22日第九版，「埔里出張所映畫會」。
　　　　「現代劇」：以現代的主題為題材的戲劇、電影，或是指「近代劇」以後的戲劇，特別是指第一次大戰以後到現代為止、世界各國戲劇的總稱。
　　　　「時代劇」：指的是以日本江戶時代為主，或江戶時代以前為題材的戲劇、電影。
〔註412〕《臺灣日日新報》，1938年01月17日第七版，「事變映畫を臺中州下で公開，埔里街は廿二日」。

人家屬的活動，昭和 13 年（1938）10 月 24 日由在鄉軍人會能高分會與國防婦人會即共同爲出征軍人家族舉辦「慰安映畫會」。〔註413〕

3、召開會議及戶外活動的場所

　　會議及活動舉行的場所，由官方所推動的組織，就選在官方辦公廳舍開會，能高郡的組織於當地役所開會，例如昭和 11 年（1936）3 月 9 日，能高郡主辦的社會教化委員大會即於郡役所會議室舉行，〔註414〕昭和 12 年（1937）1 月 31 日召開能高郡米穀統制組合總代會，地點也在能高郡役所（見圖 6-43）。〔註415〕昭和 9 年（1934）2 月於埔里街役場（見圖 6-44）會議室舉辦街民大會，討論農林學校設置問題，出席者主要是臺中州埔里農林學校設置請願代表委員。〔註416〕

圖 6-43：能高郡役所（1930 年）

說明：引自醒靈寺文獻室典藏老照片。

圖 6-44：埔里街役場

說明：引自《古早人鄉土情》頁 10（何楨祥提供）。

　　戶外的活動場地，主要選在北門練兵場（即梅仔腳臨時飛機場）舉辦，例如昭和 4 年（1929）2 月 11 日舉行「建國祭」、〔註417〕昭和 8 年（1933）

〔註413〕《臺灣日日新報》，1938 年 10 月 24 日第八版，「埔里——慰安映畫會」。
〔註414〕《臺灣日日新報》，1936 年 03 月 14 日第十二版，「埔里——教委大會」。
〔註415〕《臺灣日日新報》，1937 年 02 月 03 日第八版，「埔里——米統總合」。
〔註416〕《臺灣日日新報》，1934 年 02 月 04 日第三版，「農林學校設置の街民大會を開催，目的貫徹費として三千圓調達の決議」。
〔註417〕《臺灣日日新報》，1929 年 02 月 15 日第五版，「埔里——建國祭」。
　　　　「建國祭」又稱爲「紀元節」，其日期是在 2 月 11 日，是日本慶祝其建國的日子。

11 月 7 日舉辦埔里公學校運動會、〔註 418〕同月 10 日能高郡下壯丁團檢閱、〔註 419〕昭和 12 年（1937）12 月 1 日舉辦聯合防火演練、〔註 420〕同月 11 日舉辦埔里霧社間的自動車開通式等。〔註 421〕特殊的節日也會開放埔里街的埔里分遣隊營地供民眾參觀。埔里守備隊即今之第三市場一帶，每年「天長節」（日本天皇生日），營房會開放給民眾參觀，許多城內、外的居民都趁這機會進來參觀。〔註 422〕

學校是舉辦活動的主要場所之一，尤其是舉辦地方產物推廣或藝文活動。大正 13 年（1924）埔里水道落成的時候，從 1 月 29 日至 31 日三天舉辦「教育展覽會」、「學藝演習會」、「衛生展覽會」等，地點就在埔里公學校。〔註 423〕同年 12 月產業組合聯合會舉辦三天（12 月 19 日至 21 日）的農產物品評會也是在此舉辦。〔註 424〕舉辦農產品評會期間，也順便舉辦蕃產物品評會，堪稱開郡以來的創舉。〔註 425〕昭和 9 年（1934）6 月能高郡役所落成時，11～12 日舉辦兩天的記念展覽會，新廳舍用電燈裝點得如同不夜城。〔註 426〕這次的活動，也在埔里小學校的校園內設置一處綜合眉原蕃、眉溪蕃（霧社蕃）、過坑蕃的「蕃社村」供人參觀。〔註 427〕

4、皇民奉公會組織與活動

昭和 6 年（1931）「滿州事件」（九一八事變）發生後，埔里開始有響應活動及組織的成立，首先是昭和 7 年（1932）元月，生蕃空 11 保保正辜煥章與保民共同奉出「滿州事件費」14 圓獻金，挑米坑 13 保保正黃萬得也與保民共同奉出 11 圓獻金。〔註 428〕昭和 13 年（1938）2 月 6 日於埔里北公學校禮堂舉行「國防婦人會能高分會結成式」，會員 200 餘名出席。〔註 429〕同

〔註 418〕《臺灣日日新報》，1933 年 11 月 05 日第三版，「埔里小公運動會」。

〔註 419〕《臺灣日日新報》，1933 年 11 月 03 日第八版，「埔里——壯丁檢閱」。

〔註 420〕《臺灣日日新報》，1937 年 12 月 04 日第八版，「埔里——埔里の防火テー」。

〔註 421〕《臺灣日日新報》，1937 年 12 月 08 日第五版，「埔里霧社間の自動車開通式」。

〔註 422〕陳春麟，《大埔城的故事——埔里鎮史》，頁 9。

〔註 423〕《臺灣日日新報》，1924 年 01 月 27 日第四版，「埔里水道落成式」。

〔註 424〕《臺灣日日新報》，1924 年 11 月 16 日第一版，「能高郡下農產物品評會」。

〔註 425〕《臺灣日日新報》，1924 年 11 月 16 日第八版，「能高郡農產品評會」。

〔註 426〕《臺灣日日新報》，1934 年 05 月 31 日第三版，「郡役所落成の記念展覽會」。

〔註 427〕《臺灣日日新報》，1934 年 05 月 18 日第三版，「埔里小學校橫に新設の蕃社村，街の人氣を呼んて，見物人が押すな押すな」。

〔註 428〕《臺灣日日新報》，1932 年 01 月 14 日第三版，「埔里點滴」。

〔註 429〕《臺灣日日新報》，1938 年 02 月 08 日第九版，「國防婦人會能高分會結成式」。

年（1938）7月25日，即有一些埔里地區有志之士於埔里青年會館召開座談會，討論有關「死藏金活用」的推動辦法，會中決定採取由各振興會役員進行逐戶拜訪勸說的方式，以喚起民眾的認同與支持。〔註430〕依8月2日《臺灣日日新報》的報導，全臺灣充斥著愛國熱，推動著「死藏金賣卻運動」，埔里也不例外，民間帶頭來做的包括埔里街協議會員王峻槐、羅銀漢、芝原太次郎、山下藤太郎等4人。〔註431〕奉仕作業與國防獻金不僅限於成人，連兒童也開始動員，除了幫忙做一些道路清掃、廢品回收等奉仕作業外，也鼓勵將零用錢儲存起來，做為國防獻金。〔註432〕

昭和11年（1936）11月10日為國民精神作興詔書渙發記念日（公布詔書的紀念日），當天於埔里小學校舉辦詔書渙發記念式，參加者包括各官衙長官、團體代表、街協議員、小公學校校長、區總代、教化委員、部落振興會長、方面委員等。〔註433〕

皇民奉公會成立之前，埔里已經成立一些團體組織，昭和11年（1936）能高郡管內有男子青年團6團、女子青年團2團，設置「能高郡聯合青年團做為統制機關」。〔註434〕昭和14年（1939）12月23日於埔里北公學校舉行「埔里街聯合青年團查閱」，埔里街約有男團員450名、女團員70名，合計約520名，另有國姓庄青年團男女團員共約290名參加。〔註435〕皇民奉公會成立後，昭和16年（1941）10月23日再次舉行能高郡聯合青年團查閱，共計有男女青年團15團，團員758名參加，另外還有埔里青年隊員、臺糖挺身隊員參加。〔註436〕埔里奉公壯年團成立於昭和16年（1941）12月29日，有團員約50名，名譽團長為埔里街長渡邊誠之進，團長為埔里街協議會員四倉多吉，副團長為刀根消一（生卒年不詳）與許秋，四名幹事當中有

〔註430〕《臺灣日日新報》，1938年07月27日第五版，「戶每に訪問して，死藏金活用勸誘，埔里振興會役員が活躍」。

〔註431〕《臺灣日日新報》，1938年08月02日第五版，「天晴れ花蓮港廳，死藏金の提出廿萬圓，全島に昂まる愛國熱」。

〔註432〕《臺灣日日新報》，1941年10月14日第四版，「お小遣を蓄めて國防獻金，埔里北國民學校の子供班から」。

〔註433〕《臺灣日日新報》，1934年05月31日第三版，「郡役所落成の記念展覽會」。

〔註434〕能高郡役所，《能高郡管內概況》昭和11年版，頁22。

〔註435〕《臺灣日日新報》，1939年12月25日第四版，「埔里街青年團查閱」。

〔註436〕《臺灣日日新報》，1941年10月27日第四版，「前年より進步，能高青年團查閱」。

一名臺灣人蕭木桂。〔註 437〕至於「奉公壯年團能高郡支會」，直到昭和 18
年（1943）9 月才成立。〔註 438〕奉公醫師團能高分團成立於昭和 17 年（1942）
2 月 8 日，團長爲醫師童江立。〔註 439〕商業奉公團於昭和 17 年（1942）4
月 8 日成立。〔註 440〕婦女組織除了女子青年團之外，還有「大日本婦人會
能高支會」、〔註 441〕「能高郡埔里街桔梗俱樂部」等。〔註 442〕

　　這些團體組織當中，有日本人專屬的組織，例如「在鄉軍人能高分會」，
昭和 6 年（1931）「滿州事件」發生後，10 月 13 日即召開臨時總會，並做成
一段「爲求東洋的永久和平，帝國在鄉軍人會能高分會對於滿州事件表達聲
援軍部適切採取有效措施的立場」之決議文。〔註 443〕昭和 10 年（1935）6
月 9 日於埔里小學校召開定期總會，會中由幾個團體共同募集 5,000 圓，舉
行「兵器寄納式（兵器獻納式）」。〔註 444〕以日本人爲主的「國民精神總動
員奉公班」，於昭和 15 年（1940）9 月 17 日舉行結成式，約有 80 餘人與會，
其組織是以 100 戶爲一個奉公班，分爲東、西、北等三班。〔註 445〕

　　此外，也有日本人與臺灣人聯合的組織，例如由日本人組成的「埔里女
子青年團」與臺灣人組成的「能高女子青年團」，兩組織於昭和 9 年（1934）
聯合後，開始製做手織品寄贈給在滿洲的軍人，以示慰問之意。〔註 446〕昭和
12 年（1937）10 月林其祥剛卸任埔里街長不久，即與其他 20 餘人共同發起
成立「埔里街□□軍人家族後援會」，會員 80 餘人。〔註 447〕昭和 16 年（1941）
埔里奉公青年隊也陸續結成，成員是挑選 17 至 24 歲的模範青年，通過體格
檢查後，合格者有 40 多人，9 月 15 日於南國民學校進行訓練。〔註 448〕

　　活動的型態有操練、體格選拔，也有遊行。昭和 13 年（1938）2 月，高

〔註 437〕《臺灣日日新報》，1941 年 12 月 31 日第四版，「埔里壯年團結成式」。
〔註 438〕《臺灣日日新報》，1943 年 09 月 17 日第四版，「奉壯團能高郡支會結成式」。
〔註 439〕《臺灣日日新報》，1942 年 02 月 10 日第六版，「奉公醫師團の能高分團結成」。
〔註 440〕《臺灣日日新報》，1942 年 04 月 10 日第四版，「能高——埔里電話」。
〔註 441〕《臺灣日日新報》，1943 年 06 月 15 日第三版，「日婦能高郡支會打合會」。
〔註 442〕《臺灣日日新報》，1944 年 02 月 18 日第四版，「桔梗俱樂部員交通秩序に協力」。
〔註 443〕《臺灣日日新報》，1931 年 10 月 14 日第三版，「能高郡分會の臨時總會」。
〔註 444〕《臺灣日日新報》，1935 年 06 月 12 日第七版，「埔里鄉軍の兵器寄納式」。
　　　　《臺灣日日新報》，1935 年 06 月 14 日第四版，「埔里鄉軍兵器獻納式」。
〔註 445〕《臺灣日日新報》，1940 年 09 月 17 日第九版，「埔里街奉公班結成」。
〔註 446〕《臺灣日日新報》，1934 年 03 月 06 日第三版，「滿洲の將兵に慰問品を寄贈」。
〔註 447〕《臺灣日日新報》，1937 年 10 月 10 日第八版，「埔里——後援會發會式」。
〔註 448〕《臺灣日日新報》，1941 年 09 月 22 日第四版，「埔里奉公青年隊近く結成」。

砂族青年團 17 團共 500 餘人聚集於北門練兵場舉行分列式，結果由干卓萬團獲得優勝旗，第二名為川中島團。〔註 449〕昭和 13 年（1938）4 月 6 日於能高郡役所會議室舉辦「農業義勇團農民」體格選拔，參加選拔者有 52 人，由公醫潮軍市與醫師童江立負責本次義勇農民選拔。〔註 450〕昭和 14 年（1939）7月 21 日於埔里北公學校禮堂召開「排英大會」，會後參加者千餘人於埔里街遊行，〔註 451〕戰事告捷時，也會舉行慶祝活動（見圖 6-45）。

圖 6-45：新加坡陷落紀念（昭和 17 年 2 月 18 日）

說明：說明：引自埔里圖書館典藏老照片圖檔（潘石頭提供）。

　　日本佛教也有行動，昭和 13 年（1938）1 月 13 日開始一個禮拜的晚上，眞言宗佈教所住持海野慶幸連日帶著弟子，以苦行方式拜訪埔里街各戶，募得淨財金 50 圓，於 21 日將這些錢獻納給郡兵事係做為恤兵金。〔註 452〕

　　高山族的奉仕作業包括開鑿道路，例如昭和 14 年（1939）9 月 25 日著手

〔註 449〕《臺灣日日新報》，1938 年 02 月 16 日第九版，「高砂族青年團堂堂分列式，優勝旗は干卓萬團へ」。
〔註 450〕《臺灣日日新報》，1938 年 04 月 08 日第十二版，「埔里──義勇農民選拔」。
〔註 451〕《臺灣日日新報》，1939 年 07 月 22 日第七版，「能高郡の排英大會，きのふ埔里で盛大に開催」。
〔註 452〕《臺灣日日新報》，1938 年 01 月 24 日第七版，「淨財を獻金」。

開鑿從埔里到川中島之間的 1 里半（約 6 公里）自動車道，每日動用 4,000 人。
〔註 453〕

　　因應戰爭，街民除了組織防衛團（見圖 6-46、圖 6-47），也進行一些防空演習、消防救火、防毒救護演習，昭和 12 年（1937）12 月 1 日於北門練兵場舉辦防火節消防演練。〔註 454〕昭和 13 年（1938）2 月 19 日於北門練兵場舉行「埔里消防組發會式」，臺灣各地的消防組長有許多人出席，與本地參加者共計 300 餘人與會。〔註 455〕埔里消防組的組長是埔里製糖所長深山要助，副組長為埔里酒煙草賣捌人山下藤太郎，其他幹部名單也全部是日本人，可能是一個純日本人組織。〔註 456〕同年（1938）3 月 10 日陸軍記念日，埔里防衛團於埔里街實施防毒、救護、防火演習，第一救護所設於保甲會議所，第二救護所設於能高俱樂部。火災假定發生點在弘法寺。〔註 457〕昭和 14 年（1939）11 月 29 日於埔里街役場後方庭院舉行防空訓練。〔註 458〕昭和 15 年（1940）1 月 10 日在能高神社外苑舉行「埔里消防組出初式」，臺中州下各消防組前來參加的來賓百餘人。〔註 459〕同年（1940）6 月 1 日於埔里北公學校舉行防空訓練，200 多人參加。〔註 460〕9 月 3 日舉行防空演習，〔註 461〕昭和 17 年（1942）1 月 10 日再次於能高神社外苑廣場舉辦「消防出初式」，〔註 462〕同年（1942）6 月 16 日舉行防空訓練，〔註 463〕7 月 29日再舉辦一次防空訓練。〔註 464〕埔里雖位於環山之中，一場場因應戰爭時期消防、防空操演，每次動員數百人參與，反映出埔里街民與臺灣時代處境

〔註 453〕《臺灣日日新報》，1939 年 09 月 25 日第四版，「高砂族奉仕作業，埔里から
　　　　川中島まで，一里半の道路を開鑿」。
〔註 454〕《臺灣日日新報》，1937 年 12 月 04 日第八版，「埔里──埔里の防火テ一」。
〔註 455〕《臺灣日日新報》，1938 年 02 月 21 日第七版，「埔里消防組發會式，盛大に
　　　　舉行さる」。
〔註 456〕《臺灣日日新報》，1938 年 02 月 23 日第九版，「埔里消防組員」。
〔註 457〕《臺灣日日新報》，1938 年 03 月 10 日第十三版，「防毒救護演習，埔里街で
　　　　實施」。
〔註 458〕《臺灣日日新報》，1939 年 12 月 03 日第五版，「埔里防空訓練」。
〔註 459〕《臺灣日日新報》，1940 年 01 月 12 日第五版，「埔里消防出初式」。
〔註 460〕《臺灣日日新報》，1940 年 06 月 04 日第九版，「雨を□し防空訓練，埔里街
　　　　で第三種演習」。
〔註 461〕《臺灣日日新報》，1940 年 09 月 07 日第九版，「埔里防空演習」。
〔註 462〕《臺灣日日新報》，1942 年 01 月 10 日第五版，「埔里の消防出初式」。
〔註 463〕《臺灣日日新報》，1942 年 06 月 19 日第四版，「埔里の防訓」。
〔註 464〕《臺灣日日新報》，1942 年 08 月 01 日第四版，「第二種防訓，埔里で打合」。

的共同脈動。

圖 6-46：埔里街防衛團第四分團 合影	圖 6-47：埔里街防衛團第一分團 合影
說明：引自埔里圖書館典藏老照片圖檔。（潘祈賢提供）	說明：引自埔里圖書館典藏老照片圖檔。（潘祈賢提供）

三、民間舉辦之活動

　　昭和 6 年（1931）埔里公學校所編的《埔里鄉土調查》，提到當時埔里的娛樂機關、設備，包括日本人設立的能高俱樂部，提供撞球及圍棋、象棋等娛樂設施，埔里製糖所俱樂部也有撞球設備，另有臺灣人經營的兩間撞球場。各官署、會社、團體也都設有網球場，此外，埔里青年會設有音樂團。〔註465〕除了這些娛樂場所及設施外，埔里還有哪些娛樂場所，舉辦哪些娛樂活動，以下分項介紹。

1、流行風氣

　　昭和 11 年（1936）裏南投道路開通之後，縮短臺中與埔里的距離，新的流行與娛樂也更容易進入埔里街民的生活中。《劉枝萬先生訪談錄》當中記錄了許多當時的街民生活與娛樂，例如日本出刊的月刊雜誌，大約一個禮拜之後就可以在埔里街上的書局買到，日本東京發行的流行歌曲的「曲盤」（唱片），兩個禮拜之後就可以在唱片行買到。茄苳腳的戲院能高座，除了演大戲（歌仔戲）之外，有時也會上演皮影戲、布袋戲，沒有安排戲劇時就播放電影，票價同樣大約是 1 角到 1 角 5 分左右。〔註466〕

〔註465〕埔里公學校，《埔里鄉土調查》，頁 160。
〔註466〕劉枝萬口述，林美容、丁世傑、林承毅訪問紀錄，《學海悠遊・劉枝萬先生訪

2、影劇娛樂場所

彰化銀行後面有一座戲院叫「有樂座」，當時因交通不便，少有戲班來演戲。據陳春麟的描述，那時還沒有電燈，戲台點著油燈火，還有另外的描述也提到「民國 5 年（1916）戲園被火燒掉」，因此，推測成立時間早於大正 5 年（1916）埔里電燈會社成立之前。〔註467〕大正 7 年（1918）第一市場落成之後，也帶動南門一帶的商機，南門河溝外又新建一座同樣叫「有樂座」的戲院，比以前的有樂座大一倍，由於日月潭水力發電工程興工，外來的人口增加，景氣好轉，有樂座經常安排戲班來演戲，這一帶漸漸成爲埔里街最熱鬧的地方。〔註468〕

大正 13 年（1924）落成的「能高座」，比舊戲院「有樂座」加大一倍，隔年（1925）新春演出歌仔戲常常爆滿。〔註469〕能高座不僅是提供戲劇、歌舞、電影等娛樂的場所，有時也提供做爲演講的場所。〔註470〕例如昭和 6 年（1931）1 月 8 日臺灣地方自治聯盟能高支部成立，當天常務理事楊肇嘉（1892～1976）等一行人前來埔里，當晚便在能高座舉辦演講會。〔註471〕七七事變的電影於昭和 13 年（1938）在埔里放映的地點也是能高座，〔註472〕同年 10 月 24 日，由在鄉軍人會能高分會及國防婦人會共同舉辦的一場慰勞出征軍人家屬的「慰安映畫會」，地點也是能高座，〔註473〕由此可見能高座於戰爭期間也扮演著大型聚會場所的功能。

昭和 10 年（1935）埔里振興會有鑑於埔里街的娛樂機關太少，於是設立一個以放映電影爲主的活動場所，與臺中的娛樂館訂約，每月放映一次，採低廉收費，供會員及家族成員觀賞，會員繳 60 錢可以看 2 次，家族成員看一次收 10 錢，兒童一次 5 錢。〔註474〕昭和 11 年（1936）5 月 11、12 日兩天，埔里振興會也在臺灣製糖會社埔里社製糖所的網球場舉辦社員家族慰安會，

談錄》，頁 6～14。
〔註467〕陳春麟，《大埔城的故事——埔里鎮史》，頁 10～11。
〔註468〕陳春麟，《大埔城的故事——埔里鎮史》，頁 15。
〔註469〕陳春麟，《大埔城的故事——埔里鎮史》，頁 42。
〔註470〕《臺灣日日新報》，1928 年 04 月 21 日第十二版，「埔里だより」。
〔註471〕《臺灣日日新報》，1931 年 01 月 18 日第八版，「自聯能高支部發會式及講演」。
〔註472〕《臺灣日日新報》，1938 年 01 月 17 日第七版，「事變映畫を臺中州下で公開，埔里街は廿二日」。
〔註473〕《臺灣日日新報》，1938 年 10 月 24 日第八版，「埔里——慰安映畫會」。
〔註474〕《臺灣日日新報》，1935 年 08 月 10 日第十二版，「埔里振興會設娛樂機關，上映影片」。

看露天電影。〔註475〕

　　位於西門的埔里俱樂部（後來改稱爲「能高俱樂部」），是大正4年（1915）
新建的一座建築物，屋內設備齊全，陳列埔里地區的名產，〔註476〕可說是
埔里街日本人專屬唯一的娛樂設施，管理人是小林キョちゃん一家人，場所
平常提供人們下囲碁（圍棋）、撞球等娛樂，每個月安排一次旅行藝人的表
演、魔術表演等，夜晚表演的收費標準爲大人20錢、小孩10錢。〔註477〕
大正5年（1916）臺灣總督安東貞美（1853～1932）前來埔里視察時，曾經
來此參觀，〔註478〕昭和10年（1935）2月20日埔里振興會成立大會也是在
這裏舉行。〔註479〕

3、召開會議及戶外活動場所

　　私人組織有時也會選在官方辦公廳舍開會，例如「埔里實業協會」昭和3
年（1928）、昭和4年（1929）的定期總會，都在埔里街役場召開。〔註480〕

　　昭和4年（1929）8月11日埔里青年會館（見圖6-48）落成之後，〔註481〕
也成爲日後一些重要活動的集會場所，臺灣地方自治聯盟能高支部於昭和6
年（1931）1月8日舉行發會式、〔註482〕同年（1931）8月31日能高自動車
株式會社創立總會、〔註483〕次年（1932）6月21日經營埔里至水里的貨運業
「中央貨物自動車株式會社」成立大會、〔註484〕昭和10年（1935）6月8日
埔里實業協會召開總會、〔註485〕6月13日埔里街役場召集各會社及團體開會
協議募集能高社參道修繕費用3,200圓相關事項、〔註486〕6月14日埔里酒煙

〔註475〕《臺灣日日新報》，1936年05月10日第五版，「埔里製糖所の家族慰安會」。
〔註476〕《臺灣日日新報》，1916年02月18日第一版，「埔里社隨行（七）」。
〔註477〕「むつみ」特集号編集委員會，《異鄉の街　ポーレーシア》，頁59、62。
〔註478〕《臺灣日日新報》，1916年02月16日第一版，「埔里社隨行（六）」。
〔註479〕《臺灣日日新報》，1935年02月24日第八版，「埔里街有志設振興會，一路
　　　　邁進更生」。
〔註480〕《臺灣日日新報》，1928年05月10日第八版，「實業協會總會」。
　　　　《臺灣日日新報》，1929年05月01日第五版，「埔里實業協會，會長以下改選」。
〔註481〕《臺灣日日新報》，1929年08月11日第五版，「埔里の青年會館十一日落成
　　　　式」。
〔註482〕《臺灣日日新報》，1931年1月18日第八版，「自聯能高支部發會式及講演」。
〔註483〕《臺灣日日新報》，1931年9月2日第二版，「埔里と臺中市に連絡自動車能
　　　　高自動車株式會社卅一日創立總會」。
〔註484〕《臺灣日日新報》，1932年6月21日第三版，「埔里點滴」。
〔註485〕《臺灣日日新報》，1935年06月12日第七版，「埔里實業總會」。
〔註486〕《臺灣日日新報》，1935年06月16日第七版，「地方近事——埔里」。

草小賣人組合召開定期總會、〔註487〕7月18日埔里信用購買販賣利用組合慶祝成立廿週年祝賀會等，都是選在埔里青年會館舉行。〔註488〕裏南投道路未完工前，為能促使工程早日完成，同年（1935）8月21日也在青年會館召開街民大會。〔註489〕裏南投道路即將開通之際，埔里、臺中兩地有志之士於昭和11年（1936）6月6日先舉辦一場商工座談會，地點也在青年會館。〔註490〕昭和12年（1937）1月16日舉行能高郡埔里米穀統制組合總代選舉，地點也是埔里青年會館。〔註491〕青年會館有時也會舉辦藝文展覽活動，張麗俊於昭和11年（1936）12月間前來埔里參觀建醮活動時，也到青年會館參觀呂汝濤（1871～？）、呂孟津（1898～1977）父子的畫展。〔註492〕青年會館戰後被改為「高樂戲院」，如今已改建為私人店舖。〔註493〕

圖 6-48：埔里青年會館

說明：引自醒靈寺文獻室典藏老照片。

〔註487〕《臺灣日日新報》，1935 年 06 月 19 日第七版，「埔里」。

〔註488〕《臺灣日日新報》，1935 年 7 月 22 日第八版，「埔里信購組廿週年祝表彰功勞者」。

〔註489〕《臺灣日日新報》，1935 年 08 月 19 日第八版，「埔里街民大會」。

〔註490〕《臺灣日日新報》，1936 年 06 月 05 日第四版，「臺中及埔里有志，乘裏南投路開通機會開商工座談會」。

〔註491〕《臺灣日日新報》，1937 年 01 月 19 日第八版，「埔里米統組選舉總代」。

〔註492〕張麗俊著，許雪姬、洪秋芬、李毓嵐編纂解讀，《水竹居主人日記》（十），頁301。

〔註493〕陳春麟，《大埔城的故事——埔里鎮史》，頁38。

　　廟宇、教堂、寺院等宗教場所也是舉辦活動的方便地點，包括媽祖廟、
烏牛欄禮拜堂（見圖6-27）、能高寺等處。昭和3年（1928）爲了討論豐原街
的林新賜（生卒年不詳）申請私設埤圳許可，造成下游農民灌溉水源不足的
問題，5月13日選在埔里的媽祖廟召開「農民大會」，討論善後之策。〔註494〕
同年（1928）埔里信用組合舉辦貯金獎勵活動，7月22日於媽祖廟前辦理抽
籤，〔註495〕中元普渡也會在廟前舉辦。〔註496〕昭和7年（1932）2月1日，
烏牛欄信用組合於烏牛欄禮拜堂舉行第三回通常總會，〔註497〕昭和11年
（1936）9月8日，烏牛欄農事實行組合員23名於烏牛欄禮拜堂舉行創立總
會。〔註498〕日本佛教能高寺也是舉辦活動的地點之一，昭和9年（1934）1
月21日埔里佛教婦人會於能高寺召開總會，出席者200餘名，〔註499〕昭和
10年（1935）能高郡霧社分室主任從內地歸來的半途中病死，官員們在能高
寺爲分室主任舉辦遙弔式。〔註500〕茄苳腳5個振興會共同舉辦和服講習會，
各會共35名少女參加，地點也在能高寺。〔註501〕

　　大正年間便有日本的「木下馬戲團」前來埔里表演，昭和年間也有「矢
野馬戲團」、「シバタ馬戲團」等前來演出，都選在埔里分遣隊後練兵場一角
落。〔註502〕

　　昭和10年（1935）10月的始政40年記念博覽會是全臺灣的大事，雖然
主展場地在臺北，〔註503〕埔里的紳商還是非常積極投入宣傳工作，當時由埔
里商工會、實業協會等代表，在能高郡役所會議室商討埔里宣傳方法，決定
成立一個「臺灣博埔里宣傳會」，由埔里街長林其祥擔任會長，副會長爲埔里
社製糖所長深山要助。當時想到的宣傳方法之一，就是由住在埔里的日本人

〔註494〕《臺灣日日新報》，1928年05月16日第八版，「埔里だより」。
　　　　十名實行委員爲羅萬俥、林其祥、張德元、蔡添丁、蘇逢時、羅銀、巫俊、
　　　　余定邦、陳進、陳朝廣等人。
〔註495〕《臺灣日日新報》，1928年07月26日第四版，「埔里信用組合貯金獎勵」。
〔註496〕《臺灣日日新報》，1935年09月01日第四版，「埔里——議建醮事」。
〔註497〕《臺灣總督府公文類纂》第6725冊第3件，頁332。
〔註498〕《臺灣日日新報》，1936年9月11日第四版，「埔里烏牛欄，農事實行組合
　　　　發會」。
〔註499〕《臺灣日日新報》，1934年01月24日第三版，「埔里の佛教婦人會」。
〔註500〕《臺灣日日新報》，1935年04月12日第三版，「地方近事——埔里」。
〔註501〕《臺灣日日新報》，1938年01月30日第五版，「和服講習會」。
〔註502〕「むつみ」特集号編集委員會，《異鄉の街　ポーレーシア》，頁63。
〔註503〕呂紹理，《展示臺灣：權力、空間與殖民統治的形象表述》（臺北：麥田，2005），
　　　　頁242～281。

一人發送 20 份宣傳簡介給住在日本的親友們。〔註 504〕

　　埔里酒煙草小賣人組合有時會舉辦一些促銷活動，例如昭和 10 年（1935）年底舉辦「店舖陳列競技」，〔註 505〕同時舉辦歲末年初感恩特賣兩個月，買 1 圓送福袋一個，除了統統有獎之外，也許是出於「煙酒不離美色」的聯想，福袋中還內附兩枚「美人投票用籤」，也就是進行酒店美妓票選，對於獲選之美妓頒贈獎品。〔註 506〕投票過程還先後三次發表美妓人氣排行，名次變動很大，顯示促銷過程參與投票者頗為熱絡。〔註 507〕次年（1936）1 月底投票截止，隔天 2 月 1 日在埔里青年會館開票，2 日於同地點頒贈獎品。〔註 508〕

第四節　殖民政策對於街民社會文化的影響

一、舊社會文化活動的改變

1、環境的改善

　　清代末期埔里盆地周邊的居民，為了避免遭高山族馘首，迎奉具有「防番」功能的神祇，包括慚愧祖師、玄天上帝（例如挑米坑庄的福同宮）、中壇元帥（例如水頭庄金龍宮）等。〔註 509〕日治時期理蕃政策的推動，隨著隘勇線的推進，埔里街民遭受高山族馘首的威脅已大大降低，這些祀神並不因此

〔註 504〕《臺灣日日新報》，1935 年 03 月 01 日第十二版，「四十年記念博，埔里宣傳，置各係準備」。

〔註 505〕《臺灣日日新報》，1935 年 12 月 30 日第八版，「埔里——小賣競技」。

〔註 506〕《臺灣日日新報》，1935 年 12 月 14 日第四版，「埔里——酒煙景品」。
次年 1 月 10 日第二次期中發表投票結果，居第一名的是麗華樓的阿銀，第二名的是立鷹的美世子，第三名是樂花亭的阿岡，第四名是喜樂的澄子。
《臺灣日日新報》，1936 年 01 月 13 日第五版，「美人投票人氣を呼ぶ」。

〔註 507〕次年 1 月 10 日第二次期中發表投票結果，居第一名的是麗華樓的阿銀，第二名的是立鷹的美世子，第三名是樂花亭的阿岡，第四名是喜樂的澄子。
《臺灣日日新報》，1936 年 01 月 13 日第五版，「美人投票人氣を呼ぶ」。
1 月 20 日第三次期中發表，名次大不相同，第一名是梅英，第二名阿桂妹，第三名秀琴，第四名阿銀。
《臺灣日日新報》，1936 年 01 月 22 日第四版，「能高——美人投票」。

〔註 508〕第一名是樂花亭的梅英，第二名樂花亭的阿桂妹，第三名麗華樓的秀琴，第四名立鷹的美世子，第五名樂花亭的阿岡，第六名麗華樓的阿銀，第七名麗華樓的阿招，第八名喜樂的澄子，第九名樂花亭的阿玉，第十名麗華樓的月裡。
《臺灣日日新報》，1936 年 02 月 05 日第四版，「埔里——贈賞美人」。

〔註 509〕鄧鏗揚、賴敏修主編，《埔里區寺廟弘道協會紀念特刊》，頁 26、98。

而消失，逐漸成爲地方公廟。

　　伴隨著時代的腳步，雖然部份傳統習俗仍舊維持著，新的休閒娛樂也逐漸普及。埔里街民不僅享受到科技帶來的便利，也逐漸接受一些新的觀念，昭和 10 年（1935）6 月 10 日「時之記念日」，埔里街役場除了發送宣傳單給各戶人家，也於正午奏樂報時，賣鐘錶的商人也出來宣傳。〔註 510〕相對地，舊傳統習俗某程度也被統治者所接納，在日常作習中提供彈性的調整，例如農曆 3 月 23 日媽祖聖誕日，埔里恒吉宮會舉行媽祖祭典，公學校也配合放假一天，讓大家可以去看戲、迎媽祖。〔註 511〕

　　大正 6 年（1917）埔里大地震，爲埔里市街改正帶來新契機，一方面掃除市街改正的障礙，即大埔城的牆面倒塌，另一方面，藉著「災後重建」的腳步，順勢推動市街道路、下水道等工程，使埔里市街形成格局方正的道路街廓，醫療衛生環境有明顯的改善。殖民政府獎勵糖業的政策，以及促成臺灣製糖株式會社併購埔里社製糖會社，也爲街民帶來一條雖不算安全但尙稱便利的埔里社輕鐵。霧社事件之後，殖民政府投下鉅資開鑿「裏南投道路」，爲埔里解決長年來對外交通不便的困境。這些以殖民統治利益爲考量所促成的改變，也附帶提供埔里街民一份便利。

2、平埔族傳統習俗

　　日治初期，平埔族在埔里的人口依然佔極高的比例，依大正 4 年（1915）第二次臨時戶口調查統計，埔里社堡的平埔族仍佔該堡總人口 26.8%，以街庄而言，平埔族佔半數以上的有房里（77.6%）、烏牛欄（63.5%）、牛眠山（50.9%）等庄，佔 4 成左右者還有大肚城（44.3%）、大湳（43.3%）、牛相觸（38.9%）等庄（參考附錄表 8 之「表 16」）。這些平埔族人口比較多的聚落依然踐行著「走標（賽跑）」、「牽田」等所謂「蕃仔過年」的傳統習俗，不同社群的「過年」日期也有些不同，「四庄蕃」的巴宰族爲農曆 11 月 15 日，大肚社的拍瀑拉族爲農曆 7 月 1 日，銅黎蕃（東螺社）的洪雅族則是 8 月 15 日。活動的內容，除了捕捉一隻小魚與極小塊的草粄進行祭拜祖靈外儀式外，也舉行 2 公里以上的賽跑活動，成績優秀者獲頒紅色旗幟，被視爲極大的榮耀。〔註 512〕

〔註 510〕《臺灣日日新報》，1935 年 06 月 14 日第四版，「埔里——時記念日」。

〔註 511〕劉枝萬口述，林美容、丁世傑、林承毅訪問紀錄，《學海悠遊・劉枝萬先生訪談錄》，頁 28～29。

〔註 512〕陳維林，〈埔里の平埔族〉，《民俗臺灣》第 3 卷第 3 號，頁 36～37。

依據芝原太次郎對於茄苳腳的阿立坤族北投社過年儀式的描述，於接近過年日期前幾天，青壯年會先上山打獵，婦女老幼則到溪裏撈魚，老婦人們的工作則是釀製粟酒。到了「過年」這一天，全庄不管男女老幼皆盛裝參加，尤其是婦女，會在頭上包著頭巾，並且插上紅、黃等各種顏色的鮮花，聚集於茄苳腳的公館前。場地中央會設置讓小孩子們乘坐的「プランコ」（鞦韆），週圍則放置一些酒甕，以及用藤所編成的「カマー」（寬平的盛器），上面堆放著肉及菜，大家喝酒跳舞，共同狂歡三天三夜。〔註513〕

昭和 11 年（1936）所召開的「民風作興協議會」，會中針對如何改善民間宗教習俗，提出「打破迷信」、「改善陋習」與「改善生活」等三方面，一方面以神社做為中心，培養敬神尊皇精神，將臺灣人日本化。另一方面，就是在物資缺乏的時局下，希望改變臺灣人傳統的寺廟祭神儀式習慣，減少如燒金紙、豐盛供品等不必要的浪費。〔註514〕這樣的限制，影響臺灣人傳統的信仰習俗，隨著皇民化運動的展開，平埔族的「過年」與邵族一年一度前來埔里「收租」等傳統習俗，也以「舖張浪費」為由加以禁止，戰後也沒有恢復。

二、皇民化時期的影響

1、日語推廣

昭和 12 年（1937）日本發動大東亞戰爭，次年（1938）公布「國家總動員法」，臺灣也隨之進入戰時體制。〔註515〕為了消除臺灣民眾的漢民族意識，對臺灣進行總動員以支援戰爭行動，臺灣總督府開始推動「皇民化運動」，舉凡風俗習慣、宗教、日常生活種種，均受到極大干涉，包括正廳改善、改姓名、廢止公學校漢文科、廢止報紙的漢文欄、推行常用國語運動、參拜神社、廢止或禁止舊曆年的禮俗、廢止寺廟等。為了配合皇民化運動的進行，成立了 15 個「鍊成所」以推展教育，在教育政策上更加強推行日語，除了獎勵國語家庭，也在各地廣設國語講習所（見圖 6-49）及簡易國語講習所（見圖 6-50）。〔註516〕以下先就推行日語、改姓名以及皇民奉公會成立以

〔註513〕芝原太次郎，〈昔埔裏社（上）〉，《民俗臺灣》第一卷第四號（臺北：古亭書屋，1941），頁 36。
〔註514〕蔡錦堂，《日本帝國主義下台灣の宗教政策》，頁 230～231。
〔註515〕鄭梅淑，〈日據時期臺灣公學校之研究〉，頁 58。
〔註516〕鄭梅淑，〈日據時期臺灣公學校之研究〉，頁 41。

來一連串的措施談起，至於有關寺廟整理等衝擊，則留待下一節再討論。

圖 6-49：水頭國語講習所

說明：引自《思往事　覓舊情》頁 89（何楨祥提供）。

圖 6-50：埔里簡易國語講習修了會合影

說明：引自《古早人鄉土情》頁 97（何楨祥提供）。

鈴木滿男著、蔡恩林譯，《日本人在台灣做了什麼》，頁 212。

　　皇民化運動之前，臺灣各地已存在一些推動日語組織，大正 11 年（1922）5 月，埔里街也成立一個「國語普及會」，地點設在埔里小學校，教師有 21 名，由公學校、小學校教職員、警官吏、保甲書記擔任，會員依日語程度區分為甲乙丙三組，共有 149 人。〔註 517〕到了皇民化時期，日常生活上，為推動國語普及，於各市街庄部落廣設「國語普及所」及「簡易國語講習所」，〔註 518〕分派教化委員指導國語講習。昭和 11 年（1936）埔里街已有國語講習所 18 所、簡易國語講習所 7 所。〔註 519〕除了普及日語之外，也開始推動「國語家庭」制度。「國語家庭」的制度始於昭和 8 年（1933），被認定為「常用國語」的家庭，大門上會掛著「國語之家」的金屬牌，根據保正黃敦仁之子黃大鏐的回憶，烏牛欄臺地上共有 45 戶國語家庭，其中也包括黃敦仁家。〔註 520〕昭和 17 年（1942）6 月 18 日於教化會館舉辦「國語家庭座談會」，共計有 79 戶，百餘人參加。〔註 521〕「國語家庭」不只是個榮譽的名銜，實際上也有許多切身的利益可得。〔註 522〕成為國語之家，可以得到肉類的特別配給，一般家庭每個月有兩次肉類的配給，國語之家於天長節（4 月 29 日，昭和天皇生日）、紀元節（2 月 11 日）等祝祭日，還有特別的配給，國語之家還享有砂糖的特別優惠。〔註 523〕

　　依據殖民政府的統計，日治時期「國語解者」（懂日語的人），從明治 38 年（1905）的 0.38%，到了昭和 12 年（1937）提高為 37.8%，皇民化時期更積極地推動國語（日語）普及，除了取消公學校的漢文課、廢止報紙的漢文欄，也推行「國語家庭」，甚至也有「國語部落」，由於殖民政府積極推行日語運動，到了昭和 15 年（1940），「國語解者」的比例已高達 51%，不過，官方統計上的「國語解者」和實際能講日語的人是兩回事。

2、正廳改善

　　臺灣人家庭「正廳改善運動」可以說是大麻奉齋的「副產品」。〔註 524〕由於臺灣民間信仰的寺廟與家中正廳奉祀的神像、祖先牌位是推動國家神道

〔註 517〕泉風浪編，《臺中州大觀》，頁 21～22。
〔註 518〕陳大元，〈日治時期臺灣教化輔助團體之研究〉，頁 63。
〔註 519〕《臺灣總督府公文類纂》第 10089 冊第 48 件，頁 407。
〔註 520〕鈴木滿男著、蔡恩林譯，《日本人在台灣做了什麼》，頁 225。
〔註 521〕《臺灣日日新報》，1942 年 06 月 21 日第四版，「埔里國語の家座談會」。
〔註 522〕周婉窈，《海行兮的年代：日本殖民統治末期臺灣史論集》，頁 94～97。
〔註 523〕鈴木滿男著、蔡恩林譯，《日本人在台灣做了什麼》，頁 225。
〔註 524〕蔡錦堂，《日本帝國主義下台湾の宗教政策》，頁 202。

的阻礙，於是「正廳改善運動」與「寺廟整理運動」陸續展開。〔註525〕

　　臺灣的神宮大麻頒布始於明治32年（1899）9月4日神宮教成立臺灣本部時，當時的大麻頒布數仍屬少數，以明治37年（1904）的統計為例，共僅頒布5,650個而已，即使到了大正15年（1926），頒布數亦僅有10,325個，並沒有顯著增加。主要的原因在於臺灣人對「神宮大麻」不了解，即使是擔任官吏、軍人、警察、學校教員等日本人中堅分子，也有許多人基於不同的理由拒絕奉祀。〔註526〕隨著皇民化運動的推展，殖民政府對於臺灣民眾的宗教信仰與風俗，也從原本的默許、放任逐漸轉變為壓制、改造的態度，並且藉由傳播國家神道、奉祀神宮大麻，企圖從根改造民眾的信仰習慣。

　　總督府所鼓吹敬神思想的方法有三，包括建立神社、參拜與奉齋神宮大麻，以及正廳改善，昭和11年（1936）11月，總督府舉行神宮大麻頒布儀式，令每一戶臺灣人都必須奉齋神宮大麻。〔註527〕

　　臺灣神職會的大麻頒布活動始於昭和7年（1932），該年頒布數僅佔全臺總戶數不到2%。次年（1933）11月1日，由於總督府慎重舉行麻曆頒布奉告祭，頒布數呈倍數增加，到了昭和15年（1940），累計的頒布數已高達總戶數68%。〔註528〕增加快速的主要原因在於昭和9年（1934），臺灣總督府與財團法人中央教化團體所舉辦的臺灣社會教化協議會，將「以神社做為地方教化的中心」、「普及神宮大麻的奉齋」納入會後所發表的「臺灣社會教化要綱」當中。〔註529〕

　　有關「正廳改善運動」的推行，各地做法有所不同，較激進者如臺南州東石郡鹿草庄後堀及麻豆店兩部落，於昭和11年12月5日舉行「位牌燒卻式（神主牌位燒毀儀式）」，燒毀1,200餘座神主牌位。〔註530〕埔里街役場的做

〔註525〕蔡欣雁，〈日治後期臺中州國家神道之傳播及影響（1931～1945）〉，頁5。
〔註526〕蔡錦堂，《日本帝國主義下台灣の宗教政策》，頁172～176。有關大麻頒布數，日本人用的單位為「体」，日本人中堅分子拒絕奉祀神宮大麻的主要原因參見引書第176頁。
〔註527〕蔡欣雁，〈日治後期臺中州國家神道之傳播及影響（1931～1945）〉，頁3。神宮大麻為國家總鎮守，總產土神，總氏神皇大神，即天照大神之神符，由伊勢神宮所授。由於民眾無法天天前往神社參拜，而以神宮大麻代表天照大神，讓民眾在家奉祀，與前往神社參拜有相同功效。
〔註528〕蔡錦堂，《日本帝國主義下台湾の宗教政策》，頁178、183。
〔註529〕菅浩二，《日本統治下の海外神社——朝鮮神宮・台湾神社と祭神》，頁312～315。
〔註530〕蔡錦堂，《日本帝國主義下台湾の宗教政策》，頁206。

法則比較溫和，於昭和 12 年（1937）12 月 16 日召集各官衙長官、團體負責人、振興會長、區總代等 32 名，齊聚埔里街役場會議室舉行會議，為期皇民化能夠徹底實行，一致同意做下兩點決議，一是進行正廳改善，二是廢除舊曆年。〔註531〕同一天也在埔里青年會館舉行「神宮大麻頒布式」。〔註532〕

3、寺廟整理

臺灣總督府對於民間信仰及廟宇的管理，從第四任總督兒玉源太郎、民政長官後藤新平時代開始，一直採取所謂「舊慣溫存政策」，也就是容許舊有的信仰活動與廟宇繼續存在，即使大正 4 年（1915）發生西來庵事件之後，對於民間信仰的威脅性有所警覺，產生一些「必須修正舊慣溫存方針」的意見，也著手進行第一次的宗教調查，但舊慣溫存政策仍然慎重地被繼續執行下去，因為這樣的政策對於防止殖民政府統治下的異民族反動是極為有利的做法。〔註533〕

寺廟整理運動原為寺廟改善運動，起源於昭和 11 年（1936）民風作興協議會所訂的政策方針。為促使臺灣民眾徹底同化，有必要對於臺灣舊有的宗教活動、婚喪喜慶等生活習慣加以改造，因此，以打破迷信、改善陋習做為執行的目標。以埔里為例，除了要求將盂蘭盆祭漸次改為日式，祭拜的流程及形式也由熱鬧改為莊嚴形式，禁止大魚大肉祭品，禁止燒金銀紙、祭品不可過量、停止舉辦喧嘩的活動等。〔註534〕昭和 13 年（1938）左右，全臺各地廣為推動「寺廟整理運動」時，總督府所抱持的是「傍觀」的態度，對此運動並未提出任何方針，如此也導致各地做法差異極大。激進者如新竹州中壢郡，由郡守將郡內各街庄的寺廟、齋堂及神明會、祖公會等聯合組織設立「中壢郡祭祀聯盟」。〔註535〕當時的郡守宮崎直勝撰寫《寺廟神の昇天——台湾寺廟整理覚書》一書，記載該郡寺廟整理的實施方針及過程。〔註536〕該郡的目標是將郡內寺廟全部廢除，但過渡時期採取「一街庄一寺廟」的廢合存置辦法。於昭和 14 年（1939）10 月 15 日中壢神社舉行鎮座祭的前一天，實施存

〔註531〕《臺灣日日新報》，1937 年 12 月 18 日第八版，「埔里——舊正月廢止」。
〔註532〕《臺灣日日新報》，1937 年 12 月 18 日第八版，「埔里——大麻頒布式」。
〔註533〕菅浩二，《日本統治下の海外神社——朝鮮神宮・台湾神社と祭神》，頁 299～303。
〔註534〕蔡欣雁，〈日治後期臺中州國家神道之傳播及影響（1931～1945）〉，頁 122。
〔註535〕蔡錦堂，《日本帝國主義下台湾の宗教政策》，頁 221、224、236～242。
〔註536〕宮崎直勝，《寺廟神昇天——台湾寺廟整理覚書》（東京都：東都書局，1942）。

置寺廟諸神的昇天祭典，藉由次日（15 日）舉行中壢神社的鎮座祭，將「寺廟信仰」轉化爲「神社信仰」，也就是神的管轄權轉移。〔註 537〕

寺廟整理的成果，視各級地方官員的執行態度而異，有些地方將所有寺廟全部廢除，有些地方則仍舊保留原樣。〔註 538〕由於臺中州並無訂立寺廟整理方針，放任各市郡自行處理，依據宮本延人（1901～1988）整理昭和 17 年（1942）的統計數，該年能高郡的寺廟整理率爲零。〔註 539〕由於各州廳許多寺廟紛紛依附於日本佛教之下，使得寺廟整理工作受到阻撓，成效大打折扣。〔註 540〕不過，與其他州相較，臺中州對於推動寺廟改善所採取的執行手段較爲緩和，改善完成率也逐年提昇，到了昭和 14 年（1939），總改善率已高達 9 成以上。〔註 541〕

寺廟整理對於臺灣民間宗教信仰的實際影響，只是短暫的、表面上的。〔註 542〕到了昭和 15 年（1940）長谷川清繼任總督之後，對於包含寺廟整理在內的皇民化運動進行檢討。宮本延人向總督府提出的報告書，建議對於舊慣信仰改採所謂「淨化向上」的指導原則，其特色之一就是將佛教系統的寺院、齋堂與儒道系統的家廟、一般廟宇分開處理，採取漸進、溫和的處理方式，不過，總督府對於複雜的寺廟整理問題一直無法決定根本方針，直到終戰爲止。〔註 543〕

依據宮本延人的統計，昭和 11 年（1936）至昭和 17 年（1942）之間的寺廟整理數爲 1,098 間，佔寺廟整理之前全臺灣寺廟數 3,649 間大約 30%。各州廳的整理率差異極大，比率最高的是臺東廳（93%），最低則爲臺北州（7%），臺中州排在次低（9%），能高郡的整理率爲零。〔註 544〕

4、改姓名

「改姓名」是皇民化運動所進行的工作之一，當時主要還是以地方士紳

〔註 537〕蔡錦堂，《日本帝國主義下台湾の宗教政策》，頁 262～269。

〔註 538〕菅浩二，《日本統治下の海外神社——朝鮮神宮・台湾神社と祭神》，頁 320。

〔註 539〕宮本延人，《日本統治時代における台灣寺廟整理問題》（日本奈良：天理教道友社，1988），頁 59～61。

〔註 540〕蔡欣雁，〈日治後期臺中州國家神道之傳播及影響（1931～1945）〉，頁 133。

〔註 541〕蔡欣雁，〈日治後期臺中州國家神道之傳播及影響（1931～1945）〉，頁 149。

〔註 542〕江燦騰，《臺灣佛教百年史之研究》（臺北：南天書局，1996），頁 73。

〔註 543〕蔡錦堂，《日本帝國主義下台湾の宗教政策》，頁 273、280。

〔註 544〕宮本延人，《日本統治時代における台灣寺廟整理問題》，頁 59～61。原文數字「1,088」應爲筆誤。

為勸誘對象，對於一般民眾並不積極。以昭和 15 年申請改姓名的件數來看，全臺灣（包含澎湖）共 1,356 件，以臺中州的 570 件最多。申請改姓名者的職業，以「官公吏」（擔任公職的官吏）佔最高比例。〔註545〕即使到了昭和 18 年(1943)11 月，申請改姓名獲許可的累計數字極低，獲許可的戶數 17,526 戶僅佔全臺戶數 1.68%，獲許可的人數 126,211 人也僅佔全臺人口 2.06%。〔註546〕

　　地方士紳是否要改姓名，除了「行不改名、坐不改姓」的傳統觀念外，有些人也有基於現實的考量，例如有土地的人，改姓名之後，需要花費一筆「更名」的登記費用，於是對「改姓名」表現比較保守被動的態度，能不改就不改。以愛蘭黃家為例，當時黃敦仁只有長男望阿福一戶改姓名，原因就在於望阿福名下沒什麼財產，沒有額外負擔的壓力，至於黃敦仁及其他幾位兒子，則全部未改。〔註547〕不過，黃敦仁其他兄弟及其父黃利用也都全部改姓「廣田」。巫俊當時雖已辭世，妻子女一家人也迫於日本憲警勸其配合政策而改姓名，家人商量後，決定於萬不得已須改姓名時，採用祖父巫青山（生卒年不詳）的名諱，全家配合改姓「青山」。當時除了一些地方菁英配合改姓名，或者是不得已改姓名外，還有一些在公家機關、日本人經營的事業任職者，或擔任街協議會員，也迫於情勢配合改姓名。〔註548〕以埔里而言，包括埔里街助役潘勝輝（改名神村文彥）、會計陳如商（改名萬田良信）、會計黃流明（改名長井邦明），擔任埔里街協議會員的林宇義（改名林康雄）、王江源（改名太田源吉）、王進發（改名太田貞吉）。但也不能忽略其中有一些人是配合政策主動申請改姓氏的。

　　埔里戶政事務所保管的日治時期戶口調查簿中，保存三冊有關改姓名的調查簿（即流水號 304～306 冊，參考附錄表 4），當時改姓名是向台中州知事提出申請，獲許可之後始得登記更改姓名，三冊共計有 171 戶（有些只是

〔註545〕近藤正己，《總力戰と台灣　日本植民地崩壞の研究》（東京都：刀水書房，1996），頁 177～178。
　　　　以該書表 3～2 統計的 640 件，「官公吏」就有 244 件，佔 38%。
〔註546〕近藤正己，《總力戰と台灣　日本植民地崩壞の研究》，頁 181。
〔註547〕鈴木滿男，《「漢蕃」合成家族の形成と展開：近代初期における臺灣邊疆の政治人類學の研究》，頁 341。
　　　　望阿福改名「廣田福一」，取其「黃」字的關係，妻徐氏阿義改名「廣田惠子」，女兒望氏月霞改名「廣田靜枝」、兒子望幸三改為「廣田幸三郎」。
〔註548〕巫永福，《巫永福全集》20「詩卷Ⅶ」（臺北：傳神福音，2003），頁 236～237。

該戶中 1 位更改姓名，有的則是全戶皆更改），獲准登記更改姓名的時間來看，從昭和 15 年（1940）6 月到 20 年（1945）2 月都有，以昭和 16 年（1941）74 筆（佔 43.3%）最多，其次為昭和 19 年的 44 筆（佔 25.7%），昭和 20 年（1945）最少，只有 2 筆而已。〔註 549〕以居住地而言，各街庄申請的件數差異很大，以埔里街 64 筆（佔 37.4%）最高，其次為烏牛欄庄的 17 筆（佔9.9%）、大湳的 15 筆（8.7%）、史港的 14 筆（8.2%）等，最少的是珠仔山庄，僅有一筆，水頭（2 筆）、水尾（3 筆）、房里（3 件）也很少。

埔里最早獲准改姓名的人，是曾經擔任過巡查補的張德元，改名長山德元，時間是昭和 15 年（1940）6 月，同年年底改姓名者還有乃嵩麟（埔里區書記乃鴻源次男，改名中村衛）、湯其福（改名高井熊太郎）等 2 人。埔里地方菁英改姓名者有王峻槐（太田俊介）、王江源、王進發、林宇義、施雲釵（宮川光基）、施丹梯（宮川悌次）、柯全福（松野福男）、黃進生（豐田進一郎）、陳如商、陳景寅（宮田幸治）、陳景崧（宮田景松）、陳阿漢（成田一男）、陳秋全（田川善藏）、張德元、張進來（長澤進）、潘候希開山（神村富彥）、潘勝輝（神村文彥）、潘萬安（桐原政辰）、蕭添財（菊川嘉彥）、蕭添貴（菊川元介）等人。

有許多平埔族改姓名，例如「乃」改為「中村」，「味」改為「稻田」，「塗」改為「土橋」，「孫」改為「永田」，平埔族姓「潘」的人最普遍，分別改為「南鄉」、「谷村」、「中山」、「米田」、「東野」、「桐原」、「守田」、「坂田」、「鮎川」、「神村」、「松岡」、「大岡」等姓。

5、社會教化工作

（1）皇民化運動之前的社會教化

日治早期教化輔助團體的功能有多方面，有的致力於風俗改良，有的專注於國語推行，有的進行青年的教育。大正 8 年（1919）進入文官總督時期，次年（1920）進行地方官官制改正，教化輔助團體從原來較關注的表象儀容與舊俗的改進，轉變為更強調日本精神、文化的推動，簡言之，教化團體更

〔註 549〕171 筆依件數多寡的年份排列，依序為昭和 16 年（1941）74 筆（43.3%）、19 年（1944）44 筆（25.7%）、18 年（1943）17 筆（9.9%）、17 年（1942）8 筆（4.7%）、15 年（1940）3 筆（1.8%）、20 年（1945）2 筆（1.2%），另有23 筆（13.4%）核准時間不詳，參見埔里戶政事務所保管，〈除戶簿〉編號304～306。

注重精神層面的改變。〔註 550〕臺灣的社會教化團體，可以追溯至明治 33 年（1900）的天然足會，後來各地陸續成立以斷髮、解纏足、普及日語為目標的社會教化團體，例如大正 4 年（1915）臺北廳成立風俗改良會、大正 8 年（1919）的同風會等。〔註 551〕

大正 10 年（1921）林獻堂等人成立「臺灣文化協會」，臺中州政府則授意另一批人組織「向陽會」，與臺灣文化協會抗衡。「向陽會」是取自於「世間萬物莫不仰望太陽，日日生長之意。」〔註 552〕向陽會主要的工作項目包括舉辦演講會、電影欣賞會，以及其他教育展覽會、體育運動會等活動，可算是官方社會教化機關的濫觴。大正 12 年（1923）「向陽會埔里分會」成立，不過，昭和 8 年（1933）向陽會即解散，重組臺中州教化聯盟，做為各種社會教育的統制機關，由郡守兼任理事。〔註 553〕太平洋戰爭之後，殖民政府著手統制教化團體，教化團體具有半官方性質，再增加「鼓吹勞動增產」、「協助動員群眾」等功能。〔註 554〕

（2）教化委員與部落振興會

昭和 9 年（1934）日本內地提出「國家總力戰體制」的構想，企圖以軍部為中心，建立起戰爭體系。這樣的時代環境下，臺灣的教化輔助團體也產生一些變化，除了成立「臺灣教化團體聯合會」，各州也紛紛成立「州教化聯合會」，部落振興團體遍及各地，形成所謂的「教化網」。〔註 555〕同年（1934）3 月，總督府與中央教化團體聯合會舉辦「臺灣社會教化協議會」，會中確立教化指導大綱「臺灣社會教化要綱」，也將「神社崇敬」納入要綱當中。〔註 556〕各部落普遍設置「教化委員」一職，以領導地方教化活動，並且在各市街庄廣設「部落振興會」，以期教化活動徹底完成。〔註 557〕

臺中州政府為了將「部落振興會」遍及全州，於「向陽會」改組為「臺

〔註 550〕陳大元，〈日治時期臺灣教化輔助團體之研究〉，頁 1～2。
〔註 551〕臺灣教育會，《臺灣教育沿革志》，頁 1017～1026。
〔註 552〕陳大元，〈日治時期臺灣教化輔助團體之研究〉，東海大學歷史研究所碩士論文，1999，頁 47。
〔註 553〕張勝彥，《南投開拓史》，頁 267。
〔註 554〕陳大元，〈日治時期臺灣教化輔助團體之研究〉，頁 44。
〔註 555〕陳大元，〈日治時期臺灣教化輔助團體之研究〉，頁 59。
　　　　　蔡錦堂，《日本帝國主義下台灣の宗教政策》，頁 90～91。
〔註 556〕蔡錦堂，《日本帝國主義下台灣の宗教政策》，頁 93～96。
〔註 557〕陳大元，〈日治時期臺灣教化輔助團體之研究〉，頁 63～64。

中州教化聯盟」前後，即頒佈「社會教化委員規程」。臺中州政府從昭和 7
年（1932）開始任命管內的教化委員，這可以算是臺灣教化委員制度的嚆矢。
臺中州政府為徹底發揮社會教化委員的功能，於管內著手劃分許多「教化
區」，以「庄」而言，主要是以公學校為中心，擴及四周的通學區域。將臺
中州劃分為 142 個教化區域，區域內各部落振興會由 1 至 2 名指導者輔導，
是教化團體的指導機關，亦是教化團體的中心機關。〔註 558〕教化委員制度
確立之後，「部落振興會」等教化輔助團體便以部落為單位，在管內地毯式
地成立。〔註 559〕教化委員是由州知事及廳長囑託（委任）產生，〔註 560〕
大致上，每 500 人到 1,000 人當中囑託一名，遍設於臺灣各州廳市街庄。教
化委員是榮譽職，不給薪，擔任教化委員者多為地方上熱心教化的人士，有
任職於「國語講習所」的職員，有男女青少年團體中的工作人員，也有市街
庄官吏、市街庄協議會員，或者是小公學校及中等學校職員、宗教界人士等
等。這些教化委員必須組成「教化委員會」，各級教化委員長多由州知事、
廳長、郡守、市尹及街庄長兼任。〔註 561〕昭和 7 年（1932）埔里街的社會
教化委員有 32 名。〔註 562〕昭和 11 年（1936）增加為 74 名，增加一倍以上，
並於次年（1937）與國姓庄 37 名社會教化委員合組成「能高郡教化聯合會」。
〔註 563〕

　　部落振興會是以部落做為組織單位，大體而言，每一部落振興會所涵蓋
的戶數約 100～200 戶左右。為求訓練上的方便，集會時分為「家長部」、「主
婦部」、「青年部」及「少女部」等四部，會中置有會長、副會長、幹事、實
行委員等職務，另有顧問之職，多半推舉當地警察官、小公學校校長、街庄
長等有力者擔任，〔註 564〕昭和 12 年（1937）能高郡有 36 個部落振興會。
〔註 565〕

　　昭和 11 年（1936）以後的「民風作興運動」與部落振興會所推動的事務

〔註 558〕蔡欣雁，〈日治後期臺中州國家神道之傳播及影響（1931～1945）〉，頁 57。
〔註 559〕陳大元，〈日治時期臺灣教化輔助團體之研究〉，頁 66～67。
〔註 560〕「囑託」為囑咐、交代之意，也就是請人擔任有關職務。參閱簡史朗，《水沙
　　　　連眉社古文書研究專輯》，頁 502～503。
〔註 561〕陳大元，〈日治時期臺灣教化輔助團體之研究〉，頁 68。
〔註 562〕能高郡役所，《能高郡管內概況》昭和 7 年版，頁 22。
〔註 563〕能高郡役所，《能高郡管內概況》昭和 11 年版，頁 22。
〔註 564〕陳大元，〈日治時期臺灣教化輔助團體之研究〉，頁 68。
〔註 565〕張勝彥，《南投開拓史》，頁 268。

有高度的同質性，主要目的在於「振作國民精神」與「徹底同化」。〔註566〕在教化方面，主要工作包括藉由神社崇拜以普及敬神思想、皇室尊崇、日語普及、增進國防思想涵養、鄰保扶助與協力等。此外，破除民間社會婚喪儀式與扶乩等宗教習俗活動、改善衛生環境與部落美化、推動農事改良等，也都是民風作興運動的範圍。為推行這項運動，總督府各州廳郡市街庄等官民有力者，組成「民風作興委員會」做為運動的指導中心。〔註567〕

（3）「國民精神作興」演講

演講是闡揚「國民精神」的主要手段之一，昭和12年（1937）10月7日能高郡役所於埔里北公學校舉辦「國民精神作興講演會」，聽眾官民500多人。〔註568〕25日於埔里小學校講堂舉辦「國民精神總動員埔里分會發會式」，包括埔里小學校校長、埔里街協議會員、各區總代等70餘名參加，分會長由埔里街長野村正男擔任。〔註569〕昭和13年（1938）2月4日於埔里北公學校講堂舉辦一場演講，由「國民精神總動員本部」派講師前來演講。〔註570〕同年（1938）11月9日由能高郡役所舉辦「國民精神作興講演會」，地點也在埔里北公學校講堂，聽眾有400多人。〔註571〕昭和14年（1939）2月12日於埔里北公學校講堂舉辦「日本精神發揚講演會」，聽眾約有300多人。〔註572〕同年（1939）7月4日，國民精神總動員臺中支部於支那事變二週年屆滿前幾日，於埔里北公學校講堂舉辦一場演講，官民約有400多人參加。〔註573〕昭和16年（1941）2月15日晚上於埔里北公學校講堂舉辦「奉祝講演會」，各部落振興會、及街內單位奉公班班員幾乎都參加。〔註574〕

6、皇民奉公會

臺灣「皇民奉公」運動係以內地「大政翼贊運動」為精神母胎，並因應臺灣特殊情況而產生，於昭和16年（1941）4月19日成立「皇民奉公會」。

〔註566〕蔡錦堂，《日本帝國主義下台湾の宗教政策》，頁100。
〔註567〕陳大元，〈日治時期臺灣教化輔助團體之研究〉，頁77。
〔註568〕《臺灣日日新報》，1937年10月10日第八版，「埔里——講演會」。
〔註569〕《臺灣日日新報》，1937年10月25日第五版，「埔里分會の發會式」。
〔註570〕《臺灣日日新報》，1938年02月07日第十版，「埔里——精神講演會」。
〔註571〕《臺灣日日新報》，1938年11月10日第五版，「埔里で講演會」。
〔註572〕《臺灣日日新報》，1939年02月12日第八版，「埔里——日本精神發揚講演會」。
〔註573〕《臺灣日日新報》，1939年07月06日第五版，「埔里國精講演」。
〔註574〕《臺灣日日新報》，1941年02月18日第四版，「奉祝講演會，埔里街で開く」。

由於總督小林躋造（1877～1962）推動的皇民化運動，在宗教政策上執行過火，長谷川清（1883～1970）接任總督之後，便做一些政策的調整，首先就是建立一個事權統一的機關來統籌辦理，於是皇民奉公會應運而生，網羅民間各階層的領導者，納入同一個運作體系中。〔註575〕

皇民奉公會的組織與總督府行政機構表裡一體，全然仿照各級地方行政單位，各級主管皆由在任的地方各級行政首長擔任，五州三廳的 8 個支部底下，依序成立支會、分會、區會、部落會和最基層的奉公班 64,485 個。〔註576〕皇民奉公會的成立，網羅當時的臺灣本島精英，一方面欲達到攏絡人心的目的，另一方面是要全盤掌握臺灣本島知識青年的政治動向，希望塑造出「官民一體」、「內臺一體」圖像。

「皇民奉公會」其目的、做法皆與「皇民化運動」有所不同。就對象而言，皇民化的對象是臺灣人，皇民奉公會則包括在臺灣的日本人與臺灣人。就機構而言，皇民化業務分屬於各行政體系，皇民奉公會則有專責機構及相關人員。就目的而言，皇民化運動側重文化改造，皇民奉公會明顯是要透過社會動員來執行各項既定的目標，以臺灣總督統籌一切政治、經濟、社會資源。〔註577〕皇民奉公會雖然是因應決戰時期的大政翼贊運動所產生的組織，就其功能而言，也是臺灣教化事業的延續，皇民奉公會帶有「教化」與「動員」雙重功能。〔註578〕隨著皇民奉公會的成立，臺灣的教化團體由原來的「民間社團」轉化為「半官方輔助團體」，其組織也從「多元」走向「一元」，推動的重點也從「教化」轉變為「戰爭動員」。〔註579〕

皇民奉公會的組織可分為三部份，一是中央本部，以臺灣總督為總裁，600 萬島上居民即為會員，二是地方組織，在各州廳置支部，市郡設支會，街庄設分會，其下再設部落會，然後再設以 10 戶為單位的奉公班。三是傘下團體，包括以年齡層區分的奉公青年團、少年團、壯年團，以職業別編成的商業奉公團、醫師奉公團等，這些傘下組織當中最重要的是奉公壯年團，團員

〔註575〕許雪姬，〈皇民奉公會的研究——以林獻堂的參與為例〉，《中央研究院近代史研究所集刊》第 31 期（臺北：中央研究院近代史研究所，1999.6），頁 178。

〔註576〕林蘭芳，〈日據末期臺灣「皇民奉公」運動（1941～1945）〉，《中華民國史專題論文集　第三屆討論會》，頁 1199～1201。

〔註577〕許雪姬，〈皇民奉公會的研究——以林獻堂的參與為例〉，《中央研究院近代史研究所集刊》第 31 期，頁 167。

〔註578〕陳大元，〈日治時期臺灣教化輔助團體之研究〉，頁 106。

〔註579〕陳大元，〈日治時期臺灣教化輔助團體之研究〉，頁 114～116。

的年齡介於 26 至 46 歲之間。〔註580〕

　　皇民奉公會美其名是要將臺灣人「皇民化」，也就是「經由皇民鍊成而成為日本人」，實際上，更重要的功能在於戰爭時期的軍事動員，以及因應新局面的經濟管制。〔註581〕「利用有力者」可說是皇民奉公會組成的一大特徵，皇民奉公會準備委員名單中，臺灣人有 36 人，其中也包括埔里出身的羅萬俥。臺灣人被任命為皇民奉公會委員，既無歡喜之情，也無慚愧之意，他們唯一的要求在爭取內臺平等，以及保全性命於亂世而已。〔註582〕

7、戰爭動員

　　從昭和 6 年（1931）日本發動「九一八事變」起，一直到昭和 20 年（1945）終戰為止，這 15 年通稱為「戰爭時期」，這段時期臺灣扮演著日益吃重的人力物力支援角色，〔註583〕尤其是昭和 12 年（1937）7 月中日全面戰事展開以後，對於人民的管制也愈來愈多，戰時體制下，殖民政府的財政編列，不管歲入、歲出都急劇膨脹，〔註584〕民眾對於時局的反應也因時因地不同，昭和 12 年（1937）發行愛國公債，埔里的配額 7,200 圓，在埔里郵便局販售，結果造成搶購熱潮，第一天就賣出 3,750 圓。〔註585〕以下就「增產與物資管制」、「志願兵召募」兩項來看日治末期的戰爭動員。

（1）增產與物資管制

　　戰爭時期物資缺乏的窘境下，增產也是殖民政府推動的重要工作之一，從公共建設經費比例的變化就可以看出「農業增產」項目的支出逐年提高，昭和 14 年（1939）以前，「農業增產」的經費尚未超過 3%，昭和 15 年（1940）遽增為 12.14%，次年（1941）再提高至 17.28%。〔註586〕

　　昭和 14 年（1939）總督府擬定的旱地擴張及旱地改良計畫，希望在 11

〔註580〕許雪姬，〈皇民奉公會的研究——以林獻堂的參與為例〉，《中央研究院近代史研究所集刊》第 31 期，頁 180。

〔註581〕許雪姬，〈皇民奉公會的研究——以林獻堂的參與為例〉，《中央研究院近代史研究所集刊》第 31 期，頁 180～181。

〔註582〕許雪姬，〈皇民奉公會的研究——以林獻堂的參與為例〉，《中央研究院近代史研究所集刊》第 31 期，頁 190～191。

〔註583〕林蘭芳，〈日據末期臺灣「皇民奉公」運動（1941～1945）〉，《中華民國史專題論文集　第三屆討論會》（臺北：國史館，1996），頁 1195。

〔註584〕黃通、張宗漢、李昌槿編，《日據時代之臺灣財政》，頁 65。

〔註585〕《臺灣日日新報》，1937 年 11 月 17 日第 11 版，「埔里も賣切れ」。

〔註586〕林繼文，《日本據臺末期（1930～1945）戰爭動員體系之研究》，頁 151。

年（1940～1950）期間，透過獎勵措施，使旱地擴張面積達到 6 萬甲，旱地改良面積達到 5 萬甲。臺中州前 5 年（1940～1944）累計旱地擴張面積爲 998 甲，旱地改良面積爲 3,425 甲，合計 4,423 甲，獲得的補助金總額爲 395,155 圓，旱地擴張每甲平均獲得補助 108.2 圓，旱地改良每甲平均獲得補助 83.9 圓。〔註 587〕

爲了獎勵增產，總督府對於從事旱地擴張或改良的會社，提供約 1/3 工程費的補助，以昭和 15 年（1940）補助臺灣製糖、帝國製糖、臺東製糖及臺灣拓殖株式會社等單位爲例，補助金額即高達 57,767 圓，其中補助臺灣製糖株式會社的金額 18,278 圓，包含埔里街福興、牛眠山、小埔社等地的補助 4,750 圓。〔註 588〕昭和 16 年（1941）提出申請補助的單位更多，臺灣製糖株式會社也再提出申請，埔里地區申請的範圍比前一年更廣，包括水尾、小埔社、福興、牛眠山、牛相觸、史港坑、挑米坑等處，還有魚池庄的司馬按，補助金額高達 18,010 圓，〔註 589〕昭和 17 年（1942）也繼續提出申請。〔註 590〕即使到了昭和 20 年（1945）終戰之前，這項努力也尚未停歇，例如能高水利組合在北港溪一帶從事土地改良業，主要就是改善灌溉設施的工程，所需經費爲 32,147 圓，昭和 20 年（1945）3 月 26 日便向總督府提出申請 15,541 圓的補助費。〔註 591〕

不僅官方致力於增產，畜產方面，埔里社畜產組合於昭和 19 年（1944）2 月 5 日也對於養豬增殖表現良好的團體頒給表彰狀，一等爲林子城農業實行組合，二等爲烏牛欄農業實行組合，三等爲九芎林農業實行組合。〔註 592〕

戰時體制下，市場經濟逐漸轉化爲計畫經濟，物資的供需改由國家來調配。首先是實施「米穀統制」。總督府實施「米穀統制」的原因，是由於日本米價高於臺灣，如果任由臺灣以較低廉的米自由運銷日本，勢必迫使日本的米價下跌，間接影響日本農村經濟，同時，也會導致臺灣的米價逐漸上漲。因此，必需採取管控米穀價格及限制出口，由政府定價予以強制收購，統一

〔註 587〕臺灣總督府，《臺灣統治概要》（臺北：南天，1997），頁 270～272。
小林英夫，《日本人の海外活動に関する歴史的調查 第十卷 台湾篇 5》，頁 302～305。
〔註 588〕《臺灣總督府公文類纂》第 10903 冊第 2 件，頁 66～73。
〔註 589〕《臺灣總督府公文類纂》第 10911 冊第 3 件，頁 239～292。
〔註 590〕《臺灣總督府公文類纂》第 10912 冊第 2 件，頁 97～116。
〔註 591〕《臺灣總督府公文類纂》第 11055 冊第 1 件，頁 2～11。
〔註 592〕《臺灣日日新報》，1944 年 02 月 08 日第四版，「養豚增殖表彰」。

運銷日本，如此一來，日本與臺灣之間的米價差額就成爲政府的收入。〔註593〕

　　能高郡役所依據「米穀自治管理法」，爲了米穀自治管理的目的，昭和11年（1936）12 月 15 日設立能高郡米穀統制組合，〔註594〕次年（1937）1 月16 日進行能高郡埔里米穀統制總代選舉，當選者 17 名，〔註595〕1 月 31 日即召開能高郡米穀統制組合總代會，〔註596〕8 月 30 日於能高郡役所辦公室召開能高郡米穀統制組合總代會，當時全郡共有 36 位米穀總代，〔註597〕該年（1937）也著手建造 50 坪面積的統制倉庫。〔註598〕

　　皇民奉公會推動所謂「商業奉公運動」，並在各商業部門及商業區組織「商業奉公團」。爲達成有效的經濟統制，皇民奉公會也推動所謂「產業奉公運動」，主要的目標包括貫徹增產計劃、提昇生產技術、婦女勞力的動員與訓練等。〔註599〕

　　爲因應戰爭局勢，對於物價也實施嚴格的管控，昭和 12 年（1937）公布「暴利取締令」，對於金屬物品及原料等共計 26 種物品進行價格的控制。昭和 13 年（1938）公布「物品販賣價格取締規則」，更進一步擴大管制的範圍，實施臺灣最早的公定價格制度。〔註600〕因應戰時體制，警察體系也增設經濟警察課，負責有關經濟方面違法事件的查核取締工作，也協助米及其他主要物資的配給工作。〔註601〕

　　對於物資實施管制措施，包括輸出入品的限制，以及各種物品使用的限制等。〔註602〕昭和 14 年（1939）9 月實施物價統制應急措施，10 月 7 日公布「米配給統制規則」，開始進入物資管制時期。〔註603〕10 月就開始進行米、糖、鹽、油等重要生活必需品的配給。〔註604〕不過，在配給上仍有明顯的

〔註593〕黃通、張宗漢、李昌槿編，《日據時代之臺灣財政》，頁 83。

〔註594〕能高郡役所，《能高郡管內概況》昭和 11 年版，頁 30。

〔註595〕《臺灣日日新報》，1937 年 01 月 19 日第八版，「埔里米統組選舉總代」。

〔註596〕《臺灣日日新報》，1937 年 02 月 03 日第八版，「埔里——米統總合」。

〔註597〕《臺灣日日新報》，1937 年 09 月 01 日第八版，「埔里——米穀總代會」。

〔註598〕能高郡役所，《能高郡管內概況》昭和 11 年版，頁 30。

〔註599〕陳大元，〈日治時期臺灣教化輔助團體之研究〉，頁 106。

〔註600〕小林英夫，《日本人の海外活動に関する歴史的調査 第八卷-1 台湾篇3-1》，頁 156。

〔註601〕陳純瑩，〈日據時期臺灣的警察制度〉，《警專學報》1 卷 2 期，頁 179。

〔註602〕小林英夫，《日本人の海外活動に関する歴史的調査 第十卷 台湾篇 5》，頁375。

〔註603〕黃火山，〈先祖父　敦仁公紀念集〉，1966 年撰，未出版，頁 22。

〔註604〕巫永福，《巫永福全集》6「評論卷 I」，頁 158。

差別待遇，日本人一人日給 2 合 4 勺，臺灣人一人日給 1 合 7 勺。〔註605〕除了公訂米價外，也對於其他主要糧食進行有效管制，並於昭和 19 年（1944）設立臺灣食糧營團，負責糧食配給工作。〔註606〕

（2）志願兵召募

昭和 12 年（1937）中日戰爭爆發後，臺灣人首度被徵召到軍隊之中，不過，僅能擔任包括軍夫、通譯、野戰郵務員等職務，尚無資格擔任作戰任務的軍人。到了昭和 17 年（1942）4 月公布「陸軍特別志願兵令」之後，臺灣人才開始有資格接受軍事訓練，投入戰場。〔註607〕日治末期殖民地的戰爭動員，開始實施特別志願兵制度時，與朝鮮相較，臺灣彷彿展現出一股「志願熱」的情況，申請者人數雖然都高於被錄取人數約數倍至數百倍不等，不過，朝鮮申請者倍數最高時，亦僅是被錄取者人數的 62.4 倍。反觀臺灣，申請者倍數最高時，竟高達被錄取者 596.4 倍。〔註608〕

志願兵制度尚未實施前，昭和 16 年（1941）全臺逐漸普遍的「愛國」熱潮下，7 月 5 日埔里大肚城部落青年會有會員 5 人聯名向能高郡守提出血書志願。〔註609〕昭和 17 年（1942）臺灣的陸軍特別志願兵制度實施，第一期招收 1 千餘名，次年（1943）再招收 1 千餘名。昭和 18 年（1943）實施海軍特別志願兵時，埔里街就有 6 人成為海軍特別志願兵。〔註610〕實施三年來，累計編入海軍兵籍者約 11,000 餘名。此外，也針對高山族招收陸軍特別志願兵，昭和 18 年（1943）招收 500 餘名，昭和 19 年（1944）招收 800 餘名。〔註611〕到了戰爭末期，臺灣於昭和 20 年（1945）1 月開始實施

〔註605〕巫永福，《巫永福全集》9「小說卷 I」，頁 174。
〔註606〕小林英夫，《日本人の海外活動に関する歴史的調查　第十卷　台湾篇 5》，頁 403～407。
〔註607〕林繼文，《日本據臺末期（1930～1945）戰爭動員體系之研究》，頁 221～224。
〔註608〕近藤正己，《總力戰と台灣　日本植民地崩壞の研究》，頁 372。
　　　　朝鮮於昭和 13 年（1938）即開始實施特別志願兵制，昭和 17 年（1942）申請者 254,273 人，錄取 4,077 人，相差 62.4 倍。臺灣從昭和 17 年（1942）開始實施特別志願兵制，昭和 18 年（1943）申請者高達 601,147 人，錄取者僅 1,008 人，相差 596.4 倍。
〔註609〕《臺灣日日新報》，1941 年 07 月 09 日第八版，「赤誠迸る連署の血書」。
〔註610〕《臺灣日日新報》，1943 年 05 月 18 日第四版，「埔里初名，街役場黃如桑君外六名」。7 位海軍特別志願兵包括黃如桑（烏牛欄）、潘秋生（牛眠山）、白□□（大肚城）、陳煥文（茄苳腳）、劉世殿（烏牛欄）、朱錦春（枇杷城）、黃春帆（水頭）。
〔註611〕小林英夫，《日本人の海外活動に関する歴史的調查　第十卷　台湾篇 5》，頁

徵兵制，45,726 名受驗者當中，有 4,647 名編入甲種志願兵，18,031 名編入
乙種志願兵。〔註612〕埔里志願兵出征前合影見圖 6-51、圖 6-52。

　　為因應徵兵制的實施，昭和 19 年（1944）公布「臺灣青年特別鍊成令」，
設置 27 處青年鍊成所，以 4 個月為期，每年分三梯次實施，每一處每一梯次
召集 500 名青年進行身心鍛練。對於沒有接受國民教育的青年，也設置「皇
民鍊成所」，特別施予訓練。〔註613〕埔里地區也設立青年修鍊所，組成能高郡
街庄役場職員鍊成會。〔註614〕

圖 6-51：志願兵出征前合影-1

說明：引自《思往事覓舊情》頁 111（何楨祥提供）。

　　85～87。

〔註612〕小林英夫，《日本人の海外活動に関する歴史的調査　第十卷　台湾篇 5》，頁
　　　　87。

〔註613〕小林英夫，《日本人の海外活動に関する歴史的調査　第十卷　台湾篇 5》，頁
　　　　65～66。

〔註614〕《臺灣日日新報》，1943 年 09 月 21 日第四版，「長期鍊成，青年修鍊所開所」、
　　　　「能高郡街庄役場職員鍊成會」。

圖 6-52：志願兵出征前合影-2

說明：引自《思往事覓舊情》頁 111（何楨祥提供）。

三、日本文化影響的街民活動

受到日本人的影響，埔里也有一些配合日本節日舉辦的活動，例如昭和
10 年（1935）11 月 3 日「明治節」（即明治天皇死後，以其生日做爲紀念日），
能高郡體育會於埔里公學校舉辦「陸上競技大會」。〔註615〕昭和 11 年（1936）
10 月 17 日「神嘗祭」，〔註616〕埔里北公學校舉辦運動會。〔註617〕昭和 12
年（1937）2 月 11 日「紀元節」，〔註618〕於埔里小學校舉行「建國祭」，結
束後並前往參拜能高神社。〔註619〕昭和 13 年（1938）2 月 11 日的「建國祭」，
參加者更高達 2,000 餘人，包括各官衙、學校、防衛團、消防組、壯丁團、
國防婦人會等皆參與，場面盛大。〔註620〕昭和 13 年（1938）4 月 3 日於埔

〔註615〕《臺灣日日新報》，1935 年 11 月 06 日第十二版，「能高郡體育會，陸上競技」。
〔註616〕神嘗祭於每年新穀成熟時舉行，每年 11 月 23 日由天皇親自向神明供獻新穀。
〔註617〕《臺灣日日新報》，1936 年 10 月 19 日第八版，「埔里公運動會」。
〔註618〕紀元節，是按照《日本書紀》傳達的神武天皇即位之日 2 月 11 日而制定的日
　　　　本節日，當天會舉辦「建國祭」。
〔註619〕《臺灣日日新報》，1937 年 02 月 11 日第四版，「能高郡埔里街建國日行事」。
〔註620〕《臺灣日日新報》，1938 年 02 月 13 日第九版，「埔里街建國祭」。

里小學校舉行「國旗祭」，參加的人也是高達數千人之多。〔註621〕

　　埔里也會舉辦一些日本佛教活動，例如昭和10年（1935）4月7日佛誕節前夕，舉辦第七回釋尊降誕會的「花まつり」遊街活動，由埔里幼稚園、小學校、公學校學生500餘人在老師帶領下進行。〔註622〕昭和11年（1936）4月12日、4月19日於眞言宗佈教所舉辦灌佛式，數百名兒童參加，會中也安排種種餘興表演。〔註623〕

　　能高社興建完成後，神社參拜也成爲習以爲常的街民活動，昭和6年（1931）12月10日舉辦「國威宣揚祈願祭」，能高郡守以下官民300餘人參加。〔註624〕同年（1938）5月21日舉行「戰勝奉告祭」，官、民、學校、團體數百人參加。〔註625〕次年（1939）2月17日舉行「國威宣揚祈願」，參加者也是數百人，〔註626〕昭和16年（1941）12月24日舉行「宣戰奉告祭」。〔註627〕最盛大的集會當屬昭和17年（1942）1月4日舉辦的「埔里街青年團祈誓大會」，包括消防組、奉公壯年團、奉公青年團、壯丁團等團體，參加者超過3,000人。〔註628〕

小　結

　　經歷日治與戰後兩次改朝換代，埔里的產業發展與族群結構都產生極大的改變，對於地方菁英的衝擊也特別大，在這個時局變動劇烈的過程中，埔里地方菁英的肆應方式或許略有不同，大多不免選擇與新的政權妥協。日本人因爲甲午戰爭而領有臺灣50年，也因爲「二次世界大戰」而放棄領有臺灣。從埔里這一個小地方來看50年的殖民統治經驗，究竟能夠找出哪些特色，日治時期埔里與臺灣整體的時代脈動，又展現出那些共振與差異，日本人在埔里留下些什麼，帶走（或改變）了什麼，筆者將在結論做簡要的回顧與整理。

〔註621〕《臺灣日日新報》，1938年04月05日第九版，「埔里街で國旗祭，數千名が參加」。
〔註622〕《臺灣日日新報》，1935年04月11日第三版，「埔里の花まつり」。
〔註623〕《臺灣日日新報》，1936年04月23日第四版，「埔里——灌佛花祭」。
〔註624〕《臺灣日日新報》，1931年12月11日第三版，「埔里」。
〔註625〕《臺灣日日新報》，1938年05月23日第九版，「戰勝奉告祭」。
〔註626〕《臺灣日日新報》，1939年02月19日第八版，「埔里——國威宣揚祈願」。
〔註627〕《臺灣日日新報》，1941年12月27日第四版，「能高神社の宣戰奉告祭」。
〔註628〕《臺灣日日新報》，1942年01月07日第六版，「埔里街青年團祈誓大會開催」。